**RED
DRESS
INK**
™

Alle Rechte, einschließlich das des vollständigen oder
auszugsweisen Nachdrucks in jeglicher Form, sind vorbehalten.

Der Preis dieses Bandes versteht sich einschließlich
der gesetzlichen Mehrwertsteuer.

Umwelthinweis:
Dieses Buch wurde auf chlor- und säurefreiem Papier gedruckt.

Frauen sind anders, Männer sowieso
Irgendwas scheint schief gelaufen in Vig Morgans Leben: Sie arbeitet bei einem Modemagazin, obwohl sie für Designerklamotten nichts übrig hat. Sie muss ihrer Chefin den Kaffee bringen, obwohl sie durchaus mehr kann. Sie wohnt in New York und ist trotzdem allein! Veränderung bahnt sich an, als die Kolleginnen einen Komplott gegen die ungeliebte Vorgesetzte schmieden. Was aber als Karrieresprung nach oben gedacht war, endet für Vig im Rausschmiss. Vorerst zumindest – denn ein paar Überraschungen hält das Leben für die gewitzte und charmante Journalistin doch noch parat. Und zwar nicht nur beruflich ...

Lynn Messina

Frauen sind anders, Männer sowieso
Roman

Aus dem Amerikanischen von
Katja Henkel

RED DRESS INK™ TASCHENBUCH
Band 55021
1. Auflage: Juli 2004

RED DRESS INK™ TASCHENBÜCHER
erscheinen in der Cora Verlag GmbH & Co. KG,
Axel-Springer-Platz 1, 20350 Hamburg
Deutsche Erstveröffentlichung

Titel der nordamerikanischen Originalausgabe:
Fashionistas
Copyright © 2003 by Lynn Messina
erschienen bei: Red Dress Ink, Toronto
Published by arrangement with
Harlequin Enterprises II B.V., Amsterdam

Konzeption/Reihengestaltung: fredeboldpartner.network, Köln
Umschlaggestaltung: pecher und soiron, Köln
Titelabbildung: by GettyImages, München
Autorenfoto: © by Harlequin Enterprise S.A., Schweiz
Satz: Berger Grafikpartner, Köln
Druck und Bindearbeiten: Ebner und Spiegel, Ulm
Printed in Germany
ISBN 3-89941-118-8

www.reddressink.com

Mein erster Arbeitstag

„Vig, wie sieht Ihre Mitbewohnerin aus?"

„Sie ist groß und blond und hat grüne Augen."

„Hat sie so eine knabenhafte Figur wie Sie?"

„Äh ..."

„Ist sie auch so dürr wie Sie, ein Strich in der Landschaft, völlig ohne irgendwelche Rundungen?"

„Also ..."

„Ich spreche von total flach. An der man nicht die geringste Kurve findet, auch nicht mit den modernsten Vermessungsmethoden?"

„Äh ..."

„Denn wenn sie auch nur die geringste Rundung hat, dann ist sie nicht die Richtige. Wir brauchen eine, die flacher ist als die Salzebenen von Utah. Wir könnten ja Sie nehmen, aber die Firmenpolitik verbietet es, unsere eigenen Angestellten zu engagieren. Ich könnte Sie natürlich auch feuern, aber dann hätte ich das Theater, eine andere Assistentin zu finden, und diese zwanzig Minuten, die ich dafür bräuchte, habe ich einfach nicht übrig. Also passen Sie auf, gehen Sie zur *Ford Agency* in Soho und erzählen Sie denen dort, dass wir genau so jemanden wie Sie für unsere Story über Brautjungfern mit einer unmöglichen Figur brauchen. Sagen Sie ihnen, dass das Model echt wirken muss, als wäre sie eine unserer Leserinnen. Und dann brauchen wir auch ein kräftiges Mädchen. Ein Model für Übergrößen mit hübschem Gesicht. Sie müssen darauf achten, dass ihr Gesicht hübsch ist. Wir sind schließlich nicht im Zeitschriftengeschäft, um hässlichen Frauen ein

Forum zu bieten. Na los, worauf warten Sie noch? Husch-husch. Und seien Sie in einer halben Stunde zurück. Vergessen Sie bloß nicht, mein Mittagessen mitzubringen. Ich möchte ein getoastetes Roggensandwich mit Tunfisch und einem Salatblatt. Passen Sie bloß auf, dass das Salatblatt unten liegt. Ich kann kein Sandwich mit einem Blatt obendrauf essen. Bestellen Sie es bei *Mangia*. Die Telefonnummer finden Sie in Ihrem Organizer. In Ordnung jetzt, hören Sie auf, mich so anzustarren, und bewegen Sie sich. Das hier ist kein Job, bei dem man sich mit den Kollegen am Wasserspender über Fernsehserien unterhält. Und vergessen Sie meinen Kaffee nicht. Ich trinke ihn schwarz."

Mein 1233. Tag

Die Büros von *Fashionista* erinnern an die Straßen von San Francisco, nur dass es hier keine mikroklimatischen, sondern mikroparfümierte Zonen gibt. Jeder Redakteur in jedem Büro brennt immerzu irgendwelche Duftkerzen ab – Flieder, Vanille, Zimt oder Duftmischungen mit dem Namen „Großmutters Küche" –, wenn man einen Geruch nicht mag, muss man einfach nur einen Schritt nach links gehen und atmet schon einen anderen ein.

Aber heute ist alles anders. Irgendjemand hat ein Räucherstäbchen angezündet. Ein schwerer und kräftiger Geruch kriecht durch den Flur wie ein geräuschloses Phantom und zieht unter Türritzen durch. Selbst das strenge Desinfektionsmittel in der Toilette wird davon übertönt.

Wir sind auf Räucherstäbchen nicht vorbereitet. Jemand fährt hier echt schweres Geschütz auf, vor dem wir uns nirgends verstecken können. Wir befinden uns mitten im Zentrum dieses Gettos aus abgeteilten Büroräumen. Wir könnten höchstens in die mit Zigarettenqualm verpestete Luft hinter der Drehtür im Erdgeschoss flüchten.

„Weihrauch und Myrrhe", behauptet Christine. Sie schielt über die Trennwand ihres Büros auf mich herunter.

„Was?" Ich versuche gerade, einen Artikel über Restaurants zu schreiben, die von Prominenten geführt werden, aber ich kann mich nicht konzentrieren. Der Geruch lenkt mich einfach zu sehr ab.

„Das Räucherstäbchen. Weihrauch und Myrrhe", erklärt sie.

Diese Behauptung erstaunt mich, vor allem, weil ich mir nicht ganz sicher bin, ob ich ihr glauben soll. Schließlich befinden wir uns im einundzwanzigsten Jahrhundert und haben völlig vergessen, wie Weihrauch und Myrrhe überhaupt riechen.

„Myrrhe hat einen bitteren, stechenden Geruch", sagt Christine.

„Das ist keine Myrrhe", antworte ich, den Blick auf meinen Computerbildschirm fixiert. „Myrrhe gibt es heutzutage überhaupt nicht mehr."

Christine lehnt sich gegen die Wand, die unter ihrem Gewicht leicht nachgibt. „Vig, du kannst doch nicht einfach die Existenz von Myrrhe bestreiten."

Ich sehe sie an. „Kann ich. Ich bestreite die Existenz von Myrrhe."

„Das ist lächerlich. Die Heiligen Drei Könige haben dem Jesuskind Myrrhe als Geschenk mitgebracht."

„Und?" entgegne ich mit einem Schulterzucken, bevor ich ein paar Kommentare über den Dodo mache. Eigentlich will ich damit nur sagen, dass der Dodo auch einmal existiert hat und jetzt eben nicht mehr, aber für sie scheint das zu klingen, als ob dieser ausgestorbene Vogel seinerzeit auch ein Geschenk der Weisen aus dem Morgenland gewesen wäre.

Christine jedenfalls missversteht mich gründlich. Mit aufgerissenen Augen ruft sie verärgert: „Die Heiligen Drei Könige haben doch keine Dodos nach Bethlehem gebracht. Wie albern, so etwas zu behaupten."

„Woher willst du das wissen?" frage ich aus dem einfachen Grund heraus, weil ich ihre Reaktion zu heftig finde. Man sollte sich niemals so sicher sein. „Ich meine, wie kannst du so genau wissen, dass sie nicht auch noch Dodos mitgebracht haben?"

„Weil das so nicht in der Bibel steht", entgegnet sie mit mehr Nachdruck, als das Thema verdient hat. Schließlich will ich sie ja nur etwas foppen. „Nirgends werden diese Dodos erwähnt."

Ich habe im Gegensatz zu Christine keinen Hang zur Religiosität – ich habe nicht einmal eine Religion – und es amüsiert mich, wie aufgebracht sie ist. Aber ich will sie nicht wirklich verärgern und riskieren, dass sie die dünne Pappwand mit ihren Fäusten bearbeitet. Trotzdem werde ich mich auch nicht entschuldigen. Ich glaube fest daran, dass es Myrrhe heutzutage nicht mehr gibt, und auch wenn ich nicht an viel glaube, so habe ich doch wohl das Recht, wenigstens an solchen Überzeugungen festzuhalten.

„Davon abgesehen", fährt sie fort, „weiß ich mit absoluter Sicherheit, dass es Myrrhe noch gibt. Wir haben etwas davon in unserem Kochkurs benutzt."

Christine möchte *Fashionista* verlassen und Restaurantkritikerin werden. Sie hegt den Traum, eines Tages über Essen schreiben zu dürfen, zu denen zu gehören, die dafür bezahlt werden, den unpassenden Geschmack von Kreuzkümmel in Frühlingsrollen zu entdecken. Sie will bei James Beard zu Abend essen, dem Guru der amerikanischen Gastronomie, und neben Julia Child, der populären Fernsehköchin, sitzen. Sie will für eine Zeitschrift arbeiten, die etwas mehr zu bieten hat als Räucherstäbchen.

Fashionista

Fashionista ist eine Zeitschrift über gar nichts. Sie ist auf ihre aggressive Art total angesagt und extrem zeitgemäß. Jede Hochglanzseite sprüht geradezu vor Eleganz, doch das ist alles nur schöner Schein. Egal, was wir behaupten, man kann Gwyneths toll gezupfte Augenbrauen oder Nicoles fließende Locken nicht so einfach nachmachen.

Den Schönen und Reichen etwas nachzumachen ist allerdings zentrales Thema bei *Fashionista*. Das Magazin widmet sich unermüdlich den Stars und anderen überlebenswichtigen Themen wie Essen, Kleidung, Unterkunft. Ruhm ist der Name des Planeten, den alle umkreisen. So sieht Jennifer Anistons Tauchsieder aus. Und hier können Sie ihn bestellen.

Das Konzept ist nicht neu – schon als Mary Pickford über den roten Teppich lief und dabei mit ihren mit Max

Factor getuschten Wimpern klimperte, hat die Presse den Lesern solche Geschichten untergejubelt. Aber *Fashionista* ist die Zeitschrift, für die ich arbeite, und das lässt mich schaudern. Weil die selbstverliebten Autoren den Lesern immer wieder Pseudo-Insider-Geheimnisse als Neuigkeiten verkaufen wollen. *Fashionista* ist ein Schrein für Promis. Die Herausgeber stellen ihre Idole sorgsam in der Mitte des Altars auf, damit auch jeder sie sehen kann.

In den fünf Jahren, in denen ich hier arbeite, haben wir nie einen Artikel veröffentlicht, in dem nicht mindestens ein Prominame erwähnt worden wäre. Vor drei Monaten habe ich etwas über die Erhaltung und Verschönerung von Zähnen geschrieben (neuartige Zahnspangen, Bleichverfahren, Zahnersatz). Im Grunde handelte es sich um ein Servicestück für den Leser, die Art von Artikel, die man in jeder Frauenzeitschrift findet, hilfreich, weil Adressen von Zahnärzten aufgelistet waren, zu denen normale Leute gehen können. Wie auch immer, jedenfalls wurden neben diesen wichtigen Informationen auch die schönsten Zähne in Hollywood abgebildet, und dafür musste ein Kasten mit Informationen über Zahnfleischerkrankungen – worauf man achten muss, wie man sie verhindern kann – rücksichtslos gestrichen werden. In *Fashionista* erwähnen wir eine Krankheit erst, wenn ein Star sie hat und versucht, sie zu besiegen.

Ich verbringe die meiste Zeit am Telefon, spüre neue Trends und gesellschaftliche Abweichungen auf. Es ist ziemlich anstrengend herauszufinden, wer wohin geht und wer was benutzt und wer welchen Designer trägt. Ungeduldig muss ich auf die Rückrufe der Schönheitsfarm-Inhaber, Friseure und Boutiquenbesitzer warten. Die nötigen Informationen sickern immer irgendwie durch, sind aber nie so überzeugend, wie sie sein sollten. Damit man von einem Trend sprechen kann, müssen wir mindestens drei Beispiele aufzählen – bei zwei könnte es sich einfach um einen Zufall handeln. Ich muss regelmäßig sehr tief graben, um das dritte Beispiel zu finden. Deswegen sehen Sie so oft das Foto einer unbekannten Schauspielerin mit einem beschämenden Namensschild unter ihrem Foto neben einem Bild von Julia Roberts.

Obwohl *Fashionista* eine riesige Leserschaft und ein rekordverdächtiges Anzeigenaufkommen hat, handelt es sich um eine Zeitschrift über nichts. Egal, was unsere Pressemitteilungen behaupten, wir sind nicht das Epizentrum der Trends. Diese leere Stille, die man empfindet, rührt nicht etwa daher, dass wir uns im lautlosen Zentrum eines Hurrikans befinden.

Marguerite Tourneau Holland Beckett Velazquez Constantine Thomas

Das Montagnachmittagsmeeting ist eine außerordentlich langweilige Angelegenheit. Fünfzig Leute versammeln sich mit Kaffeetassen in der Hand um einen großen Konferenztisch, um über Drucke und Fotografen und Fotoshootings und Stylisten und Terminpläne und all die anderen hirntötenden Einzelheiten für ein erfolgreiches Layout zu sprechen. Eigentlich bräuchte man nur sieben oder acht Leute für diese Gespräche, doch wir alle müssen hingehen und sie ertragen. Jeder von uns muss seinen überarbeiteten Körper in den Konferenzraum schleppen und zuhören, wie die Fotografen darüber streiten, welches Bild von Cate Blanchett ihre Locken am vorteilhaftesten präsentiert.

Selten diskutieren wir über etwas, was die aktuelle Ausgabe betrifft, und wenn doch, dann geht es nur darum, ob ein Artikel gedruckt wird und wenn nicht, wann dann. An einem Montag im Monat – meistens am zweiten, manchmal am dritten – gibt es eine ausführliche Debatte darüber, wer im Impressum erwähnt werden soll. Das steht auf der Seite hinter dem Brief des Herausgebers, die man eigentlich immer überblättert, um zu den Leserbriefen zu kommen. Die Leser werfen meist keinen einzigen Blick darauf. Trotzdem handelt es sich um eine äußerst delikate Angelegenheit, die richtigen Leute zu erwähnen, und wir diskutieren die Zutaten des Impressums, als ob wir ein Soufflé zubereiten müssten (eine Prise Stylisten, einen kleinen Spritzer Autoren). Wenn Jane bei den Meetings nicht dabei ist, dann fällt es mir meist sehr schwer, die Augen offen zu halten.

Jetzt gerade, als sich die Tür zum Konferenzraum öffnet, kämpfe ich mal wieder gegen den Schlaf an. Eine umwerfende Frau in einem klassischen schwarzen Kleid und mit einer Chaneltasche in der Hand betritt den Raum. Die große, dünne Gestalt mit der langen Zigarettenspitze und der Perlenkette erinnert an Audrey Hepburn. Sie verharrt in der Tür, als ob sie noch nicht entschieden hätte, ob sie bleiben oder nicht vielleicht lieber einfach einem Taxi winken und verschwinden wolle. Doch es gibt keine Taxis im Konferenzzimmer.

Die Chefin vom Dienst unterbricht ihre Beschimpfung der Mitarbeiter, weil irgendwelche grünen Formulare nicht ausgefüllt worden sind, und blickt hoch. Sie starrt auf den Qualm, der durch die Luft wirbelt, und hustet übertrieben. Rauchen ist erlaubt, aber nur bei geschlossener Tür im eigenen Büro.

„Bin ich zu spät?" fragt die Frau, die offenbar beschlossen hat, sie könne genauso gut bleiben.

Lydia hustet erneut und schüttelt dann den Kopf. „Nein, natürlich nicht." Sie lächelt auf diese unterwürfige Art, auf die wir alle lächeln, wenn Jane anwesend ist. Aber hier handelt es sich nicht um Jane, also ist dieses Lächeln gar nicht angebracht, sondern schleimig. „Wir haben nur ein paar vorbereitende Informationen ausgetauscht, während wir auf Sie gewartet haben."

Die Frau lächelt und zieht durch fünfzehn Zentimeter Plastik an ihrer Zigarette, bevor sie sich direkt rechts neben Lydia setzt.

„Sehr gut."

Christine beugt sich zu mir. „Das ist die Frau, die heute Morgen das Räucherstäbchen abgebrannt hat", flüstert sie mir ins Ohr.

„Woher weißt du das?" frage ich.

„Ich bin dem Geruch nachgegangen. Ich glaube, sie ist die neue Redaktionsleiterin."

Das ist mal wirklich eine Neuigkeit. „Was ist mit Eleanor passiert?"

„Sie ist letzte Woche in Paris gefeuert worden. Ich kenne die Details nicht."

„Eleanor saß während der Anna-Sui-Modenschau auf

Janes Platz", flüstert Delia, die Redaktionsassistentin der Veranstaltungsabteilung. Sie sitzt hinter uns auf einer Bank, die an der östlichen Wand des Konferenzraumes steht, und lehnt sich nach vorne, um direkt in unsere Ohren zu flüstern. „Jane war gezwungen, in der letzten Reihe zu sitzen, und sobald die Show vorbei war, hat sie Eleanor noch an Ort und Stelle rausgeworfen. Eleanor hat beteuert, dass alles nur ein Missverständnis gewesen sei – irgendjemand hatte ihr den Platz angewiesen –, aber Jane hat ihr kein Wort geglaubt. Wie's der Zufall will, saß der Verleger bei der Modenschau direkt neben einer alten Bekannten, die zufälligerweise perfekt für den Job war. Er hat sie sofort eingestellt."

Ich starre Delia an, verblüfft über die vielen Einzelheiten, die sie in nur wenigen Stunden herausgefunden hat. „Woher weißt du das alles?"

Delia zuckt mit den Schultern und lehnt den Kopf gegen die Wand. „Ich höre so einiges."

Bevor ich Delia antworten kann, hustet Lydia erneut. Die neue Redaktionsleiterin wechselt die Zigarette von der rechten in die linke Hand. Offenbar will sie das Husten nicht ungerächt lassen.

„Ich möchte Sie mit jemandem bekannt machen", sagt Lydia mit wenig Begeisterung. „Sie ist aus Sydney gekommen, wo sie sechs Jahre lang stellvertretende Chefredakteurin für die australische *Vogue* war. Bitte begrüßen Sie Marguerite Tourneau Holland Beckett Velazquez Constantine Thomas."

Leise murmeln alle gleichzeitig Hallo.

„Nein", flüstere ich ganz leise in Christines Ohr.

Sie lächelt. „Doch."

„Nein", wiederhole ich, diesmal nachdrücklicher. Das kann nicht wahr sein. Niemand trägt so eine Namensliste mit sich rum.

„Ich glaube, sie ist bereits zum fünften Mal verheiratet."

„Trotzdem ...."

„Sie hat sie alle geliebt."

„Kannst du dir das im Impressum vorstellen? Ihr Name allein braucht drei Zeilen. Sie ist Redakteurin, um Himmels willen. Sie muss doch wissen, wie man etwas kürzt."

Christine lächelt, sagt aber nichts mehr. Sie beobachtet das Drama, das sich entwickelt, mit unverhülltem Interesse. Jedermann um den Tisch herum ist nun in Alarmbereitschaft, nicht nur die Fotoabteilung.

„Danke, Linda, für diese ...", sie macht eine Pause, um ein Adjektiv zu finden, gibt nach langer Mühe aber auf, „ ... Einleitung. Das war sehr nett von Ihnen. Nun", sagt sie und bläst noch einmal Rauch in Lydias Gesicht, bevor sie ihre Aufmerksamkeit auf die Leute am Tisch richtet. „Ich bin sehr glücklich, hier zu sein. Ich bewundere *Fashionista* schon sehr lange und freue mich auf die Arbeit mit einem Team, das für eine so tolle Zeitschrift verantwortlich ist."

Wir sind nicht daran gewöhnt von Chefredakteuren zu hören, dass wir für eine tolle Zeitschrift verantwortlich sind, weshalb einige von uns sogar tatsächlich zu kichern beginnen.

„Also, ich möchte jeden an diesem Tisch kennen lernen", behauptet sie mit überzeugender Ernsthaftigkeit. „Aber zunächst möchte ich damit anfangen, dass jeder von

Ihnen mir seinen Namen und seine Position bei *Fashionista* nennt."

Trotz der Tatsache, dass wir dieses Ritual mit erschreckender Häufigkeit praktizieren – nämlich immer, wenn jemand neu anfängt oder ein Mitarbeiter der Personalabteilung zu uns herunterkommt, um „mal Hallo zu sagen" –, tue ich es noch immer äußerst ungern. Ich hasse es, zu sagen: „Vig Morgan, Assistenzredakteurin", und ich hasse es, die Sätze von allen anderen zu hören. Ich finde es ein wenig peinlich, meinen Namen zu nennen wie ein Pfadfinder, der beim Erklingen einer Trillerpfeife aus der Reihe nach vorne treten muss.

David Rodrigues aus der Kulturabteilung beginnt. Doch Marguerite nickt nicht nur wie die Leute aus der Personalabteilung, sie stellt ihm Fragen. Sie fragt ihn nach dem Hemd, das er trägt, ein braunes T-Shirt mit einem sonderbaren Emblem darauf. David erzählt, dass er es selbst entworfen hat. Dann sagt unsere neue Redaktionsleiterin etwas in der Richtung, dass er der neue William Morris wäre, und bestellt eines für sich selbst. In derselben Art und Weise fährt sie fort, sie beschäftigt sich mit jedem Mitarbeiter und verteilt mindestens ein Kompliment. Sie fragt Christine nach ihren Kochkursen. Sie behauptet, dass sie wegen meines Artikels darüber nachdenke, sich die Zähne bleichen zu lassen.

Marguerite Tourneau Holland Beckett Velazquez Constantine Thomas hat eine gewinnende Art, und sie funktioniert. Sie hat uns für sich gewonnen.

Das Meeting dauert bis halb vier, doch das stört niemanden außer Lydia. Lydia muss mit ansehen, dass sie das

Geschehen aus den Händen verliert wie ein kleines Mädchen seinen Drachen. Ein merkwürdiger, hilfloser Ausdruck liegt auf ihrem Gesicht. Sie versucht einige Male, die Kontrolle zurückzugewinnen – sie hat noch die Schnur in der Hand und klammert sich daran fest –, doch Marguerite mit ihrer scheinbar endlos langen Zigarette pustet nur gleichgültig Rauch in ihre Richtung.

Zum Schluss wird noch ein wenig über Fotoshootings geredet. Lydia hat keine Ahnung, wie die Vorbereitungen für die Novemberausgabe laufen, und nun ist sie gezwungen, sich darum zu kümmern. Sie muss sich mit jedem einzelnen Redakteur unterhalten, um das herauszufinden.

Aber das interessiert niemanden. Lydia ist zwar eine ganz nette leitende Redakteurin und hat ihren Job auch im Griff, aber sie würde einem niemals zur Seite stehen. Sie gehört nicht zu denen, die sich gegenüber ihrer Chefin für „ihre Leute" einsetzt. Sie ist nur ein sich ständig verbeugender Lakai. Sie ist eine Jasagerin mit sehr beschränktem Sprachschatz. Wenn man drei Nächte bis morgens um zwei durchgearbeitet hat, nur weil Jane um achtzehn Uhr festgestellt hat, dass ihr die ganze Ausgabe nicht gefällt, dann kann man nichts erwarten. Keine Sonderzahlung. Keinen Freizeitausgleich. Nicht mal eine hingeschmierte Notiz, auf der Danke steht. Man darf von ihr nicht erwarten, unsere Chefredakteurin daran zu erinnern, dass achtzehn Uhr der denkbar ungünstigste Zeitpunkt ist, um ein Layout völlig auseinander zu nehmen. Man darf gar nichts erwarten.

Die Verschwörung beginnt

Allison ist für mich nicht mehr als eine Reihe von locker zusammenhängenden Erzählungen, die ich unfreiwillig durch die dünne Wand zwischen unseren Büros höre. Weil wir für dieselbe Zeitschrift arbeiten, sehen Allison und ich uns regelmäßig über den Konferenztisch hinweg oder vor der Toilette, aber wir sind nie weitergekommen, als uns höflich zuzunicken und ein bedeutungsloses Lächeln auszutauschen. Ich weiß allerdings so viel über ihr Leben – über die Männer, die am nächsten Morgen nicht anrufen, die schreckliche Frau, mit der ihr Vater ausgeht, die missratenen Urlaube, die wiederkehrende Pilzinfektion, die ihr Arzt nicht in den Griff bekommt –, dass ich ihr manchmal nicht in die Augen schauen kann. Denn es handelt sich dabei um Dinge, die ich nicht wissen sollte. Dinge, die ich für mich behalten, über die ich niemals bei der Arbeit sprechen würde. Wenn schon, dann würde ich das Büro verlassen, zu einer Telefonzelle gehen und von dort aus anrufen. Mir jedenfalls ist jederzeit schmerzhaft bewusst, dass diese Wand zwischen uns hauchdünn ist.

Ich bin also ziemlich überrascht, als Allison ihren Kopf über die Wand streckt und fragt: „Vig, könnten wir kurz ein Meeting machen?"

Diese Bitte ist dermaßen abwegig, dass ich ein paar Sekunden brauche, um sie zu begreifen. Obwohl sie mich direkt mit meinem Namen angesprochen hat, denke ich zunächst, sie meint jemand anderen. Da muss es noch eine andere Vig geben. Ich schaue in der Erwartung auf, diese andere Vig neben mir stehen zu sehen, doch ich bin allein an meinem Schreibtisch. Ich höre auf zu tippen.

„Hast du kurz Zeit?" fragt sie, den Kopf freundlich zur Seite geneigt. „Es dauert bestimmt nicht lange."

Nachdem ich so ziemlich jedes Gespräch verfolgt habe, das sie in den vergangenen zwei Jahren führte, weiß ich, dass das nicht wahr ist. Alles, was Allison tut, dauert lange. Die spontanen Kurzkonferenzen, die die leitenden Redakteure einberufen, damit alles seinen richtigen Gang geht, existieren in ihrem Universum einfach nicht. Sie neigt zu Abschweifungen und ist meistens eine Million Meilen entfernt von ihrem eigentlichen Thema. Statt sich dann aber schnell zurück zum Anfang zu beamen, geht sie akribisch jeden einzelnen Schritt wieder rückwärts. Ich weiß nicht, wie die Leute am anderen Ende der Leitung das aushalten können, ich jedenfalls muss manchmal von meinem Stuhl aufstehen und zum Wasserspender gehen, weil ich es nicht mehr länger mit anhören kann.

Obwohl ich bis achtzehn Uhr noch einen Berg von Arbeit zu erledigen habe, bin ich viel zu neugierig, um abzulehnen. Allisons Interesse an mir kommt unerwartet, und wird sich vermutlich nicht so schnell wiederholen. Es gibt nur wenige Dinge im Leben, bei denen ich denke „nur ein Mal im Leben", aber jetzt denke ich es und stehe auf.

„Na gut." Ich blicke sie erwartungsvoll an.

„Nicht hier. Hättest du was dagegen, wenn wir ..." Sie macht eine Kopfbewegung.

Ich bin nicht daran gewöhnt, dass sie sich so zielgerichtet benimmt, und eine Sekunde lang befürchte ich, dass sie mich feuern will. Doch dieser Moment geht vorbei, und ich verwerfe den Gedanken. Allison ist Assistenzredakteurin genau wie ich, soviel hat sie gar nicht zu sagen. Um genau zu sein – sie hat gar nichts zu sagen.

Da ich nichts dagegen habe, folge ich ihr den Flur hinunter. Die Büros sind dunkel und farblos, natürliches Licht könnte man höchstens hinter den verschlossenen Türen der großen Zimmer finden. Wir gehen am Empfang vorbei und durch die Werbeabteilung. Hier bin ich noch nie zuvor gewesen, und es erstaunt mich, wie hübsch hier alles ist. Überall glänzt es, und die Beleuchtung ist sanft, nicht so grell wie unsere Neonröhren. Wir gehen ein paar Mal um die Ecke und erreichen eine Schiebetür, auf der „Ladies' Room" steht. Allison tippt einen Code ein, und die Tür öffnet sich. Wir befinden uns in der Toilette der Abteilungsleiter, in der es drei lupenreine Kabinen gibt und einen kleinen mit Teppich ausgelegten Raum, in dem eine schwarze Ledercouch steht. Auf dieser Couch sitzen Kate Anderson von der Abteilung Accessoires und Sarah Cohen aus der Fotoredaktion. Die Couch, der Teppich und die Leute bringen mich total aus der Fassung. Obwohl ich gar nicht so weit weg von Zuhause bin, fühle ich mich wie Alice im Wunderland, die ins Kaninchenloch gefallen ist.

„Hi", sage ich verwirrt. Mir ist etwas unbehaglich zu Mute, wie wenn man sich beim Mittagessen in der Kantine an den falschen Tisch gesetzt hat. Aber eigentlich müsste ich solche Gefühle schon vor Jahren hinter mir gelassen haben. Mit einem Blick bitte ich Allison um eine Erklärung. Als Antwort nickt sie Sarah und Kate zu, die beide auf die Füße springen.

„Danke, dass du gekommen bist", sagt Sarah, legt ihre

Hände auf meine Schulter und drückt mich auf die Couch. Zögernd setze ich mich hin.

„Warum bin ich hier?"

„Weil du der Dreh- und Angelpunkt bist", antwortet Kate.

„Der Dreh- und Angelpunkt?" wiederhole ich.

„Ja, der Dreh- und Angelpunkt", bestätigt Allison.

„Der Dreh- und Angelpunkt?" frage ich erneut.

„Bei dir laufen alle Fäden zusammen", erklärt Sarah.

Ich betrachte die drei neugierig. „Welche Fäden laufen denn bei mir zusammen?"

„Die unseres Planes", sagt Allison.

„Euer Plan?" frage ich.

„Unser Plan", bestätigt Allison zufrieden.

„Aber welcher Plan?" fühle ich mich gezwungen zu fragen, als ob es ganz viele verschiedene gebe und ich mich nicht genau an alle erinnern könne.

„Unser genialer Plan, Jane McNeill zu stürzen."

Jane McNeill

Jane McNeill stellen Sie sich bestimmt so vor: hart, aber in Ordnung. Manchmal vielleicht etwas brüsk, aber in ihrem Job kennt sie sich aus und weiß, was sich verkauft. Von ihr, Leute, kann man eine Menge lernen.

Nein, so ist es nicht. An ihr kann man nichts Gutes finden. Sie ist ziemlich jähzornig, ihre Geduld erinnert an ein Glas Whiskey – in einem Zug leer. Freundlichkeit ist für sie eine Krankheit, die nur schwache Menschen befällt. Sollte man eine Woche frei nehmen, weil die eigene Mutter gestorben ist, dann wird sie garantiert vor den Kollegen die Augen verdrehen, als ob eine solche Schwäche ihr geradezu körperliche Schmerzen verursachen würde. Mit Vergnügen macht sie einen vor der kompletten Mannschaft lächerlich. Wenn man zum Beispiel tatsächlich eine ihrer total absurden Fragen beantworten kann, meinetwegen über Saumlängen in den Fünfzigern, dann wird sie ganz tief in ihre Trickkiste greifen, bis sie etwas findet, worüber man nichts weiß – zum Beispiel, was Martha Washington zu Georges Amtseinführung getragen hat.

Meetings mit ihr sind angespannt und fürchterlich, man hat das Gefühl, vor Gericht einen Fall verteidigen zu müssen, von dem man gar keine Ahnung hat: Sagen Sie mir schnell drei Gründe für den Seidenraupenstreik in Obervolta. (Das ist eine Fangfrage, Seidenraupen sind nicht gewerkschaftlich organisiert.) Sie ist eine albtraumartige Fabrik, und wir sind die gut geölten Zahnräder, die alles am Laufen halten.

Jane ist selten in New York, aber ihre Anwesenheit ist logarithmisch und hat ähnliche Ausmaße wie ein Erdbeben. Wenn sie zwei Tage hintereinander in die Redaktion kommt, ist die Verwüstung hunderttausend Mal schlimmer, als wenn sie nur ein Mal erscheint. Kleine Dörfer stürzen zusammen, und das Selbstvertrauen, das sowieso schon ziemlich angekratzt ist, weil man einer so minderwertigen Mannschaft angehört, löst sich vollständig in Nichts auf.

Man erträgt diese miese Behandlung zwei endlose Jahre lang, bevor man die Beförderung bekommt, die der Abteilungsleiter einem über achtzehn Monate lang wie eine Karotte vor der Nase hat baumeln lassen. („Wenn Sie nur noch ein wenig Geduld haben, Vig ... Eine Assistenzredakteursstelle bei *Fashionista* zu bekommen braucht seine Zeit.") Erst wenn man kurz davor ist, seinen Computer mit einer Axt kurz und klein zu schlagen und einfach abzuhauen, ruft einen Jane in ihr Büro, um die guten Neuigkeiten zu verkünden. Dann ist man noch immer bei dieser Zeitschrift und noch immer ihren Angriffen ausgesetzt, aber man steht nicht mehr an vorderster Front. Denn dann sitzt eine andere ehrgeizige Anfängerin an deinem Tisch und muss ihre Hiebe einstecken. Man ist so froh, nicht sie zu sein – und total beschämt, dass man sich so erleichtert fühlt –, dass man den Blick senkt, sobald man an ihrem Tisch vorbeigeht.

Jane weiß wirklich, was sich verkauft, aber das hat mehr mit der Berechenbarkeit der Leser als mit ihren Ideen zu tun. Jedes Jahr besteht sie darauf, dass wir einen Artikel über den klassischen Stil von Jackie O. oder die scheinbar mühelose Anmut von Grace Kelly bringen, als ob noch nie zuvor darüber berichtet worden wäre. Man hat die Fotos schon tausend Mal zuvor gesehen, allerdings neben wesentlich besser geschriebenen Texten.

Das Geheimnis von Janes Erfolg ist, dass sie immer für Zeitschriften arbeitet, die sowieso gerade im Kommen sind. Die gestiegenen Verkaufszahlen heftet sie sich dann an die Fahne. So hat sie das vorher schon bei *Face* und *Voyager* gemacht, und sie wird es wieder tun, wenn der nächste große Hoffnungsträger am Horizont auftaucht. Sie ist genial darin, sich gut zu verkaufen, und hat eine Art rücksichtslose Ausstrahlung, auf die die Verleger von Hochglanzzeitschriften offenbar gerne reinfallen.

Sie sind also nicht die Einzige, die die Tage zählt.

Die Verschwörung nimmt Formen an

Die Toiletten der Redaktion von *Fashionista* laden nicht gerade dazu ein, sich zu setzen und es sich gemütlich zu machen. Es ist herrscht reger Verkehr und sehr wenig Privatsphäre. Die Türen sind nicht sehr hoch, und man kann die Köpfe der Kolleginnen sehen, wenn sie den Reißverschluss ihrer Jeans hochziehen. Wenn man also mal einen Moment lang alleine sein will, ist es am Besten, in den Fahrstuhl zu steigen. Manchmal gelingt es einem, zweiundzwanzig Stockwerke lang unbehelligt zu bleiben.

Allison, Sarah und Kate scheinen sich hier ziemlich wohl zu fühlen. Während ich die Tür beobachte und jederzeit damit rechne, dass eine mir unbekannte Angestellte hereinkommt, toupieren sie sich ihr Haar vor den unschmeichelhaft beleuchteten Spiegeln.

„Jetzt ist der richtige Zeitpunkt", sagt Sarah.

„Jetzt ist der richtige Zeitpunkt?" frage ich, entsetzt darüber, wie wenig ich weiß. Ich weiß nicht, warum jetzt der richtige Zeitpunkt ist, ich weiß nicht, warum ich Dreh- und Angelpunkt bin, und ich weiß nicht, was für einen Plan sie geschmiedet haben, um Jane zu Fall zu bringen.

Allison nickt und bedient sich bei den unzähligen Haarprodukten, die vor den Spiegeln stehen. Sie beugt sich nach vorne, wirft die Haare über den Kopf und beginnt, zu sprühen. Heute trägt sie graue Baumwollhosen und eine weiße, ärmellose Bluse. Das sollte eigentlich elegant aussehen und schlank machen, aber an Allison sieht es aus, als habe sie die Klamotten nur angezogen, weil alle anderen in der Wäsche sind. Während sie sich den Pony aus den Augen bürstet, sagt sie: „Jetzt ist der richtige Zeitpunkt gekommen, zuzuschlagen."

Ich wende den Blick von der Tür ab. Wir sind seit zehn Minuten hier drin, und sie hat sich nicht ein einziges Mal geöffnet. So langsam glaube ich, dass sie das auch niemals tun wird. „Verstehe", behaupte ich.

„Wir haben jetzt eine Chance", erklärt Kate.

„Eine Chance?" Ich beobachte Allison, wie sie ihren Kopf wieder nach vorne wirft, um noch ein wenig nachzusprühen. Als sie sich erneut aufrichtet, sieht sie genauso aus wie vorher, nur röter.

„Eine kleine Chance", stellt Sarah klar, nur für den Fall, dass ich angenommen hätte, die Chance wäre riesig.

„Es ist kaum anzunehmen, dass Marguerite Tourneau hier lange Redaktionsleiterin bleiben wird", meint Allison und stellt das Haarspray weg, nachdem der letzte Spritzer offenbar den erwünschten Erfolg gebracht hat. „Du weißt so gut wie wir, dass Jane sie innerhalb von zwei Monaten ausbooten wird."

Sarah verdreht die Augen. „Zwei Monate? Ha! Ich gebe ihr eine Woche."

„Mehr als eine Woche", sagt Kate. „Eher einen Monat."

„Einen ganzen Monat?" Sarah scheint daran zu zweifeln.

„So lange dauert es mindestens, bis ihre Anstellungspapiere in der Personalabteilung bearbeitet werden", analysiert Kate. „Und man kann niemanden feuern, den man noch gar nicht offiziell angestellt hat."

Diese Beweisführung befriedigt die drei, und sie drehen sich um, um mich anzusehen. Ich sitze auf der Couch, den Rücken gegen das geschmeidige Leder gedrückt, und kümmere mich um meine eigenen Angelegenheiten. Dreh- und Angelpunkt, genialer Plan, kleine Chance, der richtige Zeitpunkt, zuzuschlagen – ich habe gut aufgepasst. Ich weiß zwar nicht, warum, aber das habe ich.

Sie starren mich mit erwartungsvoll, ja hungrig an. „Was ist denn?"

„Wirst du uns helfen?" fragen sie gleichzeitig, als wären sie eine Cheerleadergruppe.

„Ich weiß nicht. Wie sieht der Plan denn aus?"

Allison schaut die anderen beiden an. Kate zieht warnend eine Augenbraue in die Höhe. Sarah unterstützt sie mit einem weniger diskreten Kopfschütteln. Allison seufzt. „Wir können dir den Plan nicht verraten, bevor du versprochen hast, uns zu helfen."

Aber ich begebe mich niemals auf so dünnes Eis. Da können die schlimmsten Dinge passieren. „Ich kann euch nichts versprechen, bevor ihr mir nicht den Plan verraten habt."

Mein unbeugsamer Wille irritiert sie. Sie glotzen einander an, übermitteln komplette Sätze nur mit dem Flattern ihrer Wimpern. Ich bin geneigt, mich zu entfernen, damit sie das Thema in Ruhe ausdiskutieren können, aber ich finde es gerade viel zu bequem und habe keine Lust, die Couch zu verlassen. Ich hege keine Zweifel über den Ausgang der Sache. Die können mit ihren Augenbrauen und Wimpern anstellen, was sie wollen, früher oder später werden sie mir den Plan verraten. Das müssen sie. Ich bin schließlich Dreh- und Angelpunkt.

Allison Harper

Allison Harper ist eine untypische Beauty-Redakteurin. Ihre ziemlich gewöhnliche Erscheinung ist das Gegenteil von dem, was man von einer Beauty-Redakteurin erwartet. Sie bemüht sich, indem sie Riemchensandalen (Jimmy Choo) und die richtigen Hosen (Emanuel Ungaro) und den richtigen Lippenstift (Lip Gloss von MAC) benutzt, aber irgendwie fügt sich das Ganze nicht richtig zusammen. Auch wenn die richtigen Details vorhanden sind und ihre Aufmachung an einem Model tadellos aussehen würde, funktioniert es bei ihr irgendwie nicht.

Mit zweiunddreißig ist Allison drei Jahre älter als ich. In letzter Zeit hat ihre sonst so optimistische Lebenseinstellung einen Knacks bekommen. Sie ist mehrfach bei der Beförderung übergangen worden – dafür wurden Mitarbeiter von einem anderen Hochglanzmagazin eingestellt – und so langsam scheint sie ich über gewisse Dinge klar zu werden. Darüber, dass ihre Zukunft möglicherweise doch nicht so rosig aussieht und sie trotz sehr schöner Augen nicht gerade die Elizabeth Bennett aus Jane Austens Roman ist. Allison Harper ist nicht die Heldin ihrer eigenen Geschichte. Stattdessen spielt sie nur die Nebenrolle, wie Charlotte, die ihre Träume gegen Kompromisse eintauscht, von denen nicht sicher ist, ob sie funktionieren. Womöglich ist sie früher einmal davon überzeugt gewesen, eine Cleopatra zu sein, aber so langsam wird ihr klar, dass sie ein Niemand ist, eine namenlose Sklavin, deren Existenz niemanden interessiert.

Es ist schrecklich und unangenehm, das zu beobachten. Deswegen nehme ich immer den Umweg zur Toilette, nur, damit ich nicht an ihrem Schreibtisch vorbeigehen muss. Spät am Abend, wenn die Büroräume fast menschenleer sind, höre ich, wie sie ihrer besten Freundin am Telefon von den Ereignissen des Tages berichtet. Ihre Stimme klingt irritiert, wenn sie erzählt, dass sie nicht mit dem Artikel über „Girls Talk" beauftragt wurde („Verrate mir dein Geheimnis: erst Eyeliner und dann Mascara oder Mascara und dann Eyeliner?") oder über die angesagtesten Stylisten („Wenn Sie sich zwischen Leder und Wildleder entscheiden müssten, was würden Sie wählen und warum?"). Wütend erklärt sie Greta, dass sie stattdessen wieder einen aus Pressemitteilungen zusammengestückelten Marketingartikel schreiben müsse. Für so etwas habe sie doch nicht an der Columbia studiert.

Allison macht Jane für ihren Karriereknick verantwortlich, was eine ziemlich realistische Einschätzung der Situation ist. Jane trifft ihre Entscheidungen nicht aufgrund von Können und Leistung wie andere Vorgesetzte. Sie stellt schöne Redakteure ein, die nicht schreiben können, und schmeißt hässliche raus, die es können. Sie wählt ihre Assistenten aus, als ob es um eine Modenschau ginge, und wir alle passen gut zusammen: groß und dünn mit glattem, kinnlangem braunem Haar.

Der Führungsstil der Firma erinnert an einen französischen Gerichtshof des siebzehnten Jahrhunderts. Man spricht nicht, bevor man nicht angesprochen wird. Man senkt den Blick, wenn Jane anwesend ist. Es ist schon krankhaft, wie sehr es sie nach Unterwerfung dürstet, und wenn es nicht gegen das Arbeitsschutzgesetz verstoßen würde, würde sie uns garantiert vor sich niederknien lassen. Sie ist nur so lange an *Fashionista* interessiert, solange es die Leser auch sind, und in der gleichen Sekunde, in der die Verkaufszahlen zurückgehen, wird sie verschwunden sein. Sie wird das sinkende Schiff verlassen und die Firma den langen Weg in die Insolvenz alleine antreten lassen. Es gehört nicht zu ihrem Plan, in gute Leute zu investieren und eine Basis für jahrelange erfolgreiche Verlagsarbeit zu schaffen. Nach Jane die Sintflut.

Somit ist es kaum überraschend, dass die Tagelöhner eine Revolte planen.

Der Dreh- und Angelpunkt

Ich bin aus zwei Gründen Dreh- und Angelpunkt: Jane hat Respekt vor mir, und Alex schuldet mir noch einen Gefallen.

„Nein, tut er nicht", sage ich.

„Doch, tut er", widerspricht Allison.

„Nein, tut er nicht", sage ich noch mal. Als kleine Assistenzredakteurin bin ich niemandem eine große Hilfe, nicht einmal mir selbst.

„Doch, tut er. Wegen der Ausgabe vom letzten Mai", ruft eine unsichtbare Sarah aus einer Toilettenkabine.

„Die Ausgabe vom letzten Mai?" Ich versuche, mich an eine flüchtige Zusammenarbeit mit Alex Keller zu erinnern, aber mir fällt nichts ein. Mir fällt nichts ein, weil wir niemals zusammengearbeitet haben.

Ich höre die Toilettenspülung, und Sarah kommt, den Reißverschluss ihrer Caprihosen hochziehend, heraus. „Die Ausgabe vom letzten Mai", sagt sie abschließend und geht zum Waschbecken, um sich die Hände zu waschen.

In der Maiausgabe gab es ein Special, wie man sein Leben gründlich verändern kann, dazu die üblichen Geschichten, doch Keller blieb in seiner Ecke und ich in meiner. „Er schuldet mir keinen Gefallen."

„Carla Hayden", sagt Kate und schaut mich erwartungsvoll an.

„Carla Hayden?" Der Name kommt mir entfernt bekannt vor, aber ich weiß nicht, wieso. Sie könnte eine Schauspielerin sein, eine Hollywood-Friseurin oder eine neue Mitarbeiterin von *Fashionista*. Namen sitzen in einem sehr kleinen und selten genutzten Teil meines Hirns.

„Carla Hayden", bestätigt Sarah mit einem Nicken. Sie trocknet ihre Hände mit einem Papierhandtuch ab, wirft es in den Mülleimer und sich selbst auf die Couch neben mich. Ich werde von ihrem Parfüm überwältigt, einer blumigen Komposition, die teuer riecht.

„Klein, ein bisschen pummelig, abwaschwasserbraunes Haar", fügt Allison hinzu, als ob Einzelheiten dieser Art meinem Gedächtnis auf die Sprünge helfen würden.

Wenn Sie mich fragen, trifft diese Beschreibung auf die Hälfte der Weltbevölkerung zu. Ich starre sie verständnislos an.

„Sie war das Vorher-Nachher-Model der Maiausgabe", sagt Kate.

Sarah wendet sich mir mit einem frustrierten Stöhnen zu. „Du hast sie in ein Kleid von Chloe gesteckt und ihr blonde Strähnchen verpasst."

„Ach so, Chloe." Zumindest habe ich jetzt eine Ahnung. Die sind selbst schuld, dass ich so lange gebraucht habe. Wenn sie geistesgegenwärtig genug gewesen wären, die Maiausgabe einfach mitzubringen, dann hätten wir das alles schon vor fünf Minuten aufklären können. „Ihr Name war Carla Hayden?"

„Carla Hayden Keller", antwortet Allison.

„Carla Hayden Keller?" wiederhole ich.

„Carla Hayden Keller." Kate nickt.

„Willst du damit sagen, dass er verheiratet ist?" Ich versuche mir eine Frau vorzustellen, die einen schlechtgelaunten, warzengesichtigen Troll heiraten würde. Klein, pummelig und abwaschwasserbraunes Haar scheint mir jedenfalls nicht der Typ zu sein.

„Sie ist seine Schwester", korrigiert Sarah mich lachend. „Und sie hat ihren Nachnamen weggelassen, damit Jane nichts merkt."

„Seine Schwester?" Keller hat niemals den geringsten Hinweis darauf gegeben, dass er Geschwister hat. Ich finde das ziemlich unhöflich – und typisch – dass er jetzt plötzlich damit rausrückt. „Ich wusste nicht, dass er eine Schwester hat", sage ich verärgert. Wir hätten von einer Schwester wissen sollen.

„Er hat zwei", erklärt Kate.

„Dieser Bastard", entgegne ich und versuche, aus dieser

Entwicklung klug zu werden. Das alles passt überhaupt nicht mit dem zusammen, was wir bisher von ihm wussten. Also gehe ich davon aus, dass die Schwestern den kleinen Alex total unterdrückt haben müssen. „Sie sind bestimmt älter als er. Sie müssen älter und dominant und gemein sein wie Aschenputtels Stiefschwestern."

Sarah schüttelt den Kopf. „Sie sind jünger."

„Verdammt." Ich verstehe nicht, wie so ein schrecklicher Mann jüngere Schwestern haben kann. Das ist einfach unglaublich.

„Verstehst du jetzt, warum er dir noch einen Gefallen schuldet?" fragt Kate.

Ich mache zwanzig bis dreißig Vorher-Nachher-Geschichten pro Jahr. Niemand hat jemals das Gefühl gehabt, mir deswegen einen Gefallen zu schulden. „Nein."

„Du hast ihr Leben verändert", behauptet Sarah.

Das ist genau dieser dumme Unsinn, den wir in unserer Zeitschrift immer behaupten, aber es ist nicht wahr. Das Glück eines Menschen hängt nicht wirklich davon ab, welche Wimpernzange er sich kauft. „Ich habe ihre Frisur verändert."

„Zwei Tage, nachdem du ihr eine neue Frisur und ein Chloe-Kleid verpasst hast, hat Carla Hayden Keller einen Job als Moderatorin bei *Generation Y* bekommen. Bei einer Betriebsfeier hat sie den renommierten Firmenfinanzier Alistair Concoran kennen gelernt, der sich umgehend in sie verliebte. Zwei Monate später haben sie geheiratet und ein Haus in Westchester gekauft. Inzwischen erwarten sie sogar schon ihr erstes Kind", ruft Allison mit einem breiten Lächeln.

„Du siehst also", sagt Kate. „ Alex Keller schuldet dir was."

Alex Keller

Jeder in unserer Firma kennt eine Geschichte über Alex. Obwohl kaum jemand von uns diesen ausgewiesenen Menschenfeind jemals gesehen hat, hat jeder von uns schon mal Probleme mit ihm gehabt. Gerne schmeißt er angeekelt den Telefonhörer auf oder schickt unhöfliche E-Mails mit ungeduldigen Antworten, oder er verfasst schroffe Notizen über interne Angelegenheiten.

Er hält seine Bürotür immer geschlossen. Niemals sieht man Licht durch die Milchglasscheiben, und würde nicht der konstante Discobeat hinter seiner Tür wummern, würde man glauben, er sei nie da. Wenn man etwas für ihn hat, dann muss man den vorgegebenen Lieferweg einhalten. Man legt es in sein Fach, klopft zwei Mal und läuft dann weg. Wenn man sich eine Sekunde später umdreht, ist das, was man hingelegt hat, bereits nicht mehr da. Der ganze Ablauf ist äußerst mysteriös, man kommt sich vor wie Dorothy, die für den *Wizard of Oz* einen Besenstiel zurücklässt.

Alex Keller ist der Veranstaltungsredakteur von *Fashionista*. Monat für Monat füllt er ein Dutzend Seiten mit Fotos von Premieren, Galas, Benefizveranstaltungen und Eröffnungsfeiern. Alle tollen Partys ähneln sich, und wenn man sich die Seiten anschaut, kann man kaum eine Givenchy-Fete von einer Brustkrebs-Spendenaktion unterscheiden. Man nehme sämtliche 0815-Zutaten all der Hochzeiten, die man je besucht hat, füge ein paar tausend Kerzen hinzu, und schon hat man das, worüber Alex Keller berichtet. Nur die Namen ändern sich.

Die Schnappschüsse, die sich nur vage von denen eines Highschool-Jahrbuchs unterscheiden, werden meistens mit einem Text untertitelt, der die Feier erläutert. Kellers Stil – immer im Plauderton, gelegentlich mit Wortspielen, selten langweilig – äfft den Klatsch der Regenbogenpresse nach, allerdings ohne versteckte schmutzige Andeutungen.

Nachdem sein glamouröses Leben seine Feindseligkeit Menschen gegenüber nicht erklärt, bleibt uns nichts anderes übrig, als zu spekulieren. Wir müssen Theorien über seine Eltern entwickeln (schwacher Vater, dominante Mutter), über seine Kindheit (leichtes Spiel für tyrannische Kameraden), seine Figur (Napoleon-Komplex) und sein Sexleben (nicht existent). Seine Menschenfeindlichkeit kann nur auf eine Art erklärt werden: Er ist ein kleiner Mann, der seine Launen nicht unter Kontrolle hat und keine Frau abbekommt. Nachdem Keller niemals aus seinem Büro herauskommt, um unsere Vorurteile zu entkräften, sind die Gräuelmärchen über die Jahre hinweg immer fantastischer geworden. Anstelle einer Person haben wir eine Legende erschaffen, mit deren Details wir dermaßen vertraut sind, dass wir manchmal vergessen, wie frei erfunden sie sind.

Genau das ist geschehen, als Sarah, Kate und Allison ihren Plan ausgeheckt haben. Sie haben nicht in Betracht gezogen, dass Alex Keller möglicherweise kein bösartiger Zwerg ist, der sich an seiner dominanten Mutter rächen will.

Die Verschwörung

Ich glaube, *Respekt* ist nicht das richtige Wort, um zu beschreiben, was Jane mir gegenüber empfindet, aber das behalte ich lieber für mich. Ich will wissen, wie der Plan aussieht, und sie sind kurz davor, es mir zu verraten.

„Es war Allisons brillante Idee", erklärt Kate, „also soll sie auch entscheiden."

Allison lächelt und errötet. Sie ist es nicht gewöhnt, dass ihre Ideen als brillant bezeichnet werden. „Ich weiß nicht", windet sie sich und dreht sich zu ihren Freundinnen um. „Wir haben vorhin gesagt, dass wir ihr erst dann alles erzählen, wenn sie versprochen hat zu helfen."

„Aber sie wird uns helfen", behauptet Kate, die auf jeden Fall dafür ist, endlich mit der Sprache rauszurücken. „Sobald sie den Plan kennt, wird sie uns helfen. Davon bin ich überzeugt."

Sarah sieht nicht überzeugt aus, aber sie hat die Verantwortung an Allison abgegeben, und scheint ganz zufrieden damit zu sein. „Mir ist alles Recht, egal, was du entscheidest."

Allison bricht unter der Last der freien Wahl zusammen und wendet sich zu mir um. „Gut, aber du musst schwören, dass du niemandem etwas verrätst, falls du uns nicht helfen willst."

Damit bin ich einverstanden, weil ich mir ziemlich sicher bin, dass ihr Plan nichts anderes beinhalten wird, als Jane Enthaarungsmittel in die Shampooflasche zu schütten und darauf zu warten, dass sie unter der Demütigung einer Glatze zusammenbricht.

„Bald wird es in einer Galerie in Soho eine Ausstellung geben", beginnt Allison langsam. Sie ist noch immer nicht sicher, dass sie das Richtige tut. „Eine Ausstellung von einem dieser jungen britischen Künstler, Gavin Marshall. Er gehört zu denen, die aufblasbare Plastikmöbel mit Eingeweiden von Kühen füllen und das dann Kunst nennen. Seine aktuelle Arbeit ist eine Serie, die er offiziell ‚Die Vergoldung der Lilie' nennt, doch die englische Presse nannte es ‚Jesus als Transvestit'. Und genau das ist es auch", erklärt sie. „Er kleidet Jesus-Statuen in Haute Couture. Zwar war die Ausstellung in England ein riesiger Erfolg, aber sie war auch wahnsinnig umstritten, und kein Hochglanzmagazin hat sich rangewagt. Doch wir werden Jane davon überzeugen, die Geschichte zu bringen. Ein Aufschrei wird durch die Öffentlichkeit gehen, man wird zum Boykott aufrufen, und dem Verleger wird nichts anderes übrig bleiben, als sie rauszuschmeißen, um die Werbekunden und die religiösen Konservativen zu besänftigen."

„Wie wollt ihr Jane davon überzeugen, die Geschichte zu bringen?" frage ich. Ihr Plan ist tatsächlich interessant und kreativ, aber ich kann mir kaum vorstellen, dass er erfolgreich sein wird. Jane McNeill mag eine tyrannische Egomanin sein, aber sie ist auch nicht auf der Nudelsuppe dahergeschwommen. Sie hat schon genug Zeitschriften herausgebracht, um zu wissen, was gefährlich ist und was nicht. Sie ist lange genug im Geschäft, um zu erkennen, dass die wenigsten Leute Christus in Christian Dior sehen wollen.

„Jetzt erscheinst du auf der Bildfläche", wirft Sarah ein.
„Ich?"

„Du", bestätigt Kate.

„Ich?" wiederhole ich, geradezu erschüttert. Ich kann mir nicht vorstellen, wie sie auf die Idee kommen, dass ich Jane manipulieren könnte.

Allison nickt. „Du bist der Dreh- und Angelpunkt."

Ich habe die Nase voll von diesem Dreh- und Angelpunkt-Gerede und starre ausdruckslos vor mich hin.

Nach einem Augenblick des Schweigens, in dem sie abwägt, wie viel ihres Planes sie mir verraten soll, fährt Allison fort: „Du musst Keller dazu bringen, Gavin Marshalls Eröffnungsfeier in die Novembertermine aufzunehmen."

„Und du musst dafür sorgen, dass er jede Menge Promi-Namen auf die Liste setzt", fügt Kate hinzu. „Jane wird sich erst dafür interessieren, wenn viele Stars beteiligt sind."

Tatsächlich braucht es nur A-Promis, um Janes Aufmerksamkeit zu erlangen, doch trotzdem ist der Plan fehlerhaft. „Das wird sie nicht überzeugen."

„Das ist nur Phase eins", sagt Allison.

„Phase eins?"

Sarah nickt. „Es gibt mehrere Phasen."

„Wie viele?"

Allison schließt die Augen und geht noch mal ihren Plan in Gedanken durch. „Vier", sagt sie, als sie mit dem Zählen fertig ist. „Es gibt vier Phasen. In Phase zwei musst du Jane auf Marshall aufmerksam machen."

„Genau, aber du musst das sehr unauffällig tun. Sie darf nicht merken, wie sehr du willst, dass sie von ihm erfährt", führt Sarah an.

„Jane soll denken, dass sie einer heißen Geschichte auf der Spur ist", erläutert Kate.

Dieses Mal spare ich mir ein Urteil. „Um was zu erreichen?"

„Nun, wenn sie, natürlich total zufällig, entdeckt, dass die neue Redaktionsleiterin vorschlagen will, die Eröffnungsparty für Gavin Marshall zu sponsern und einen Artikel über ihn zu bringen, dann wird sie ihr die Idee klauen", sagt Allison.

Obwohl das ganz typisch für Janes Verhalten wäre, stimmt etwas in der Logik nicht. „Aber Jane würde sich über Gavin erkundigen und feststellen, dass er für uns viel zu umstritten ist."

„Das würde sie tun, wenn es ein Vorschlag von einer von uns wäre. Sie würde genaue Informationen einholen über Marshall", stimmt mir Sarah zu. „Aber nicht, wenn sie glaubt, dass die Idee von Marguerite stammt."

Mir wird klar, dass es ein paar Dinge gibt, von denen ich nichts weiß. „Würde sie nicht?"

„Die beiden sind seit mehr als fünfzehn Jahren Rivalinnen", verkündet Allison. „Sie waren gleichzeitig Assistenzredakteurinnen bei *Parvenu* und haben sich immer um Interviews und Storys geprügelt. Beide hatten auf eine Stelle als feste Redakteurin gehofft, und als eine frei wurde, hat Marguerite sie bekommen. Danach musste Jane zu den besonders langweiligen Presseterminen, und sie machte Marguerite dafür verantwortlich. Sechs Monate später hat sie gekündigt."

Diese Ansammlung von Fakten frappiert mich. „Woher weißt du das alles?"

Allison lächelt. „Die wichtigste Regel im Kriegsfall: Kenne deinen Feind."

Ich hatte bisher nicht geahnt, dass wir uns im Krieg befinden.

„Du siehst also, wenn wir Jane davon überzeugen können, dass Marguerite etwas hinter ihrem Rücken vorhat, um Punkte beim Verleger zu sammeln, dann wird sie alles tun, um das zu untergraben", ruft Kate. „Und egal welche Vorbehalte sie gegen dieses Projekt haben mag, die wird sie sofort fallen lassen, wenn sie glaubt, dass Marguerite sich dafür interessiert."

„Sie wird nicht wirklich logisch überlegen", behauptet Sarah. „Sie wird nur versuchen, ihre Haut zu retten, weil sie jederzeit damit rechnet, dass Marguerite sie angreift."

„Das garantiere ich", ruft Allison.

Es ist unmöglich, irgendetwas zu garantieren, aber manchmal kann man seine Wette nicht länger hinauszögern. Jane McNeill zu Fall zu bringen, erscheint mir keine sichere Sache zu sein. Auch wenn der Plan gut ist – sogar deutlich besser, als ich gedacht hätte –, hängt zu viel von menschlichen Faktoren ab. Niemand weiß, wie Marguerite reagieren wird. Mehr als ein Jahrzehnt ist vergangen, seit sie zusammen bei *Parvenue* gearbeitet haben, und Jane, einstmals Assistenzredakteurin, ist nun Chefin der erfolgreichsten Frauenzeitschrift aller Zeiten. Und genau das ist es, was alte Verletzungen heilt – Zeit und Erfolg.

Ich sage den dreien, dass ich ein bis zwei Tage darüber nachdenken will und mich dann bei ihnen melde, aber im Grunde bin ich nur höflich. So sehr ich das aktuelle Regime zerschlagen will, so wenig gehöre ich zu denen, die zu den Waffen greifen.

Dieses dumme Leben

Dot Drexel spricht in Schlagzeilen. Ihre Sprache ist bildhaft, und man kann geradezu die Ausrufezeichen spüren, die sie einem an den Kopf wirft.

„Skate-Skiing! Ihr neuer Lieblingssport!" ruft sie, als ich ihr Büro betrete. Obwohl sie seit fünf Jahren Redakteurin bei *Fashionista* ist, wirkt ihr Büro fast unberührt, so ordentlich ist es und frei von persönlichem Kram. Wenn sie irgendwann bei Nacht und Nebel während eines Militärschlags verschwinden müsste, könnte sie das innerhalb von Sekunden tun, ohne etwas Persönliches zurückzulassen. Sie müsste keine Pflanzen und Bilderrahmen und diese ganzen schrulligen, nutzlosen Dinge, die meist auf den Schreibtischen stehen, mit sich schleppen.

Ich setze mich und durchwühle mein Hirn nach einem alten Lieblingssport, den Skate-Skiing ersetzt hat. Mir fällt nichts ein.

„Vergessen Sie Snowboarding!" sagt sie und reicht mir eine Broschüre mit schneebedeckten Gipfeln und Après-Ski-Hütten, „hier ist die neue sexy Alternative der Stars!"

Auch wenn Snowboarding nie großen Eindruck auf mich gemacht hat, so bezweifle ich doch, dass die neue sexy Alternative sich dauerhaft in mein Gedächtnis einbrennen wird. Dort befindet sich für Trends eine Art Drehtür. „In Ordnung."

„Wunderbar", sagt sie, erfreut über meinen Gehorsam. „Schreiben Sie mir fünfhundert Worte über die angesagtesten Klamotten für Skate-Sikiing! Rufen Sie verschiedene Designer an, und besorgen Sie sich Namen von prominenten Kunden. Wir werden die Outfits nur dann fotografieren, wenn wir die entsprechenden Namen haben. Fangen Sie bei Versace an. Ich glaube, die haben eine extra Sport-Linie. Und um dem Ganzen noch eine launige Richtung zu geben, rufen Sie bei *Sanrio* an und fragen Sie, ob es auch *Hello-Kitty*-Skate-Ski gibt. Wir wollen schließlich auch unsere unter Zwanzigjährigen bedienen."

Die Minikonferenz ist vorbei, ich stehe auf. Ich stehe auf und wundere mich darüber, dass ich mir überhaupt die Mühe gemacht habe, mich zu setzen. „Ich mache mich sofort dran", sage ich, als ob ich Superwoman wäre und Skate-Skiing eine Bedrohung für die Stadt Metropolis. Was wir hier tun, hat nichts mit Journalismus zu tun, aber das vergesse ich gelegentlich.

„Und was ist Skate-Skiing?" frage ich, bevor ich das Büro verlasse. Normalerweise täusche ich vor, dass ich über all die rätselhaften Themen dieser Konferenzen Bescheid weiß, renne dann an meinen Computer und suche im Internet nach Erhellung, aber nicht heute. Heute habe ich keine Lust, etwas vorzuspielen. Heute will ich die Dinge erklärt bekommen. Ich weiß nicht, woher dieser seltsame Widerstand rührt, aber zum allerersten Mal frage ich mich, ob ich vielleicht am Ende meiner Geduld angekommen bin. Vielleicht kann ich nicht länger als fünf Jahre das Nichts ertragen.

Dot seufzt schwer über meine Unkenntnis. „Der größte

Spaß! Den Sie offenbar nicht haben!" ruft sie abschließend, bevor sie den Telefonhörer abnimmt.

Aber sie hat Unrecht. Skate-Skiing ist nicht der größte Spaß, den ich nicht habe. Der größte Spaß, den ich nicht habe, ist nicht annähernd so harmlos wie diese Sportart, die gesundes Ausdauertraining wie beim Langlauf mit der Spannung des Abfahrsports vereint.

Sich kennen lernen

Marguerite Tourneau Holland Beckett Velazquez Constantine Thomas bittet mich zu einem Gespräch in ihr Büro. Nachdem Christine, Kate und Allison schon vor mir dran waren, habe ich den Termin bereits erwartet und extra noch keine Mittagspause gemacht. Ich laufe also den Flur hinunter zu einem kleinen Büro, dessen eine Wand direkt an den Aufzug grenzt. Man kann hören, wie der Aufzug hoch- und runterfährt.

Es handelt sich nicht um Eleanor Zorns altes Büro. Eleanor hatte eine große Ecksuite mit einem bequemen Sitzbereich und großen Fenstern, durch die man sowohl die Sixth Avenue als auch die neunundvierzigste Straße überblicken konnte. Morgens hatte sie helles Sonnenlicht, und abends das irisierende Schimmern der Radio City Music Hall. Marguerite hat nichts davon. Ihr Büro ist so winzig, dass gerade ein Tisch und ein Stuhl hineinpassen. Es ist nicht genug Platz für ein Sofa oder einen Kaffeetisch, die Besucher müssen sich auf einen klappbaren Plastikstuhl setzen.

Das Büro hat ein Fenster, aber eines von denen, das man in französischen Abenteuerromanen des neunzehnten Jahrhunderts findet. Es erinnert einen daran, dass es eine Welt da draußen gibt, die man allerdings nicht zu sehen bekommt. Alles, was man sehen kann, sind ein paar braune Steinplatten vom Gebäude gegenüber. Der Blick darauf hängt an der Wand wie ein modernes Gemälde.

Das alles hier ist nur noch ein weiterer Beweis für Janes Hass.

Obwohl dieses Meeting als informelles Gespräch angekündigt worden ist, habe ich meine halbe Ablage und einige alte Ausgaben der Zeitschrift mitgebracht. Ich weiß nicht, was ich zu erwarten habe, und will vorbereitet sein.

„Bonjour." Marguerite hält eine antike Gießkanne in der Hand. Sie ist gerade dabei, ihre Pflanzen zu gießen. Zwar ist das erst ihr zweiter Tag, doch sie hat bereits eine Menge Spuren in ihrem kleinen Büro hinterlassen, Usambaraveilchen und blühende Geranien. Sie verleihen dem Zimmer eine angenehme Atmosphäre von Beständigkeit. Die Fensterbank wirkt, als ob sie schon immer als Gewächshaus gedient hätte.

„Hallo", antworte ich und setze mich. Der Plastikstuhl schaukelt unter meinem Gewicht, ich klammere mich an der Tischkante fest. Wie ich sehe, hat sie einige Artikel von mir aufgeschlagen auf dem Tisch liegen. Mein einziges journalistisch anmutendes Werk über die Erhaltung und Verschönerung von Zähnen liegt ganz oben.

Marguerite folgt meinem Blick. „Ja, ich habe mir gerade einige Ihrer Arbeiten angesehen. Dieser Artikel hier ist *très magnifique. La Fashionista* könnte mehr informative Artikel wie diesen brauchen, finden Sie nicht?"

„Mehr davon wäre nicht schlecht", sage ich vorsichtig. Jane fragt nur nach der Meinung anderer, um sie dann auseinander zu nehmen, und ein solches Verhalten erwarte ich von sämtlichen Chefs.

„Na wunderbar", sagt sie und sprüht Wasser auf die letzte Pflanze, eine prächtige Azalee, bevor sie sich auch setzt. „Warum erstellen Sie nicht eine Liste mit Ideen für hilfreiche Artikel, die Ihrer Ansicht nach zu *Fashionista* passen würden, und dann schaue ich, was ich tun kann?"

Obwohl ich es herrlich fände, sinnvolle Artikel zu schreiben, weigere ich mich, mir den Kopf verdrehen zu lassen. Ich merke es sofort, wenn mich jemand manipulieren will. „In Ordnung."

Sie lächelt. „Wie lange sind Sie schon hier?"

„Fünf Jahre."

„Und Sie haben als Janes Assistentin angefangen?"

„Ja, das war ich zwei Jahre lang."

Marguerite zieht eine Augenbraue in die Höhe. „Zwei Jahre! Wie konnten Sie nur auskommen mit dieser ... ich meine, zwei Jahre, das ist eine ganz schön lange Zeit. Meine Assistentinnen sind nie länger als vierzehn Monate geblieben. Mal länger, mal kürzer, Sie wissen schon." Sie betrachtet mich einen Moment lang abwägend. „Sie und Jane müssen *très* kompatibel sein."

Ich zucke mit den Schultern. *Kompatibel* ist nicht das richtige Wort, um unsere Beziehung zu erklären, aber es gibt kein richtiges Wort. Wenn es um Jane geht, kann man die Dinge nicht beschreiben. Man kann sie nur erfahren.

„*Bien*. Ich hoffe, wir werden uns genauso gut verstehen. Denn ich habe vor, eine ganze Weile hier zu bleiben." Sie dreht sich einen Moment lang zum Fenster um. „Ich bin so viele Jahre in Sydney gewesen, dass ich ganz vergessen habe, wie aufregend es hier ist."

„Wie lange waren Sie denn dort?" frage ich, um Smalltalk zu machen, aber auch um mehr über sie zu erfahren. Ich genieße dieses neue Gefühl, mit einer Vorgesetzten angenehm zu plaudern.

Ihre Antworten sind ausführlich, und ich bleibe noch weitere zwanzig Minuten in ihrem Büro. Als ich schließlich gehen will, erinnert sie mich noch einmal daran, eine Liste mit Ideen zusammenzustellen, und ich beteuere, dass ich es nicht vergessen werde.

Marguerite ist freundlich und zugänglich, ich halte sie für aufrichtig, und doch bin ich nicht überzeugt. Ihr Wunsch, das Team kennen zu lernen, scheint ehrlich zu sein, aber es gibt noch genug, was mich stutzig macht. Marguerite könnte auch ein Soldat sein, der hinter der feindlichen Linie Informationen sammelt, und Janes Verhalten könnte darauf hinweisen, dass sie damit einverstanden ist. Nur weil man paranoid ist, bedeutet das noch lange nicht, dass niemand hinter einem her ist.

Jane-Carolyn-Ann McNeill

Wir bekommen die Notiz gleich als Erstes am Mittwochmorgen. Marguerite ist noch keine achtundvierzig Stunden im Gebäude, und schon geht Jane in die Offensive. Sie bricht eine Geschäftsreise ab, um neue Anweisungen zu geben.

„Was hat das wohl zu bedeuten?" Es ist das erste Mal, dass ich meinen Kopf über die Pappwand, hinter der Allison sitzt, strecke, und sie schaut überrascht auf.

„Was denn?" fragt sie.

„Janes Anweisung."

„Die habe ich mir noch nicht mal angesehen." Neugierig geworden greift sie in ihr überquellendes Eingangsfach, nimmt das oberste Blatt heraus und liest laut vor: „Bitte achten Sie künftig darauf, dass *Fashionista*-Chefredakteurin Jane McNeill ab sofort bei allen offiziellen und inoffiziellen Belangen ihren vollen Namen, nämlich Jane Carolyn-Ann McNeill, verwenden wird. Vielen Dank für Ihr Verständnis."

„Jackie musste das an alle Presseverteiler der Stadt schicken."

Allison lächelt. „Irgendjemand, ich will die Namen nicht nennen – und ich meine Namen im *Plural* – fühlt sich bedroht." Sie hat das Gefühl, dass ich in meinem Entschluss langsam schwanke. Sie senkt die Stimme und fährt fort: „Jetzt ist der Zeitpunkt gekommen, zuzuschlagen. So eine wunderbare Gelegenheit wird nie mehr kommen. Denk darüber nach." Dann richtet sie sich auf und wendet sich wieder der Morgenzeitung zu, ein Bild der Unschuld.

Ich setze mich an meinen Tisch und versuche, mich auf den Artikel zu konzentrieren, den ich gerade schreibe. Es geht um Verlobungsringe für die Hochzeitsausgabe, die schon bald erscheinen soll. Bei dem weltbekannten Juwelier Harry Winston, wo man sonst immer mehr als bereit ist, seine Schmuckstücke für *Fashionista* fotografieren zu lassen, ist man plötzlich merkwürdig zurückhaltend geworden. Deswegen ist daraus ein schlechter Artikel geworden, der sich wie eine anthroposophische Studie liest. Experten sind sich ziemlich einig, dass Madonnas Ring so aussieht, wie der auf diesem Foto. Jennifer Anistons Ring mit dem Viereinhalbkaräter könnte ausgesehen haben wie dieser von Tiffany's. Es klingt, als ob es sich bei den Ringen um Dinosaurier handelt und wir einen Befund aus ihren übrig gebliebenen Knochen erstellen müssten.

Ich versuche gerade, Anne Heches Ring so zu beschreiben, dass es nicht nach reiner Spekulation klingt, als Dot meinen Namen ruft. Sie steht am Eingang ihres Büros und hat einen Stapel Zeitschriften auf dem Arm. „Ihr nächstes Meeting! Elf Uhr!" ruft sie, bevor sie die Tür hinter sich schließt.

Ich seufze, frage mich, um was es wohl geht, und lese dann noch mal Janes Notiz. Auch wenn sie noch lange nicht so wahnsinnig zu sein scheint, eine extrem kontroverse Kunstausstellung zu unterstützen, so ist diese Namensänderung doch ein erstes Anzeichen dafür, dass sie sich völlig irrational verhält. Zum ersten Mal glaube ich, dass der Plan funktionieren könnte. Wir könnten siegen, das Böse könnte vernichtet und *Fashionista* eines Tages ein wunderbarer Arbeitgeber werden.

Allison hat Recht. Ich schwanke.

Getränke im Paramount

Maya bestellt einen Cosmopolitan im Wasserglas. Der Barkeeper starrt sie verständnislos an, bis sie zischt: „In einem Wasserglas. Ich möchte meinen Cosmopolitan in einem Wasserglas." Er schaut sie noch einmal komisch an, dann schüttet er Wodka, Cointreau und Johannisbeersaft in einen Cocktailshaker. „Und keinen Zucker am Rand", ruft sie ihm hinterher. „In meinem ständigen Bemühen, alles Schädliche in meinem Leben zu identifizieren, isolieren und eliminieren, habe ich mich kürzlich erst auf weißen raffinierten Zucker fixiert", sagt sie, schneidet eine Scheibe Brie ab und legt sie auf einen Cracker. „Dafür lasse ich so langsam wieder Salz in mein Leben."

Der Barkeeper stellt den Cosmo im Wasserglas auf eine Serviette vor Maya und einen Gin Tonic in meine ungefähre Richtung und verschwindet. Wir befinden uns in der Bar des Paramount Hotels. Hier suchen wir immer Zuflucht, wenn Maya etwas Schlimmes zugestoßen ist. Cosmopolitans sind ihre Trostpflaster.

Das letzte Mal, dass wir den dunklen Raum mit den niedrigen Decken betreten haben, ist kaum einen Monat her. Maya, deren Agentin Marcia in eine neue Agentur wechselte und Maya als Klientin nicht mitnehmen wollte, hatte dringend Trost gebraucht.

„Das hier sind echte Frusttränen, von denen man so oft hört, die man aber kaum je zu sehen bekommt", hatte sie gesagt und mir pathetisch ihren Liebe-Maya-Brief gereicht.

Aber da stand nicht nur Liebe Maya. „Wer ist Dylan?" fragte ich, obwohl ich schon einen Verdacht hatte. Ich konnte mir ziemlich gut vorstellen, was geschehen war. Marcia hatte in der Eile, alte, unproduktive Klienten fallen zu lassen, versäumt, den Formbrief zu personalisieren. In dem Teil, in dem sie dem Leser des Schreibens versichert, dass es eine Freude war, mit ihm zu arbeiten, hätte sie eigentlich Maya ansprechen sollen und nicht einen Typen namens Dylan.

„Ist das zu fassen?" fragte sie heulend. Sie ließ den Kopf nach vorne fallen, bernsteinfarbene Locken kringelten sich auf der Theke. „Sie hat mir nicht einmal die Würde gelassen, einen eigenen Brief zu bekommen."

„Zumindest weißt du jetzt, dass du nicht die Einzige bist, die sie hat fallen lassen."

„Das stimmt", sagte sie. Zwar war sie nicht in der Lage zu lachen, aber zumindest befand sie sich auch nicht länger am Rande eines Tränenausbruchs.

Normalerweise bin ich nicht sonderlich gut darin, Trost zu spenden, doch als ich diesen Erfolg sah, fuhr ich im selben Ton fort: „Und das macht aus einer schrecklichen Tragödie doch im Grunde eine absurde Komödie."

„Es ist eine Tragödie", sagte sie und trank ihren Cosmopolitan in drei großen Schlucken aus. Das ist der Grund dafür, dass sie Martinigläser nicht mag. Sie schafft es nicht, daraus zu trinken, ohne sich Johannisbeersaft über ihre Donna-Karan-Blusen zu schütten. „Ich stehe wieder ganz am Anfang. Exakt dort, wo ich vor achtzehn Monaten begonnen habe, nur, dass ich jetzt achtzehn Monate älter bin."

Die Zahl dreißig stand drohend vor ihrem geistigen Auge. Dieser spezielle Geburtstag wäre kein Problem für sie gewesen, wenn sie noch eine Agentin gehabt hätte. Doch der Tag rückte ziemlich schnell näher – sie hatte nur mehr fünfzehn Tage Zeit, um einen neuen Agenten zu finden. Und das war ziemlich unwahrscheinlich. Das ist genau das, was passiert, wenn man sich Ziele setzt und versucht, sie zu erreichen. Ziele sind der eigentliche Feind im Leben.

Obwohl ich mich so bemüht hatte, sah ich Tränen in Mayas Augen aufsteigen, dann brach sie in heftiges Schluchzen aus. Ich verstand ihren Schmerz. Eine kurze Zeit lang hatte sie den anderen freiberuflichen Schreibern mit Manuskripten unter dem Arm eine Menge vorausgehabt. Eine kurze Zeit lang hatte sie sich von ihnen unterschieden. Jetzt aber war sie wieder in die Masse zurückgedrängt worden, in der jeder gleich aussah.

Ich bestellte eine weitere Runde Getränke, reichte ihr ein paar Servietten und begann, Platitüden zu murmeln, in der Richtung, dass nichts ohne Grund geschieht. Ich dachte, sie hätte schon zu viel Wodka intus, um zu bemerken, dass ich wie eine Grußkarte klang, aber so betrunken war sie nicht. Sie war überhaupt nicht betrunken und wehrte sich gegen meine massenangefertigten Trostworte. Also begann ich, mit Dreck zu werfen. Das ist die letzte Rettung, die den Hilflosen noch bleibt. „Im Grunde ist das besser für dich. Sie war eine schlechte Agentin."

Maya zerdrückte die Serviette in ihrer Faust. Das war es nicht, was sie hören wollte. „Sie war eine gute Agentin."

„Und wie viele deiner Manuskripte hat sie verkauft?"

Nun hatte ich sie auch noch völlig gedankenlos daran erinnert, dass es ihr nicht nur nicht gelungen war, ihre

Agentin zu behalten, sondern auch nicht, überhaupt jemals was zu verkaufen. Frische Tränen begannen zu fallen. Sie fing ihren Satz noch einigermaßen gefasst an, gegen Ende waren ihre Worte aber kaum mehr als ein Schluchzen: „Marcia hat meine Arbeit weitergegeben, und sie wurde nicht angenommen. Mehr kann ich ... nicht ...ver-verlangen."

„Pah", sagte ich, ihre Logik nicht einsehend. Man kann und sollte immer mehr verlangen, vor allem, wenn man sich Ziele gesetzt hatte. „Du wirst einen anderen Agenten finden, und der wird besser als Marcia sein. Warts nur ab. Der Nächste wird dich nicht einfach Dylan nennen."

Ihr war klar, dass ich Recht hatte. Es war schließlich extrem unwahrscheinlich, dass der nächste Agent – wenn es einen gab – ebenfalls einen Klienten namens Dylan hatte. „Aber was, wenn ich nie mehr einen finde?"

Ich sagte ihr, sie solle nicht so dummes Zeug reden, und nach einigen weiteren Versuchen, ihre Laune mit meinem unschlagbaren Optimismus zu heben, wurde mir klar, dass sie sich in ihrem Leid suhlen wollte. Dieses Recht konnte ich ihr nicht verwehren, und so warf ich mich neben sie in den Sumpf aus Tränen. Es heißt immer, einen Agenten zu finden sei schwieriger, als einen Verlag zu finden, aber Maya weiß, dass das nicht wahr ist. So hart es ist, einen Agenten zu bekommen, es ist tausend Mal schwieriger, einen Verlag zu überzeugen.

Jetzt sind wir hier, weil Maya sich von ihrem Freund getrennt hat.

„Es ist vorbei", sagte sie, als ich den Telefonhörer abnahm. Kein Hallo, wie gehts dir, nur, es ist vorbei. Gott sei Dank.

„Was ist mit dem Ring?" fragte ich.

„Scheiß auf den Ring."

„Wie fühlst du dich?"

„Schrecklich."

„Willst du was trinken gehen?"

„Sei in einer Viertelstunde da."

Zwar war es mitten am Tag, aber das war mir egal. Ich bin niemandes Assistentin mehr und arbeite, wann ich will. Sehr oft schleiche ich mich raus, wenn mir nichts einfällt, dann gehe ich einkaufen oder ins Kino nebenan. Um nicht aufzufallen, muss ich nur meinen Computer eingeschaltet und meine Jacke hängen lassen und eine Kerze anzünden.

Ich habe meinen Gin Tonic schon fast getrunken, als der Barkeeper wieder erscheint und fragt, ob wir noch eine Runde wollen. Das ist das Tolle am Paramount. Sie lassen dich niemals in Ruhe ein Getränk austrinken.

„Ich muss die Tatsache akzeptieren, dass es nie geschehen wird", sagt sie, nachdem der Barkeeper uns alleine gelassen hat. „Ich liebe ihn und werde ihn vermissen, aber ich kann so nicht weitermachen. Ich weiß nicht, warum er diesen blöden Ring gekauft hat, aber ganz offensichtlich hatte er nie die Absicht, ihn mir zu geben." Eine Träne tropft ihre Wange hinunter. Nicht gewollt zu werden tut immer weh.

Der Ring ist ein Zweikaräter, den Maya vor fünf Monaten in einer von Rogers Küchenschubladen gefunden hat. Zwei Wochen lang war sie total aufgekratzt und ungeduldig und außer sich. Zwei Wochen lang lebte sie ein Leben voller maßloser Energie. Zwei ganze Wochen lang erwartete sie jede Sekunde, dass es passierte. Aber nichts passierte. Fünf Monate später ist ihr klar, dass nie etwas geschehen wird.

Ich habe Roger Childe von Anfang an nicht gemocht. Er hat sich mir als Unternehmer vorgestellt, und ich verachtete ihn umgehend und umfassend. „Unternehmer" ist eine Bezeichnung, die man von Journalisten bekommt, man nennt sich nicht selbst so, vor allem dann nicht, wenn man der Präsident einer Dot-Com-Firma in Jersey City ist, die der Vater finanziert hat.

Er hatte noch andere unangenehme Eigenschaften – mit den Namen von Promis um sich werfen, Hemden mit Monogrammen tragen, das Wort *Lichtspielhaus* benutzen –, aber Maya machte das alles nichts aus. Sie nahm nur sein hübsches Gesicht und seine herrlichen Komplimente wahr, und seine J.-Crew-Klamotten.

Nicht nur seine Modekatalog-Klamotten störten mich, auch wenn ich zugeben muss, dass die Holzfällerjacke und die Matrosenstrickpullis mir schon ziemlich auf die Nerven gingen. Dazu legte er aber noch das Auftreten eines Grundschülers und eine Erwartungshaltung an den Tag, die einfach nicht ins einundzwanzigste Jahrhundert passte. Er kannte die richtigen Leute und besuchte die richtigen Plätze und konnte sich all die richtigen Dinge kaufen, und sein Leben würde zweifellos all den richtigen Regeln folgen.

Maya war von seinem selbstbewussten Auftreten geblendet. Bevor sie ihre Agentin verloren hatte, fühlte sie sich mit Roger wie ein erfolgreiches Top-100-Paar. Sie würde durch ihre Bücher die Art verändern, wie eine Generation dachte, und er würde durch seine Software die Art verändern, wie eine Generation sich benahm. Und das *New York*-Magazin würde über sie eine Titelstory bringen, mit einem Hochglanzfoto, auf dem sie beide schön und hip aussehen würden.

„Vor einem Monat war es nicht sonderlich schlimm, dass er mich nicht gefragt hat, ob ich ihn heiraten will", erklärt sie, „aber jetzt bin ich dreißig und kann nicht mehr das Leben eines sorgenfreien Twens leben. Ich habe mir einige Richtlinien erstellt."

„Richtlinien?" Drei Gin Tonics haben mein Hirn ein wenig verwirrt, doch ich bin mir ziemlich sicher, dass ich dieses Wort nicht kenne.

Sie greift in ihren Lederrucksack und zieht ein weißes Blatt Papier heraus. Sie fährt mehrmals mit der Hand darüber, um die Falten zu glätten. Doch die Ecken rollen sich immer noch nach oben.

„Heute", verkündet sie in geradezu feierlichem Ton, „ist der erste Tag meines restlichen Lebens. Ich habe hier eine jährliche Übersicht notiert, was ich in meinem vierten Jahrzehnt zu erreichen hoffe."

Doch diese Übersicht steht nicht wirklich für Jahresziele. Eher für monatliche, und manche ernsthaften Punkte scheinen eher tagesaktuell. Der erste Punkt ihrer Liste „Muss mit Roger darüber sprechen, wie es weitergeht" ist seit wenigen Stunden abgehakt.

„Er war sehr ausweichend", erklärt sie, als ich sie nach dem Gespräch frage. „Ich wollte nur wissen, ob er eine gemeinsame Zukunft für uns sieht. Ich meine, ich wollte den Ring ja nicht auf der Stelle haben, ein ermutigendes Wort hätte gereicht. Aber er war nur am Rumstottern und sagte Sachen wie ‚Wir wollen mal sehen', als ob ich ein Auto wäre, von dem er nicht genau weiß, ob er es kaufen soll."

Er wägt einfach die Vor- und Nachteile einer Heirat mit Maya ab. Er versucht alle verfügbaren Informationen zu sammeln und dann zu entscheiden, ob die Ehe von Vorteil für ihn wäre. Würde sein Name mit ihr zusammen glanzvoller werden? Das weiß er noch nicht. Maya ist wie ein unvollständiger Börsenbericht.

An solchen Berechnungen arbeitet Roger, Berechnungen, von denen man in Edith-Wharton-Romanen liest und nicht glaubt, dass es so was heute noch gibt. Er ist wie ein Bildhauer. Er ist in der Lage, Dinge, die hart sind – wie sein Herz –, weich wirken zu lassen. Dabei muss man nur nah genug an ihn herantreten, um die Wahrheit zu erkennen. Man muss ihn nur berühren, um den Unterschied zu bemerken.

„Es war von Anfang an ein Fehler", sage ich und wische den verknitterten Beweis ihrer Verrücktheit zur Seite. Ich will nichts mit ihren Richtlinien zu tun haben. Die Antwort auf ein nicht erreichtes Ziel kann nicht sein, sich vierzig neue Ziele zu stecken. Das wäre, wie wenn man einen Kater durch Schnaps kurieren wollte. „Regel Nummer eins – geh niemals mit einem Mann mit Namen Childe aus."

„Ich weiß, ich weiß", sagt sie und legt den Kopf auf die Theke. „Da fordert man das Unglück doch geradezu heraus, nicht wahr?"

Ich stimme ihr zu und bestelle eine weitere Runde.

Mein 102. Tag

Ich war gerade drei Monate Janes Redaktionsassistentin, als das Faxgerät ankam. Und zwar per UPS, die sich weigern, ein Paket vor der Wohnungstür abzustellen, also bedeutete dieses Gerät schon Stress, bevor es in meiner Wohnung anfing zu piepsen und zu quietschen. Um es zu bekommen, musste ich zur Washington-Ecke Houston laufen, fünfundzwanzig Minuten lang warten, bis es im Lager gefunden wurde, und dann nach Hause tragen.

Niemand hatte mir gesagt, dass das Faxgerät kommen würde, und als ich Harvey, den Materialverwalter, fragte, was das solle, zuckte er nur mit den Schultern, blickte beschämt und murmelte etwas in der Richtung, dass er dringend Büroklammern bestellen müsse. Natürlich war ich nicht komplett ahnungslos. Jane hatte begonnen, mich spätnachts anzurufen und zu bitten, bestimmte Dokumente zu faxen, an sie, an den Verleger, an Autoren, Designer, ihre Eltern. Wenn ich sie daran erinnerte, dass ich keine Möglichkeit hatte zu faxen, schien sie jedes Mal ein wenig erstaunt zu sein, als ob ich mein Dasein ohne die grundlegendsten Dinge fristen würde, wie Essen und Wasser. Sofort schaffte sie diese Ungerechtigkeit aus der Welt („Nein, Sie brauchen mir nicht zu danken. Ich schenke gerne.") und begann umgehend, meine Wohnung als eine Downtown-Außenstelle von *Fashionista* zu betrachten.

Die mitternächtlichen Anforderungen häuften sich („In Tokio ist gerade mal Mittagspause"), und nach einer Woche endloser Schicht weigerte ich mich, das Telefon abzunehmen. Jane hinterließ lange, misstrauische Nachrichten:

„Nehmen Sie ab, Vig. Sind Sie da, Vig? Vig, wenn Sie da sind – es ist sehr wichtig. Die Zukunft des Magazins hängt davon ab. Machen Sie keine Spielchen mit mir, Vig. Na gut, Vig, das müssen Sie für mich erledigen, sobald Sie nach Hause kommen, falls Sie tatsächlich nicht da sind und nicht zuhören, wie ich diese Nachricht auf Band spreche."
Sie diktierte Briefe, die ich tippen, drucken und faxen sollte. Ich wartete damit immer, bis ich wieder im Büro war. Jane hat es nie bemerkt.

Dann begann Sie eines Tages, mir Arbeit nach Hause zu faxen. Sie faxte Verträge und Artikel und erwartete von mir, am nächsten Morgen alles erledigt zu haben.

Sie sagte: „Wo ist die Spesenabrechnung? Ich brauche sie um zehn."

Sie sagte: „Geben Sie mir diese Kalkulationstabellen, die ich Ihnen letzte Nacht geschickt habe. Ich habe gleich ein Meeting."

Sie sagte: „Bringen Sie die Einladungsliste umgehend in die Werbeabteilung. Die warten schon drauf."

Sobald ich erkannte, was da vor sich ging, setzte ich dem Ganzen ein Ende. Ich zog den Stecker des Faxgerätes raus und schaute ganz verdutzt, als Jane mich am nächsten Tag fragte, was mit dem Apparat nicht in Ordnung sei. Sechs Stunden später stand ein Techniker vor meiner Tür. Er erkannte das Problem sofort – der baumelnde Stecker verriet mich – und erinnerte mich daran, dass die meisten elektrischen Geräte Strom bräuchten, um zu funktionieren. Schweigend ließ ich diese demütigende Lektion über mich ergehen. Beim nächsten Mal öffnete ich das Faxgerät und zog einen Draht heraus. Unangemessen schnell wurde ein anderer Techniker geschickt. Er konnte sich nicht erklären, wie dieser Draht sich hatte lösen können. Ob ich nicht vielleicht ein paar bösartige Neffen oder Nichten hätte, die gerne mit bunten Drähten spielten?

Mehrere Monate vergingen auf diese Art und Weise, ich machte das Gerät immer wieder kaputt wie eine Parkuhr, in die man kein Geld werfen will. Jane wurde immer skeptischer. Meinetwegen entstanden eine Menge sinnloser Kosten. Als die Hauptplatine völlig unerwartet einen Kurzschluss hatte („Nein, ich habe nicht die geringste Ahnung, was dieses orangefarbene, klebrige Zeugs sein könnte"), schüttelten die Techniker angeekelt den Kopf und gingen davon.

Danach sprach Jane immer wieder Drohungen aus, machte aber keine davon wahr. Sie sprach von einem neuen Faxgerät, war aber doch klug genug, mir keins mehr in die Wohnung zu stellen. Vermutlich wollte sie es auf keine Kraftprobe mehr ankommen lassen. Fortan war ich übrigens keine Amateurin mehr. Ich war ein bewährter Profi. Was ich über Faxmaschinen wusste, sorgte dafür, dass bei uns jahrelang keine mehr repariert werden mussten.

Ich schwanke

Maya arbeitet immer mit Fremden zusammen. Sie schreibt freiberuflich für verschiedene Zeitschriften, und obwohl sie Monat für Monat für dieselben Leute schuftet, scheint sie für keinen so richtig zu existieren. Bisher ist sie noch nie in einer Redaktionskonferenz den Mitarbeitern vorgestellt worden, ihr Leben interessiert keinen. Wenn sie niest, sagt niemand Gesundheit. Wenn sie mit einer aufregenden Bräune auftaucht, fragt keiner, wo sie gewesen ist. Wenn sie eine hübsche neue Strickjacke trägt, macht ihr niemand deswegen Komplimente.

„Wenn es nur irgendeine Strickjacke gewesen wäre, hätte ich ja gar nichts erwartet", erklärt sie und trinkt ihren dritten Cosmopolitan aus.

Durch die halbrunden Fenster vom Paramount kann ich das Licht der Straßenlampen sehen. Es ist schon fast dunkel. Ich spiele mit dem Gedanken, zurück in mein Büro zu gehen, den Computer auszuschalten und vielleicht die Kerze auszublasen, als der Barkeeper an uns vorbeisaust und uns frische Getränke hinstellt. Also bleibe ich auf meinem Platz sitzen. Falls Christine sich nicht verpflichtet fühlt, die Kerze auszublasen – schließlich ist sie im Mittleren Westen mit seinen „Verhindern Sie Waldbrände"-Slogans aufgewachsen –, dann wird es die Putzfrau tun.

„Aber es ist nicht irgendeine Strickjacke", fährt sie fort. „Sie hat kleine Perlen und silberne Pailletten um den Saum. Sie ist verdammt hübsch."

„Kein einziges Wort?"

„Kein einziges Wort", bestätigt sie traurig. „Dabei hatte ich mir schon das ganze Gespräch im Kopf ausgemalt. Die würden sagen, hübsche Jacke. Ich würde antworten, danke, die habe ich im Donna-Karan-Outlet in der Nähe von Ithaca gekauft. Darauf würden sie fragen, oh, Sie waren dieses Wochenende in Ithaca? Darauf ich, ja, ich habe einen Freund besucht. Wir waren beim *Snowtubing*. Sie:

Snowtubing? Ich: Ja, das ist wie Skifahren, aber viel monotoner."

Maya hat früher auch als Freie für *Fashionista* gearbeitet – ich hatte sie unserem Cheftexter vorgestellt –, doch sie hat sich nach ein paar Monaten wieder aus dem Staub gemacht, weil sie es nicht ertragen konnte, wie wir arbeiten. Sie fand es schrecklich, dass sie jedes einzelne Wort oder Komma, das sie änderte, erst mit den Redakteuren absprechen musste. Und sie hasste vor allem, dass sie jede Korrektur begründen musste. Korrekturlesen ist eine tödlich langweilige Angelegenheit. Man muss sich auf jedes kleinste Detail konzentrieren, außerdem ist es eine absolut unglamouröse Angelegenheit. *Fashionista* hat es aber fertig gebracht, diese eintönige Arbeit durch überflüssige Bestimmungen sogar noch schlimmer zu machen.

„Obwohl es im Büro warm war, habe ich die Strickjacke anbehalten, in der Hoffnung, dass sie endlich jemandem auffallen würde."

„Hoffnung ist immer etwas Grausames", entgegne ich gedankenlos.

Normalerweise würde Maya mir widersprechen, aber heute ist ihr Optimismus deutlich getrübt. Sie nickt verzweifelt.

Ein ausgedehntes Schweigen folgt.

„Ich bin in eine Verschwörung verstrickt", sage ich unvermittelt.

„Hm?" Sie ist so mit ihrem eigenen Leid beschäftigt, dass sie meine Anwesenheit offenbar vergessen hat.

Ich bin mir ziemlich sicher, dass niemand von *Fashionista* in der Bar ist, doch ich schaue mich noch einmal gründlich um. Dann beuge ich mich nach vorne und flüstere: „Ich bin in eine Verschwörung verstrickt. Wir wollen die Chefredakteurin zu stürzen."

Mayas fallen beinahe die Augen aus dem Kopf. „Eine Verschwörung?"

„Eine Verschwörung."

„Was für eine Art von Verschwörung?" fragt sie und beugt sich ebenfalls nach vorne. Maya ist aufrichtig interessiert. Offenbar hat meine Bemerkung es geschafft, ihre Mauer aus Selbstmitleid zu durchbrechen.

Ich gebe ihr einen ungefähren Abriss des Plans, aber sie unterbricht mich, um auch die Einzelheiten zu erfahren. „Gavin Marshall?" fragt sie, als ob sie versuche, sich an den Namen zu erinnern. Aber ihr fällt nichts dazu ein.

„Ich habe vorher auch noch nie von ihm gehört. Aber in England ist er 'ne ziemlich große Nummer. Ich habe heute ein paar Artikel über ihn rausgesucht. Er ist der Sohn eines Grafen. Er ist in einem Haus aufgewachsen, das eine historische Sehenswürdigkeit ist. Ich glaube, sein Ururgroßvater war Premierminister während des Krimkrieges. Er hat die besten Schulen besucht – Eton, Oxford und die Royal Academy of Art", rassle ich die Fakten herunter. „Er gehört zu denen, die niemals um etwas kämpfen mussten."

Maya ist einen Moment lang still. Sie setzt die Einzelheiten zusammen und versucht, zu einem Ergebnis zu kommen. „Glaubst du, dass das funktionieren kann?"

Ich lache. „Auf gar keinen Fall. Vermutlich werde ich rausgeschmissen, aber ich werde trotzdem mitmachen." Nachdem ich es laut ausgesprochen habe, überkommt mich ein unerwartetes Gefühl. Obwohl ich es schon ziemlich lange nicht mehr hatte, weiß ich, dass es sich dabei um Aufregung handelt. Nichts fühlt sich so gut an.

„Du würdest deinen Job aufs Spiel setzen?"

Ich nicke begeistert. „Versteh mich nicht falsch. Davon bin ich genauso überrascht wie du. Als ich gestern Morgen aufgestanden bin, war ich eigentlich noch ziemlich zufrieden mit meinem Job."

Maya nimmt einen Schluck von ihrem Cosmo und neigt den Kopf. „Was hat sich seitdem verändert?"

Eine hervorragende Frage. „Ich bin mir nicht sicher. Irgendwann zwischen meinem Gespräch mit der neuen Leitenden Redakteurin, die für frische und nicht unbedingt *Fashionista*-übliche Ideen empfänglich ist, und einem Treffen mit einer meiner Vorgesetzten, die mir wieder so ein typisches *Fashionista*-Thema aufgedrückt hat, ekelte mich mein Job plötzlich an. Wir *tun* einfach nichts. Wir nehmen jeden Monat drei Fäden – Promis, Mode und Schönheit – und stricken sie einfach nach einem anderen Muster zusammen. Das ist so nervtötend." Ich denke unter anderem an meinen heutigen Auftrag, berühmte Skate-Skifahrer herauszufinden. Das Thema ist neu, doch die Art zu schreiben ist alt. Nachdem ich ein paar Tage mit Presseleuten und persönlichen Assistenten gesprochen habe, werde ich in fünfhundert Worten erklären, warum man sein Skateboard verkaufen sollte. In dem Artikel wird es zu viele Adjektive geben und eine Menge Ausrufezeichen, und Sie werden tatsächlich das Gefühl bekommen, dass Sie etwas verpasst haben. Aber lassen Sie sich nicht täuschen. Es handelt sich schlicht und einfach um Rhetorik. Nur um die Zeitschrift *Fashionista*, die Sie davon überzeugen will, dass Promis genauso wie Blondinen einfach mehr Spaß am Leben haben. „Erinnerst du dich noch daran, wie begeistert ich war, als ich diesen Job bekam?" frage ich.

Maya nickt. Natürlich erinnert sie sich daran. Zu dieser Zeit wohnte ich bei ihr und schlief auf ihrer Couch.

„Wir hatten erst zwei Jahre vorher das College abgeschlossen, aber mir kam es so vor, als ob ich für den Redakteur der *Bierlyvill Times* schon über zehn Jahre Kaffee gekocht hätte. Damals dachte ich, es gebe nichts Aufregenderes in der Welt, als in Manhattan zu leben und über Stars zu berichten." Ich nehme einen Schluck von meinem Gin Tonic und seufze schwer. „Ich war eben ein in Missouri aufgewachsenes Naivchen."

Maya kommentiert das nicht. Sie kommt aus einem Vorort von Connecticut, weniger als vierzig Minuten von hier. Für sie war die große Stadt niemals so aufregend wie für mich, sondern einfach nur der richtige Ort, um sich Samstagnachts zu betrinken. „Nieder mit dem Establishment", ruft sie mit halbherzig gestreckter Faust als Zeichen für revolutionären Eifer. „Und wenn die Meuterei schief geht und du gefeuert wirst, dann mach dir keine Sorgen. Du kannst auch als Freie arbeiten. Ich helfe dir – Arbeit gibt es genug."

Ungeachtet der Tatsache, dass Maya mit Fremden arbeitet, ist sie trotzdem immer total euphorisch, wenn es um Selbstständigkeit geht. Sie ist wie diese Einwanderer, die in die Neue Welt kommen und Briefe nach Hause schreiben, in denen sie von unglaublichem Reichtum und Erfolg erzählen. In der Vergangenheit haben mich ihre übertriebenen Behauptungen nicht interessiert. Ich weiß, dass ihr Weg nicht gerade mit Gold gepflastert ist. Ich weiß, dass die meisten Menschen im Land des Reichtums eben nicht reich sind. Ich weiß das und klammere mich an meine alte Welt. Doch manchmal hat man einfach keine Wahl. Manchmal treiben einen die Ereignisse über das große Wasser. So langsam kommt mir meine Arbeit für *Fashionista* vor wie eine schreckliche Hungersnot.

Inzwischen ist es achtzehn Uhr, und aus den Leuten, die in den letzten Stunden nach und nach einmarschiert sind, ist plötzlich eine wahre Menschenmasse geworden. Ein Mann mit Guccischuhen quetscht sich zwischen unsere Hocker und winkt heftig in der verzweifelten Hoffnung, die Aufmerksamkeit des Barkeepers zu erhaschen. Doch das funktioniert in New Yorker Bars so gut wie nie.

„Lass uns zahlen", sagt Maya, aber ich bin ihr einen Schritt voraus. Ich habe bereits Blickkontakt mit dem Barkeeper aufgenommen, und er rechnet unsere Getränke zusammen.

Maya protestiert zwar, doch ich bestehe darauf, zu bezahlen. Auch wenn ich Mitgefühl vorgetäuscht habe, um sie nicht zu verletzen, so ist mir doch eher nach Feiern zu Mute. Roger ist endlich aus unserem Leben verschwunden. Zwar übersteigen die fünfundsiebzig Dollar mein monatliches Getränkebudget, aber ich finde, das ist ein geringer Preis für meine Freude.

In der Hotellobby angekommen, verschwindet Maya auf die Toilette. Ich stehe in einer Ecke und beobachte, wie noch mehr Leute einchecken. Gerade kommt eine riesige Gruppe japanischer Touristen herein, und während die Männer zusammengedrängt auf ihre Zimmerschlüssel warten, schlendern ihre Frauen herum. Die einen stehen beim Zeitungskiosk und blättern in Zeitschriften herum. Andere sitzen in der Lobby, deren Möbelstücke überhaupt nicht zueinander passen – genietete Aluminiumstühle, lange, limettengrüne Bänke, die den Raum in zwei Hälften teilen, breite orangefarbene bordellartige Schwingstühle mit Verzierungen, Lehnsessel mit aufgedruckten Hundebildern. Solche Möbel sollten nicht nebeneinander stehen. Sie sollten nicht nebeneinander stehen, und das würden sie auch nirgends sonst auf der Welt, aber aus irgendeinem Grund funktioniert es hier.

Maya kommt wenige Minuten später zurück. Als sie durch die Toilettentür tritt, wird sie sofort von einer Japanerin gebeten, ein Foto von ihr und ihren Freundinnen zu machen. Sie haben sich auf der prächtigen Treppe platziert. Maya willigt freudig ein, obwohl ihre Fähigkeit Fotos zu schießen von der Menge Alkohol ziemlich eingeschränkt sein dürfte. Sie bedeckt mit dem Daumen die Linse. Die Japanerinnen sind zu höflich, um sie darauf hinzuweisen, und bedanken sich überschwänglich, rühren sich allerdings nicht von ihren Plätzen. Nachdem wir gegangen sind, werden sie eine ihrer Freundinnen am Zeitungsstand rufen und sie bitten, noch ein Foto zu machen.

Phase eins

Obwohl sich das Leben von Kellers Schwester nach ihrem Vorher-Nachher-Termin so dramatisch verbessert hat, glaube ich kaum, dass Keller meint, mir einen Gefallen zu schulden. Weil ich mir also nicht sonderlich sicher bin, beschließe ich, ihn persönlich zu treffen. Über so etwas möchte ich nicht am Telefon sprechen. Auch will ich keine E-Mail schreiben. Ich möchte ihm ins Gesicht sehen und seine Reaktion auf meinen Vorschlag abschätzen. Nur so kann ich herausfinden, ob ich weitermachen oder mich besser zurückziehen sollte.

Ich rufe seine Assistentin Delia Barker an, um einen Termin zu vereinbaren.

„Alex ist total ausgebucht", sagt sie. „Ich kann Sie zu seiner Voice Mail weiterleiten."

Ich will keine Nachricht auf seiner Voice Mail hinterlassen. „Sind Sie sicher, dass er in den nächsten sieben Tagen nicht eine einzige Minute Zeit hat?"

„Er ist ausgebucht", zwitschert sie erneut. „Ich kann Sie zu seiner Voice Mail weiterleiten."

Sie klingt wie ein Papagei, wie die automatische Zeitansage. Ich hänge auf und gehe rüber zu ihrem Büro, weil ich sicher stellen will, dass sie aus Fleisch und Blut ist. Delia sitzt in ihrem nach Vanille duftenden Zimmer, das dicke schwarze Haar zu einem Pferdeschwanz zusammengebunden. Als sie mich in der Tür stehen sieht, zieht sie einen Kalender hervor. „Alex ist komplett ausgebucht", sagt sie. „Sie können das gerne selbst überprüfen."

Ich nehme den Kalender und lese seine Verabredungen durch: Mittagessen, Eröffnungen, kleine Vergnügungsreisen, Meetings, Fotoshootings, Anzugproben, weitere Meetings. Delia hat für jede Minute etwas eingetragen, aber nicht nur für die nächsten sieben Tage. Sondern für die nächsten sieben Monate. Das darf doch nicht wahr sein. Da muss es noch einen anderen Kalender geben, den, den sie niemandem zeigt. Ich starre sie nachdenklich an. Es ist ganz klar, dass Delia von ihrem Kurs nicht abweichen wird. Alex ist ausgebucht. Sie kann mich zu seiner Voice Mail durchstellen.

Höhnisch lächelnd danke ich ihr für ihre Hilfe und denke über eine andere Strategie nach. Am logischsten wäre es natürlich, Delias Vorschlag anzunehmen, aber das will ich nicht. Stattdessen positioniere ich mich im Materialzimmer gegenüber und warte. Zwar müsste ich eigentlich verschiedene Designer anrufen, aber davon lasse ich mich nicht abhalten. Ich habe mich auf ein einziges Ziel fixiert – von Angesicht zu Angesicht mit Alex Keller zu sprechen.

Fünf Stunden später warte ich immer noch. Lydia war zwei Mal hier, um gefütterte Umschläge und Stundenzettel zu holen, und jedes Mal sah sie mich etwas merkwürdig an. Denn jedes Mal habe ich eine Schachtel Büroklammern in die Hand genommen und versucht, so normal wie möglich zu wirken, während ich sie geradezu fasziniert anstarrte.

Diese ununterbrochene Beobachtung entmystifiziert Kellers Liefersystem. Nach dem zweiten Klopfen streckt Delia den Kopf heraus und nimmt den entsprechenden Gegenstand aus Alex Eingangsfach. Das tut sie sehr schnell, mit absolut ökonomischen Bewegungen, als ob sie jedes Mal versuchen würde, einen Weltrekord aufzustellen. Wenn man nur mal kurz blinzelte, hatte man sie verpasst.

Ich bin bereit, aufzugeben, als ich höre, wie Delia zu einem Redakteur sagt, dass Alex in einem extrem wichtigen Meeting sei, sich aber melden würde, sobald es vorbei sei.

Das macht mich wieder munter. Wenn Alex jetzt in einem Meeting ist, dann war er da schon den ganzen Tag. Und das kommt mir komisch vor – schließlich hat niemand von einem Meeting gesprochen, als ich vor fünf Stunden versuchte, einen Termin bei ihm zu bekommen –, also warte ich, bis Delia ihren Platz verlässt. Als sie auf die Toilette geht, schleiche ich mich in Alex' Büro.

Ich hatte gehofft, ein extrem wichtiges Meeting zu stören, aber das Büro ist leer. Er hat den Computer, die Lampe und die Stereoanlage angelassen. Er hat sogar eine halbleere Tasse Kaffee auf seinen Tisch gestellt. Das mit dem Kaffee ist eine gute Idee, aber ich lasse mich nicht täuschen. Ich weiß ganz genau, was hier vor sich geht. Ich habe das selbst schon oft genug getan, allerdings niemals in so großem Stil. Während ich eine Kerze anzünde und für ein paar Stunden rausgehe, verschwindet er ganz und gar aus seinem Job.

Auch wenn ich nur eine kalte, halb getrunkene Tasse Kaffee als Beweis habe, so bin ich doch überzeugt davon, Recht zu haben. Es gibt keine andere Erklärung für seine geisterhafte Existenz, dafür, dass man ihn fast nie sieht, aber fast immer hört.

Ich verlasse das Büro noch bevor Delia zurückkommt – Delia, die Komplizin, die Lügen erzählt und für ihn Dokumente fälscht –, und gehe zurück an meinen Schreibtisch. Dort starren mich zwanzig Fotos von Verlobungsringen an, eine Liste von Designern, die Sportmode machen, und die Telefonnummer vom Sanrio Hauptsitz in San Francisco. Ich habe zweiunddreißig neue E-Mails bekommen, das Licht vom Anrufbeantworter blinkt, und es kleben vier

Post-it-Notizen von Dot an meinem Computer, eine jede unleserlicher als die andere. Wegen meiner Spionagetätigkeit hinke ich meinen Aufgaben um Stunden hinterher. Ich werde das Büro nicht vor einundzwanzig Uhr verlassen können.

Ich setze mich mit einem tiefen Seufzen hin. Vermutlich würde ich auch nicht zur Arbeit erscheinen, wenn ich eine Sekretärin hätte, die mich deckt.

Phase eins geht weiter

Christine schwärmt von Kumquats.

„Das ist ungefähr so", erklärt sie, in ihrer Stimme schwingt Begeisterung. „Denk mal an *Softshell*-Krabben und Hummer, so ist's auch bei Kumquat und Orange." Sie sieht mich erwartungsvoll an.

Ich nicke, um ihr zu zeigen, dass ich das Gleichnis verstanden habe, doch sie findet meine Reaktion offenbar zu lauwarm und schüttelt den Kopf. Ich verstehe sie nicht *wirklich*.

„Noch mal", sagt sie. „Kannst du mir folgen? Wie bei *Softshell*-Krabben und Hummer, ist's auch bei Kumquat und Orange."

Ich zucke mit den Schultern. „Man isst es mit allem drum und dran."

„So ungefähr", gesteht sie zu, bevor sie mit der richtigen Lösung rausplatzt. „Man isst die Schale! Ist das nicht das verdammt nochmal Unglaublichste, was du je gehört hast?"

Ich würde am liebsten sagen, dass ich schon verdammt viel unglaublichere Dinge gehört habe, aber das wäre gelogen. „Stimmt."

„Hier, probier mal." Sie gibt mir eine Kumquat. „Sie sind eine Offenbarung."

Sie ist weich und süß, als ich hineinbeiße, spritzt der Saft auf meine Lippen, aber eine Offenbarung ist es nicht. „Schmeckt gut", sage ich, nicht gerade überwältigt, was ich auch nicht zu verstecken versuche.

Christine ist enttäuscht, erholt sich aber schnell. „Gestern Abend haben wir ein geeistes Kumquats-Soufflé gemacht, mit Aprikosenmus. Es war fantastisch."

„Geeistes Kumquats-Soufflé?" frage ich, um freundlich zu sein, um das Gespräch voranzutreiben, aber in Wirklichkeit habe ich weder Zeit für Kumquats noch für ein Gespräch. Es ist Freitag, und ich muss vor dem Wochenende noch einiges erledigen, unter anderem Alex Kellers Adresse herausfinden. Ich habe keine Ahnung, wie ich das anstellen soll. Über die Auskunft habe ich sie nicht bekommen, ich werde mich also in der Personalabeilung einschleichen und die Personalakten durchwühlen müssen.

Trotz alledem stelle ich Fragen. Ich nehme mir die Zeit, Interesse zu zeigen, denn ich kenne wenige Leute, die noch Träume haben, und ich fände es einfach fahrlässig, sie darin nicht zu bestärken.

Ihrer ausführlichen Beschreibung nach klingt ein geeistes Soufflé nicht spannender oder komplizierter als Vanilleeis serviert in einer weißen Keramikschale, doch ich nicke und lächle und enthalte mich eines jeglichen Kommentars. Ich habe sie schon in Bezug auf die Kumquats enttäuscht und bringe es nicht über mich, es erneut zu tun.

Während sie mir die Komplexität von Aprikosenmus erklärt – zuerst kocht man sie und fügt dann Zucker hinzu –, versuche ich zu entscheiden, was ich als Nächstes tun soll. Was ist wichtiger: meinen Job zu behalten oder Spaß an meinem Job zu haben? Wenn ich in die Personalabteilung einbreche und die Akten durchsuche, werde ich Alex Kellers Adresse herausfinden, andererseits wird das aber vermutlich zu meiner sofortigen Entlassung führen. Und warum das alles? Alex Keller wird uns sowieso niemals helfen. Er wird uns seine Dienste sicherlich nicht mit einem unbekümmerten Lächeln und einem Glitzern in den Augen anbieten. Selbst wenn es mir gelingen sollte, seine Daten herauszufinden, ohne persönlichen Schaden zu nehmen, wird nichts dabei herauskommen. Kaum, dass ich an seine Tür geklopft hätte, würde er mich bitten, Leine zu ziehen und sie mir dann vor der Nase zuknallen. Ich habe schon zu viele seiner Voice-Mail-Nachrichten bekommen, um das nicht ganz genau zu wissen.

Das ist die perfekte Ausrede, um mich aus der Verschwörung herauszuziehen, und ich erwäge, Alison und ihren Kolleginnen zu erklären, dass die ganze Sache vorbei ist. Ich erwäge, abzuspringen und ihnen zu überlassen, einen neuen Dreh- und Angelpunkt zu finden. Alex Keller ist einfach ein zu großes Risiko. Er ist die Art von Unsicherheitsfaktor, der Weltreiche zusammenbrechen lässt und Menschenleben zerstört.

Doch obwohl ich schon im Geiste meine komplette Ablehnungsrede formuliert habe, halte ich sie nie. Möglicherweise ist es nur ein Luftschloss, dass wir Jane McNeill stürzen könnten, aber daran nicht mitzubauen, kommt mir auch falsch vor.

Mein fünfzehnter Tag

Den ersten Streit hatte ich mit Alex Keller wegen des Farbkopierers. Er hatte ein Blatt Papier im Einzug liegen lassen, das ich herauszog und neben das Gerät legte.

„Tun Sie das nicht!" brüllte er los, als ich mein Telefon abnahm.

Nachdem ich nichts anderes getan hatte, als den Hörer abzunehmen, ging ich natürlich davon aus, dass er das meinte, und legte sofort auf. Eine Sekunde später klingelte es erneut. Es war offenbar nicht leicht, es ihm recht zu machen.

Ich ließ es vier Mal klingeln. „Hallo", sagte ich freundlich, als ob ich nicht wüsste, wer es war.

„Wenn Sie noch ein Mal einfach auflegen, sorge ich dafür, dass Sie rausfliegen", rief er wütend.

Obwohl ich Konfrontationen hasse und nur eine Redaktionsassistentin war, ließ ich mich von seinen Drohungen nicht einschüchtern.

„Mit wem habe ich das Vergnügen zu sprechen?" fragte ich übertrieben höflich. Zwar kannte ich weder seine Stimme noch seine Telefonnummer, aber ich hatte genug Geschichten gehört, um eine recht genaue Ahnung zu haben.

„Hier spricht Alex Keller. Ich bin der Veranstaltungsredakteur dieser Zeitschrift, und ich war gerade dabei, den

Kopierer zu benutzen, als sie über ihn hergefallen sind. Sie haben den Artikel rausgenommen, den ich gerade kopieren wollte. Es handelt sich um ein sehr wichtiges Dokument, und ich kann nicht zulassen, dass Leute wie sie es auch nur anfassen. Also tun Sie das nie wieder."

Ich verdrehte die Augen. Obwohl ich mir nicht die Mühe gemacht hatte, den Artikel zu lesen, bevor ich ihn – behutsam! – zur Seite legte, so hatte ich doch genug gesehen, um zu wissen, dass es sich dabei nicht gerade um die Unabhängigkeitserklärung gehandelt hatte. Zeitschriften sind Wegwerfartikel. Nichts, was wir tun, ist sehr wichtig.

„Ich dachte, Sie seien fertig." Ich hatte das Bedürfnis, mich zu verteidigen.

„Bevor Sie nicht gesehen haben, dass ich meine Dokumente aus dem Kopierer genommen habe, bin ich nicht fertig!" verkündete er, gerade so, als ob man ihn mit blankem Auge überhaupt sehen könnte, als ob er nicht derjenige sei, der immer auf wundersamen Wegen verschwand.

Es gab noch vier andere Kopierer auf dem Stockwerk. „Okay."

Der Hörer wurde aufgeschmissen. Er sagte nicht einmal auf Wiederhören.

Keller sagt niemals auf Wiederhören, er pampt einen an, wann immer sich die Gelegenheit bietet. Er hinterlässt Nachrichten auf der Voice Mail – weil man irgendwann so schlau ist, den Hörer nicht mehr abzuheben, wenn seine Nummer auf dem Display erscheint –, lieber noch schickt er bösartige E-Mails, in denen er einem sagt, was zu tun ist.

Und er sagt niemals danke. Wenn es im Ausnahmefall einmal vorkommt, dass ich etwas von ihm brauche, dann bin ich immer höflich und schicke ihm hinterher eine kleine Dankesnotiz – als Erinnerung, als Denkzettel, als passiven Akt der Aggression. Ich weiß, dass er es nicht ausstehen kann, wenn man sich per E-Mail bei ihm bedankt. Ich weiß das, weil er beim ersten Mal, als ich es tat, mir schrieb, dass ich ihm niemals mehr danken solle. Er bekäme sowieso schon zu viele verdammte E-Mails.

Da schreibt man dann natürlich „okay" und drückt auf Senden.

Mehr von Phase eins

Stacy Shoemaucher ist eine freundlich aussehende Frau mit kinnlangem schwarzem Haar und verblasstem Lippenstift. Sie trägt einen zweireihigen Anzug, der sie altbacken und ihre Gesichtsfarbe fahl wirken lässt. Wäre sie keine Mitarbeiterin von *Ivy Publishing*, dann könnte man mit ihr eine ideale Vorher-Nachher-Beratung machen. Wir suchen immer nach altbacken und fahl.

Ihr Tisch ist angenehm unaufgeräumt, die Wände ihres Büros sind mit diesen ernsthaften und leicht peinlichen Postern dekoriert, die man von Menschen im Personalwesen erwartet, solche, auf denen man Landschaftsfotos sieht und Sprüche wie: „Der Berg sieht nur von nahem so hoch aus" und „Erfolg hat mehr Angst vor Ihnen als andersrum".

Stacy deutet auf einen Stuhl, und ich nehme ihr gegenüber an einem kleinen runden Tisch Platz. Ich scheine ihr ein wenig zögerlich vorzukommen – das ist mein erster Besuch der Personalabteilung –, weshalb sie mich wohl ermutigend anlächelt. Ihre Lippen öffnen sich zu einem warmen Lächeln, wobei sich höchst liebenswerte Falten um ihre Augen bilden. Als sie fragt: „Was kann ich für Sie tun?", glaube ich tatsächlich, dass sie mir helfen will.

„Ich möchte einen Absatz C melden."

Ihr Lächeln zittert. „Einen Absatz C?"

„Ja, einen Absatz C, Punkt 2."

„Sind Sie sicher?"

„Das bin ich", sage ich.

Sie seufzt schwer, die liebenswerten Falten um die Augen verschwinden komplett. „Wir nehmen hier die Verletzung der Kleiderordnung sehr ernst." Dann zieht sie ein Formular aus dem Aktenschrank an der Wand und legt es vor sich auf den Tisch. Noch ist sie nicht bereit, es mir auszuhändigen. „Sind Sie ganz sicher, dass es sich nicht um Schuhe handelte? Bei der heutigen Mode weiß man das ja manchmal nicht so genau ... Vor allem bei *Fashionista*, so einer trendigen Zeitschrift. Hier hat sich mal ein Redakteur darüber beschwert, dass eine Mitarbeiterin einen Bikini trägt, dabei handelte es sich in Wirklichkeit um *Betsey Johnson*-Hotpants." Sie lacht nervös.

„Es waren Hausschuhe", erkläre ich nachdrücklich. „Ganz sicher."

Zögernd reicht sie mir das Formular. Nachdem ich das Handbuch für Angestellte von Anfang bis Ende durchgelesen habe, bevor ich hierher kam, kenne ich es ziemlich gut und fülle es schnell aus.

Sie liest es sich durch. „Scheint alles in Ordnung zu sein. Wenn das also alles war ...?"

„Nun, würde es Ihnen etwas ausmachen, mal für mich seine Akte durchzusehen? Ich befürchte nämlich, dass es sich schon um seine *zweite* Übertretung dieser Art handelt."

Sie springt auf, durchsucht die Schublade mit den Personalakten und zieht die von Alex Keller heraus. „Das kann ich nicht glauben. Niemand verletzt die Kleiderordnung zwei Mal!"

Seine Akte ist dünn. Es findet sich nichts darin außer seinem Lebenslauf, Kontaktadressen für den Notfall und einer Karte mit seiner aktuellen Adresse und Telefonnummer.

„Er hat eine tadellose Akte", sagt sie stolz.

Obwohl ich gerade dabei bin, mir eine ziemlich lange Nummer einzuprägen – 47386405074#11A –, zieht das meine Aufmerksamkeit auf sich. „Sind Sie sicher?" Ich reiße ihr fast die Akte aus der Hand.

„Dass seine Akte tadellos ist? Natürlich, ich habe sie doch vor mir liegen. Keine Beschwerde, von ihrem Absatz C, Punkt 2, einmal abgesehen, was erst dann offiziell in der Akte auftaucht, wenn wir der Geschichte ausführlich nachgegangen sind."

„Aber das ist doch nicht möglich." Alex Keller geht seit sechs Jahren den Leuten auf die Nerven. Wie kann es da sein, dass nicht eine einzige Beschwerde in seiner Akte ist?

Ich wollte ihr nicht unterstellen, sich zu irren, habe aber genau das getan. Sie kneift die Augen zusammen. „Und warum nicht?"

„Er ist streitsüchtig und aggressiv und hat anscheinend ein Riesenproblem damit, seinen Jähzorn zu kontrollieren." Ich zähle nur ein paar seiner Fehler auf, um sie zu besänftigen.

Ihr Gesicht hellt sich ein wenig auf, aber noch ist sie nicht überzeugt. „Wenn Sie da einen bestimmten Vorfall im Kopf haben, können Sie jetzt eine formelle Beschwerde abgeben."

Ich habe mehrere Vorfälle im Kopf und würde nichts lieber tun, als den ganzen Tag lang Beschwerden über Alex Keller zu hinterlegen, aber ich darf mich nicht länger hier aufhalten.

Die Nummer beginnt schon langsam aus meinem Gedächtnis zu verschwinden.

Die Verzögerungstaktik

Jeden Morgen kommt Anna Choi ins Büro, zählt Stück für Stück ihre Kleidung auf und rechnet dann alles mit einer markigen Feststellung zusammen. Heute trägt sie Ellis Island Retro. Hosen: Antique Boutique, 45 Dollar; Bluse: H & M, 11 Dollar; Mantel: chassidisch anmutender Überzieher von Williamsburg, 30 Dollar; Kopfbedeckung: Bendel's, 220 Dollar; Schuhe: Fausta Santini, 72 Dollar.

Obwohl sie sich über *Public Eye* lustig macht, jenem wöchentlichen Artikel, in dem Leute auf der Straße nach ihrer Kleidung befragt werden, befolgt sie vertrauensvoll das Modediktat dieser Seiten. Ihre Hosen kauft sie fast immer auf dem Flohmarkt, ihre Blusen sind fast immer aus dem untersten Regal des Second-Hand-Ladens Domsey's, und in neunzig Prozent der Fälle trägt sie ein unverschämt teures Teil, meistens so etwas Kleines wie einen Gürtel oder eine Tasche.

Anna ist Redakteurin für die *Home Front*-Seiten. Sie schreibt Artikel über Promis, die in ihrer Luxusküche herumwerkeln. Sie besucht sie in ihren Häusern, lässt sich zwei Stunden lang über das Anwesen führen, macht sich Notizen darüber, wie das Sonnenlicht durch die Oberlichter scheint, und kehrt dann in ihre Dreihundert-Quadratmeter-Wohnung im East Village zurück. Da es in ihrer Wohnung nur eine Miniküche gibt und kaum Platz für Töpfe, Pfannen und Topflappen, ist Anna eine Schrank-Fetischistin. Ihr Mund wird wässrig, sobald sie ein paar ordentlich gestapelte Tischtücher auf engem Raum sieht. Ihr Herz schlägt schneller beim Anblick von Lebensmitteln in einer Speisekammer. Jeden Monat muss ihr Chef aufs Neue fünfhundert Worte über Einbauschränke und Regalsysteme und Kleiderbügel streichen.

Home Front nimmt viel Platz bei uns ein, mit herrlichen Fotos von wunderschönen Promis in weißen, flauschigen Morgenröcken, wie sie Croissants auf ihren mit Hortensien übersäten Veranden essen oder sich in Holzbooten auf ihren Lilienteichen küssen oder das Dritte Bachkonzert auf ihren Flügeln spielen. Wenn man diese Seiten durchblättert, bekommt man das Gefühl, dass diese Fotos nicht nur gestellt sind, sie sind geradezu inszeniert. Es handelt sich um einstudierte Szenen, die nach dem Klicken der Kamera nicht wirklich existieren, und man hat das Gefühl, dass die Mitwirkenden die Fotos später mit der gleichen Sehnsucht betrachten wie man selbst. So als ob Cary Grant sich wünschen würde, Cary Grant zu sein.

Trotz der Vielzahl von Homestorys – Farmen in New Mexico, Villen in Malibu, Stadthäuser in Manhattan – ähneln sich die Artikel doch immer auf bemerkenswerte Weise. Es scheint so, dass ein jeder einen zweihundert Jahre alten runden Schrein aus Stein in seinem Hinterhof hat oder eine Statue von Nefertiti in der Auffahrt. Anna ist ganz gut darin, das alles so zu präsentieren, als ob die Bibliothek mit ledergebundenen Erstausgaben die erste Bibliothek mit ledergebundenen Erstausgaben sei, die sie je gesehen hat. Sie schreibt sehr kraftvoll, und die Promis sind begeistert, weil sie großzügig deren glänzende Bonmots zitiert. Ein Schauspieler wird ihr zwangsläufig den Platz neben einem Berg zeigen, wo er immer steht und aus vollen Lungen Hamlet interpretiert.

Obwohl es schon halb vier ist und alle anderen bereits wie eine Kanonenkugel von der Penn Station aus in die Hamptons geschossen werden, haben wir ein Freitagnachmittagmeeting. Das ist ein ungewöhnliches Ereignis, und Anna ist wie jeder andere in dem Raum total unvorbereitet. Sie hat eine kurze Liste von Promis bei sich, deren Pressesprecher ihr Homestorys aufgedrängt haben, aber das sind keine wirklichen A-Promis, und als sie den Namen eines *All My Children*-Stars erwähnt, verzieht Jane angeekelt die Lippen. Wir kümmern uns nicht um Serienschauspielerinnen.

„Was noch?" fragt Jane und überprüft, ob es bereits sechzehn Uhr ist. Sie ist nicht die Einzige, deren Blick immer wieder auf die Uhr fällt. Die meisten im Raum sind davon ausgegangen, um drei zu ihren Wochenendwohnungen zu fahren, um rechtzeitig zum Cocktail dort zu sein.

Anna blickt auf ihre Notizen, und obwohl sie nervös wird, sieht sie tadellos wie immer aus. Sie trägt einen dermaßen zerschlissenen und abgerissenen Mantel, dass jeder Bettler ihn weggeworfen hätte, aber bei ihr wirkt es perfekt. Bei ihr sind ausgefranste Ärmel ein moderner Akzent. „Das ist zunächst alles. Am Dienstag werde ich mehr wissen", sagt sie, eine unterschwellige Erinnerung für unsere unerschrockene Chefredakteurin, dass dieses Meeting sehr unerwartet kam. „Ich gehe davon aus, dass die Pressesprecher mich nach dem Wochenende zurückrufen."

Jane gehört zu den Leuten, die Redakteure und Pressesprecher immerzu über lange Wochenenden warten lassen, aber ein solches Benehmen bei anderen nicht akzeptiert. Sie gibt ein verärgertes Geräusch von sich, es sieht so aus, als ob sie ihre schlechte Laune an Anna auslassen wolle, doch dann hält sie sich zurück. Marguerite ist auch im Zimmer. Sie sitzt ihr mit einem freundlichen Lächeln gegenüber, und Jane scheint ihr Benehmen zu imitieren. Eine Nanosekunde lang will Jane gemocht werden. Zwar aus dem falschen Grund, aber wenigstens bleibt Anna so eine Standpauke erspart.

Sie richtet ihre Aufmerksamkeit auf einen Sommer-Praktikanten. „Sie da mit dem Pickel, woran arbeiten Sie gerade?"

Der gedemütigte Collegejunge stottert ein paar Sekunden herum, bevor er etwas von Recherchen über die neuesten Sneakers murmelt. Die andere Praktikantin, die ein Furunkel auf der Nase hat, senkt den Kopf in der Hoffnung, ihr Gesicht verstecken zu können. Offenbar würde sie sich am liebsten unsichtbar machen.

Jane hatte dieses Meeting einberufen, nachdem sie erfahren hatte, dass Marguerite noch den letzten Flug um sechzehn Uhr nach Bangor in Maine bekommen wollte. Ein millionenschwerer Bauunternehmer hat sie auf seine Privatinsel zu einer Wochenendparty eingeladen, und Jane ist fest entschlossen, diesem Vorhaben einen gehörigen Dämpfer zu versetzen. Marguerite hätte dieses überraschende Meeting natürlich ausfallen lassen können, aber aus firmenpolitischen Gründen hat sie beschlossen, zu kommen. Sie weiß, dass ihre Stelle bei *Fashionista* noch ziemlich unsicher ist.

Jane selbst hatte eigentlich den Schnellzug nach Montauk nehmen wollen, doch Marguerites Wochenendpläne zu durchkreuzen ist ihr wichtiger. Nun würde sie mit dem Bus fahren und im Stau stehen oder einen späteren Zug nehmen müssen, der in Forrest Hills hält und in Baldwin und Seaford und Copiague und Bridgehampton und an sämtliche Bahnhöfen dazwischen. Sie schneidet sich mit dieser Aktion ins eigene Fleisch.

Als Jane damit fertig ist, verpickelte Teenager zu quälen, muss sie nur noch eine Viertelstunde rumbringen. Sie wird es nicht zulassen, dass dieses Meeting auch nur eine Sekunde vor vier endet. Sie will auf jeden Fall dafür sorgen, dass Marguerite, selbst wenn sie auf einen fliegenden Teppich hüpft, den Flug verpasst. Ihre Assistentin Jackie, die seit zwei Uhr mit der Fluggesellschaft telefoniert, hat strikte Order bekommen, jegliche Verspätungen zu melden. Jane wird uns hier behalten, egal, wie lange es dauert, selbst wenn sie uns bis Mitternacht Namen aus dem Telefonbuch vorlesen müsste.

„Wie sieht es mit Ideen für Artikel aus?" Jane schaut sich in der Runde um. „Ich glaube mich zu erinnern, dass ich eine Kurzmitteilung herausgegeben habe, in der ich um drei frische Ideen von jedem gebeten habe."

Das ist frei erfunden – nachdem dieses Meeting nur zehn Minuten vorher angekündigt worden ist, war gar keine Zeit für eine Kurzmitteilung gewesen –, aber das spricht keiner an. Wir alle sitzen auf unseren Stühlen, senken den Blick und hoffen, dass jemand anderer die Hand hebt. Man kommt sich vor wie in der Schule.

Marguerite springt ein. „Ich habe ein paar Ideen für die kommende Hochzeitsausgabe."

Jane, die nicht die Absicht hat, Marguerite ein Forum zu bieten, starrt ihre Widersacherin hasserfüllt an. „Davon bin ich überzeugt, aber ich würde lieber mit den Assistenzredakteuren ..."

„Wir sollten eine Extrabeilage über Kleider für Brautjungfern machen", fährt sie fort, als ob Jane nichts gesagt hätte. Jane, die so etwas nicht gewöhnt ist, schweigt verblüfft. Was wir alle bemerken. Manchen von uns gelingt es nicht, ihr Grinsen zu unterdrücken, aber Jane ist zu verärgert, um das zu bemerken.

Marguerite fährt scheinbar ungerührt fort: „Es heißt doch immer, man könne sein Brautjungfernkleid auch später tragen. Selbst bei den abscheulichsten Kleidern sagt garantiert jemand, meistens die Braut, dass man nur den Saum kürzen und das Ganze schwarz färben müsse, und dann würde daraus ein wunderhübsches Cocktailkleid. Was aber nie jemand macht. Wie wäre es, wenn wir uns fünf oder sechs Brautjungfernkleider aussuchen und sie verschiedenen Designern geben – Michael Kors, Tom Ford, Marc Jacobs, Donna Karan – und sie bitten, daraus etwas Tragbares zu machen?"

„Ich habe sechs Kleider in meinem Schrank, die wir sofort nehmen könnten", verkündet Christine. „Sie müssen nur was sagen."

Am ganzen Tisch ist Zustimmung zu spüren. Wenn man in den späten Zwanzigern ist, hat man mindestens ein rosafarbenes Kleid mit einem Rüschenausschnitt im Schrank hängen.

„Ich habe ein ganz furchtbares *Maid Marian*-Gewand in lindgrün", ruft Allison. Ich weiß alles über ihr *Maid Marian*-Gewand in lindgrün. Allison hat Wochen und Wochen damit zugebracht, ihrer Schwester das Kleid auszureden. Zuerst hat sie argumentiert, dann geschmeichelt und schließlich gefleht. War alles umsonst. Die ältere Harper ließ sich nicht von ihrer mittelalterlich ausgestatteten Hochzeit abbringen, trotz der Tatsache, dass Ritterreitturniere Ende des achtzehnten Jahrhunderts verboten wurden. Wie ich bei meinen unzähligen und unfreiwilligen Lauschaktionen erfuhr, findet man jederzeit jemanden, der für ein paar hundert Dollar bereit ist, sich auf ein Pferd zu setzen und einer ein Meter sechzig langen Lanze auszuweichen. Ritter, Knappen, Burgfräuleins – die Leute reißen sich nur so darum, sich für Geld in Kostüme stecken zu lassen.

„Maid Marian?" fragt eine Redakteurin, erstaunt darüber, wie tief so manche Brautjungfer sinken kann. „Himmel, und ich dachte, dieses antike, auf Brusthöhe geschnürte grünblaue Ding, das ich bei der Hochzeit meiner Cousine tragen musste, wäre schrecklich gewesen."

Allison lacht. „Also bitte, ich hätte alles für ein antikes, auf Brusthöhe geschnürtes Kleid gegeben ..."

„Das ist ein interessanter Vorschlag", unterbricht Jane und versucht, die Aufmerksamkeit von Marguerites wirklich guter Idee abzulenken, „aber wir haben strikte Regeln in diesem Unternehmen. Wir dürfen unser eigenes Personal nicht für unsere Zeitschrift einsetzen."

Diese Regel bezieht sich darauf, „Ivy Publishing"-Mitarbeiter für die Fotos zu benutzen, nicht auf abgelegte Brautjungfernkleider, aber Marguerite hat sowieso eine bessere Idee.

„Natürlich, Jane", sagt sie, als ob sie diesen Einwand schon erwartet hätte. „Ich bin mir der Unternehmensregeln bewusst. Aber ich dachte, wir könnten ja unsere Leser um Kleider bitten."

„Unsere Leser?" fragt Jane völlig aus dem Konzept gebracht, als ob sie nicht sicher wäre, um was für Leute es sich dabei handelte.

„Ja, wir könnten eine Art Wettbewerb ausschreiben und unsere Leser bitten, Fotos ihrer hässlichsten Brautjungfernkleider zu schicken", erklärt Marguerite. „Dann suchen wir die zehn schlimmsten heraus und geben sie den Designern."

„Das ist eine hervorragende Idee", ruft eine der Foto-Assistentinnen, deren Begeisterung für das Projekt kurzfristig ihre Vernunft besiegt. Wenn man bei *Fashionista* bleiben will, sollte man Leuten, die Jane gerade mit Blicken aufspießt, auf gar keinen Fall Komplimente machen. „Wir könnten Vorher- und Nachher-Bilder machen."

In der jährlichen Hochzeitsausgabe gibt es schon ein

paar Seiten mit ganz normalen Frauen, die Brautjungfernkleider tragen. Auf gar keinen Fall wird Jane mehr zulassen. Sie schätzt normale Frauen ungefähr genauso sehr wie Serienschauspielerinnen. Ihrer Meinung nach *sind* Serienschauspielerinnen nichts anderes als normale Frauen.

„Ja, eine interessante Idee, und ich bin sicher, dass sie für die durchschnittliche Australierin auch perfekt wäre." Jane wirft Marguerite ein unechtes Lächeln zu. Zu einem anderen ist sie gar nicht in der Lage. „Allerdings – hier bei *Fashionista* kleiden wir keine Kängurus ein. Unsere Leserinnen sind ein klein wenig anspruchsvoller."

„Unsere Leserinnen waren keine Kängurus", entgegnet Marguerite freundlich. Sie versucht so zu wirken, als ob die Beleidigung ihr nichts ausmachen würde, aber sie umklammert ihre Stuhllehne mit den Händen.

„Natürlich, stimmt. Ich meinte Wallabies. Wie auch immer, Ihre Idee ist ganz hübsch, aber ich fürchte, sie passt nicht zu uns. Wenn Sie lange genug hier bleiben, werden Sie vermutlich ein Gefühl dafür bekommen, was *Fashionista* ist und was *Fashionista* nicht ist. Bisher, glaube ich, haben Sie *Fashionista* noch nicht richtig verstanden. Am Besten lesen Sie noch ein paar Ausgaben mehr und kommen dann wieder auf mich zu."

Marguerite lächelt angestrengt. „Dann werde ich es noch mal versuchen. Ich glaube, in der Kurzmitteilung war die Rede von drei Ideen?"

Aus gutem Grund verängstigt, dass die Leitende Redakteurin noch einen weiteren eindrucksvollen Vorschlag parat haben könnte, winkt Jane ab. Sie muss sowieso nur noch drei Minuten hinter sich bringen. „Nein, ich bin sicher, dass ich um nur eine Idee gebeten habe. Geben wir doch jemand anderem eine Chance." Sie blickt sich um. „Lydia?"

„Wie wäre es mit dem Military-Look? Der ist wieder *trend du jour*."

Trend du jour ist der Lieblingsausdruck von Lydia, und sie benutzt ihn ohne den geringsten Anflug von Selbstironie, als ob einige aktuelle Modetrends wirklich aktueller seien als andere.

Jane nickt. Das ist genau die Art Idee, die sie mag. Nämlich eine, die nicht von Marguerite kommt und die wir schon gehabt haben. Sie bewegt sich gern auf bekanntem Terrain, und irgendwie kann man es ihr kaum vorwerfen. Unseren Leserinnen, an die sie sich so schlecht erinnern kann, scheint es egal zu sein, was wir schreiben, solange wir Fotos von berühmten Menschen zeigen. Lydia wird drei Stars herausfinden, die den Military-Look tragen, und das war's dann. „Gut. Kümmern Sie sich drum. Wer ist der Nächste?" Da ich neben Lydia sitze, entscheidet Jane sich für mich. „Vig."

Mir schwirren immer einige Ideen im Kopf herum, aber ich weiß, dass sie Jane nicht gefallen werden, also versuche ich, mir einen *trend du jour* aus dem Ärmel zu schütteln. Dann höre ich das Geklimper von Kleingeld – das ist immer ein sicheres Zeichen dafür, dass Janes Assistentin in der Nähe ist. Eine Sekunde später steht Jackie in der Tür und nickt Jane diskret zu. Der letzte Flug nach Bangor hat die Türen geschlossen. Das Meeting ist vorbei. „Nun", beginne ich. „Ich dachte, wir könnten etwas über ..."

Jane unterbricht mich wie erwartet. Sie ist schon im

Begriff, aufzustehen. „Das ist wirklich toll, Vig, aber ich muss los. Ich habe ein wichtiges Treffen, das ich beinahe vergessen hätte. Wir sehen uns am Dienstag", ruft sie, bevor ihr Marguerite wieder einfällt. Sie möchte uns mit ihr und ihrer gefährlichen Brautjungfernidee nicht lange allein lassen. „Äh, ich meine Montag. Wir sehen uns am Montag." Sie schießt aus dem Zimmer, während der Rest der Mitarbeiter respektvolle fünf Herzschläge lang wartet, bevor sie ihr auf dem Absatz folgen. Sie rasen zu ihren Plätzen, schnappen ihre Koffer und rollen sie in den Fahrstuhl. Fünf Minuten später bin ich die Einzige, die noch auf diesem Stockwerk ist.

Superwoman

Maya glaubt, dass ich mich nur zu bindungsunfähigen Männern hingezogen fühle.

„Workaholics, Betrüger, Mamakinder. Eine komplette Freakshow von Typen, die sich nicht binden wollen, und du bist der Zirkusdirektor", behauptete sie, nachdem meine letzte Beziehung ziemlich ungezwungen im Regalgang eines Supermarktes auf der Ecke Bleecker und La Guardia endete. Während ich beobachtete, wie Michael die eher geringen Vorzüge von grünen Bananen diskutierte – klar, er würde jetzt gerne eine Banane essen, wäre das aber auch noch in vier Tagen der Fall, wenn sie endlich reif wären? –, wurde mir schlagartig klar, dass Beziehungen einfach nicht funktionieren konnten. Die Nutzlosigkeit des Ganzen schlug mir ins Gesicht wie glühend heiße Luft, wenn man einen Backofen öffnet. Deswegen sagte ich Auf Wiedersehen und verließ den Laden allein. Michael fiel das gar nicht auf. Er war zu sehr damit beschäftigt, die Bananen davon zu überzeugen, dass es nicht sein, sondern ihr Fehler war.

„Du besitzt eine Art übersinnliche Macht", fuhr Maya fort. „Wenn du einen Raum mit völlig normalen Single-Männern betrittst, die ernsthafte Absichten und keine Angst haben, fühlst du dich unwiderstehlich von dem Einzigen angezogen, der gerade auf dem Parkplatz eine vierjährige Beziehung beendet hat."

Insofern hat sie Recht. Ich habe Michael auf einem dieser Single-Abende kennen gelernt, zu denen mich Maya gezerrt hatte. Er kam, um seine Schwester abzuholen. Aber das ist keine übersinnliche Macht. Oder wenn doch, dann ist es eine dumme Macht, die sich jemand ausgedacht hat, nachdem alle guten Mächte schon vergeben waren.

„Es muss eine Möglichkeit geben, deine Macht nutzbar zu machen", fügte sie mit einem Lachen hinzu. Es steckte aber auch Ernst hinter ihren Worten. „Wir könnten dich ja vielleicht stundenweise an Frauen ausleihen, die, bevor sie ihre Zeit und Energie verschwenden, wissen wollen, ob ihre Beziehung überhaupt eine Zukunft hat. Oh, oder vielleicht können wir einfach ganz viele Frauen und Männer in einem großen Raum versammeln, wie bei diesen Tupperpartys. Wir stellen sie in einer Reihe auf, lassen dich entlang gehen und stellen fest, zu wem du dich hingezogen fühlst." Sie warf mir einen nachdenklichen Blick zu, als ob wir uns gerade gemeinsam einen Geschäftsplan ausdenken würden. Das tat ich aber nicht. Ich befand mich nach wie vor in der Realität, in der meine Macht für nichts gut war außer für Schmerz und Enttäuschung. „Wir werden pro Mann eine Gebühr verlangen, denke ich mal, obwohl wir natürlich auch Rabatte gewähren."

Maya ratterte im gleichen Ton noch ein paar Minuten lang weitere Ideen herunter, überlegte sich T-Shirt-Designs und Auftritte in der Oprah-Winfrey-Show, aber ich hörte ihr nicht länger zu. Ich schenkte ihr keine Beachtung mehr, weil eine Prozession ehemaliger Freunde vor meinem inneren Auge vorbeizog. Michael, der nicht mal in der Lage war, sich für eine grüne Banane zu entscheiden. Scott, der sich weigerte das Wort *Date* auch nur zu benutzen. Ethan, der mich immer Jevig nannte, so wie seine Ex-Freundin Jennifer. Dwight, Thaddeaus, Kevin, Rob. Es war eine lange Reihe von „unter ferner liefen". „Themawechsel", sagte ich, und nahm ihr ihre Serviette weg, auf der sie gerade unser Firmenlogo skizzierte – Armor, der einen Pfeil auf sein eigenes Herz abschießt.

Doch jetzt fallen mir Mayas Worte wieder ein. Ich erinnere mich an ihren beleidigenden Geschäftsplan, als ich Alex Kellers sandbraunes Haar, seine hellgrünen Augen und sein freundliches Lächeln sehe. Ich fühle mich sofort von ihm angezogen, habe aber noch genug Verstand, um zu wissen, dass das nicht gut ausgehen kann.

Mann und Mythen

Nichts hat mich auf Alex Kellers begeisterte Begrüßung vorbereitet. Ich bin direkt nach der Arbeit hierher gekommen, und eigentlich hatte ich mich darauf vorbereitet, mir mit Süßholzgeraspel den Weg in sein Apartment erschleichen zu müssen. Dass er hingegen einfach die Tür öffnen und mich hereinbitten würde, wäre mir niemals in den Sinn gekommen, weshalb ich ihn ein paar Sekunden lang verständnislos anstarre.

„Da sind Sie", sagt er breit grinsend. „Großartig. Kommen Sie rein."

Er trägt Sonnenbräune und ein passendes kastanienbraunes T-Shirt mit der Aufschrift *Springfield Civic Center Ice Crew*. Das T-Shirt ist alt und zerrissen und erinnert an eine antike Papyrusrolle, die zu Staub zerfällt, wenn man sie berührt. Er ist barfuß. „Sie sind ein wenig früh dran, aber ich bin fast fertig. Setzen Sie sich bitte."

Alex Kellers Wohnzimmer ist spärlich möbliert – dunkelblaue Couch, kleiner Fernseher, altes Telefontischchen – und wird von einem neu abgeschliffenen Holzboden dominiert, der teilweise von einem blauen kleinen Teppich bedeckt ist. Nachdem mein Gastgeber auf die Couch deutet, gehe ich darauf zu. Ich gehe darauf zu und stelle beim Näherkommen fest, dass sie diagonal gestellt ist, wodurch ein Stauraum für eine Auswahl kleiner Apparate entsteht, einschließlich eines Bügeleisens, eines Mixers und eines altmodischen Rotary-Telefons. Dieser ziemlich billig und schäbig hergestellte Stauraum deutet darauf hin, dass er wie Anna keine Schränke hat. Ich bewundere seinen Mut. Solche Stauräume sind in New York etwas für Reiche, und man sieht diese Regale hinter Sofas selten außerhalb von Illustrierten wie *Fashionista*. Man muss schon ein fünfstöckiges Stadthaus haben, um soviel Platz zu verschwenden.

„Quick müsste jeden Augenblick zurück sein", sagt er,

läuft mit Turnschuhen und Socken beladen in die Küche und setzt sich auf einen Klappstuhl aus Holz. Von meinem Platz aus kann ich einen guten Blick in die Küche mit ihrer schwarz-gelben Tapete und dem Kühlschrank von der Größe eines Druckers werfen. Ich beobachte ihn dabei, wie er seine Socken anzieht. Die Muskeln seiner Oberarme spannen sich an. Alex Keller hat Bizeps. Das hatte ich nicht erwartet. Trotz seines schlechten Zustands fällt das T-Shirt nicht auseinander. „Eine Nachbarin hilft mir momentan aus."

Hier gibt es ein Missverständnis. Er hat nicht mich erwartet. Das war mir von der Sekunde an klar, als der Portier mich nach oben gelassen hat, ohne nach meinem Namen zu fragen. Ich werde ihm schon noch sagen, wer ich bin, aber nicht jetzt. Jetzt will ich ihm erst mal dabei zusehen, wie er die Schuhe anzieht. Einen freundlichen Keller zu erleben ist reizvoll, und ich bin noch nicht bereit, dieses Experiment zu beenden. In einer Minute werde ich ihm meinen Namen sagen. In einer Minute werde ich mich zu erkennen geben, und von seinem angenehmen Auftreten wird nichts übrig bleiben, wenn er mir erst mal Obszönitäten an den Kopf wirft. Darauf kann ich gerne noch warten.

„Sie werden Quick mögen", sagt er und versucht, seine Adidas mit einem Doppelknoten zu schnüren. „Er hat große Babyhundeaugen, die einen immer wieder zum Dahinschmelzen bringen."

Ich bin mir nicht sicher, ob Quick ein vielgeliebter Hund oder Sohn ist. Kellers tadellose Akte beinhaltete nur seine Adresse und Telefonnummer, Angehörige waren nicht aufgelistet. „Gut", sage ich unbestimmt.

Keller lächelt. Er hat ein tolles Lächeln, etwas schüchtern und mit Grübchen. „Aber Sie müssen schon streng sein. Ein wenig Disziplin hat noch nie geschadet." Alex Keller über Disziplin sprechen zu hören, bricht den Bann. Trotz seiner Grübchen und seines Bizeps und seiner lebhaften grünen Augen öffne ich den Mund, um mich vorzustellen. Aber bevor ich das noch kann, klingelt es an der Tür, und Keller springt auf die Füße. „Da ist der Junge ja."

Keller verschwindet um eine Ecke, dann höre ich ihn mit einer Nachbarin plaudern. „Hat er Probleme gemacht?"

„Nee, er ist ein Schatz", antwortet eine zarte, gehauchte Frauenstimme. „Es ist ein wunderschöner Tag, wir haben uns im Park gesonnt."

„Großartig. Danke für Ihre Hilfe."

„Sehr gerne. Steht die Einladung morgen zum Abendessen noch?"

Obwohl ich sie nicht sehen kann, weiß ich, dass die Frau eine kurvenreiche Blondine mit einer süßen Nase und einem herzförmigen Gesicht ist. Alle hauchenden Frauen sehen so aus.

„Selbstverständlich", antwortet er. „Wie wäre es um acht?"

„Kommen Sie doch um sieben vorbei, dann nehmen wir einen Cocktail bei mir." Sie spricht in einem koketten Ton, der mir sehr bekannt vorkommt. Man kann Samstagnachts in keine angesagte Bar gehen, ohne einen solchen Ton zu hören, und das ist auch der Grund dafür, warum ich solchen Orten fern bleibe.

„Klingt gut. Bis dann", sagt er, das Gespräch offensichtlich abkürzen wollend. „Und noch mal danke für die Hilfe."

„Wirklich, das habe ich gerne getan."

Natürlich hat sie das. Welche Frau würde nicht wollen, dass ein Mann mit Alex Kellers Aussehen in ihrer Schuld steht?

Ich höre, wie die Tür geschlossen wird und bereite mich darauf vor, Quick kennen zu lernen. Wenn er ein Junge ist, dann ist es gerade gut, dass es sich bei Keller um einen jähzornigen, bindungsunfähigen Mitarbeiter mit multipler Persönlichkeit handelt, denn meine Fähigkeiten, mit Kindern umzugehen, sind ziemlich unterentwickelt.

Quick stellt sich als schokoladenbrauner Labrador heraus. Er ist groß und braucht mehr Platz als dieser Stauraum hinter der Couch. Er bewegt sich schwerfällig und vorsichtig, er scheint sich jeden Schritt im Voraus genauestens zu überlegen. Er wedelt zur Begrüßung mit dem Schwanz, der allerdings eher an einen langsam eingestellten Ventilator erinnert. Nichts an ihm ist schnell.

„Merkwürdige Namenswahl", sage ich, weil das das Erste ist, was mir in den Sinn kommt, aber ich bin mir nicht sicher, ob man so etwas zu einem vernarrten Hundebesitzer sagen darf.

Keller lächelt, zeigt wieder seine unwiderstehlichen Grübchen und diese Schüchternheit. Ich spüre, wie ich ihn irgendwie mit dümmlich aufgerissenem Mund anstarre, und versuche, mich zusammenzureißen. Bindungsunfähig, wiederhole ich immer wieder in Gedanken. Seine legendäre schlechte Laune kommt mir plötzlich nicht mehr so schlimm vor.

„Nein, Quick ist nicht sehr schnell. Er ist inzwischen sieben, aber selbst als Baby hatte er es nicht sonderlich eilig", erklärt Keller. „Ich habe ihn zum Tierarzt gebracht, um herauszufinden, ob er vielleicht niedrigen Blutdruck oder eine Schilddrüsenüberfunktion hat oder so was, aber alles war in Ordnung. Ich glaube, er ist einfach ein total fauler Hund, der sich am liebsten gar nicht bewegt. Wie der Detektiv Nero Wolf, allerdings ohne dessen kriminalistische Fähigkeiten."

Ich habe keine Ahnung, ob dieser Nero Wolf ein echter Mensch ist oder ein fiktiver, also gehe ich nicht weiter drauf ein. Stattdessen sage ich: „Warum heißt er also Quick?"

Als er seinen Namen hört, wälzt sich der schokobraune Labrador in meine Richtung und lehnt seinen Körper an meine Beine. Ich tätschle sanft sein weiches Fell, obwohl ich mir nicht ganz sicher bin, ob er wirklich Zärtlichkeit sucht oder mich nicht einfach nur als Stütze braucht.

„Damit habe ich Quik gemeint – das Schokoladengetränk mit dem Kaninchen auf der Packung. Es schreibt sich ohne „c". Wir hatten zwei Hunde namens *Pepsi* und *Sprite*, als ich aufwuchs. Ich wollte dieses Getränkeding aufrechterhalten", erklärt er. „Und *Snapple* und *Shasta* klangen irgendwie komisch."

„*Shasta*?"

„*Shasta, Fresca, Tab*, ich habe wirklich ganz tief gegraben und alle möglichen Marken ausprobiert. Ein paar Tage lang habe ich ihn *Yoo-hoo* genannt, aber das hat sich auf dem Hundeplatz nicht bezahlt gemacht. Das klang immer, als ob mir der Name meines eigenen Hundes nicht einfallen würde. Ich konnte spüren, wie die anderen Hundebesitzer den Kopf schüttelten. Ich glaube, eine Frau war sogar kurz davor, den Tierschutzverein anzurufen und mich wegen Tierquälerei anzuzeigen."

Es überrascht mich, dass ein Mann, der alles in seiner Macht Stehende tut, um seinen Kollegen tagtäglich vor den Kopf zu stoßen, sich Gedanken darüber macht, was Fremde über ihn denken. Andererseits ist es ja nicht wirklich so, dass er mit uns tagtäglich zusammenarbeitet. Ich kratze Quik den Rücken, und er wedelt halbherzig mit dem Schwanz. Ich weiß, ich sollte Keller sagen, wer ich bin, aber mein Entschluss bröckelt immer mehr.

Bindungsunfähig. Bindungsunfähig.

„Also gut, Junge", sagt er, nimmt Quiks Leine vom Boden und zieht ihn liebevoll Richtung Tür. „Komm schon, noch ein Spaziergang. Lass uns deine neue Freundin Kelly all deinen anderen Freunden im Park vorstellen." Keller zwinkert mir zu. „Ich lasse ihn selten von der Leine, weil er nicht das Gefühl haben soll, allein gelassen zu werden."

„Verstehe", sage ich, verzaubert von seiner Logik.

Er reicht mir die Leine. „Hier, warum nehmen Sie ihn nicht? Sie beide sollten sich besser kennen lernen."

Ich nehme die Leine, wickle sie ein paar Mal um meine Hand und ziehe gebieterisch daran. Ich versuche, wie ein Profi zu wirken, aber ich kann Quik nicht täuschen. Er gähnt mich mit langen gelben Zähnen an und führt mich aus der Wohnung.

Ich folge Quik zum Fahrstuhl und drücke auf den Knopf, während Keller die Tür abschließt. Ich schaue auf meine Uhr. Es ist fast halb sechs, und ich frage mich erstmals, wann die echte Kelly wohl auftauchen wird. Ich weiß, dass ich endlich etwas sagen sollte, aber jetzt spielen noch andere Faktoren als seine Grübchen und sein Bizeps eine Rolle. Jetzt ist Quik involviert. Er und ich lernen uns langsam kennen. Ich kann ihn nicht einfach so gefühllos sitzen lassen.

Kellers Wohnung auf der vierundsiebzigsten Straße Ecke Broadway ist nur eineinhalb Blöcke vom Riverside Park entfernt. Während wir dorthin laufen, lässt Quik es so aussehen, als ob ich ihn führen würde, obwohl das absolute Gegenteil der Fall ist. Für einen Hund mit so wenig Energie hat er eine Menge Kraft.

„Er versteht sich mit jedem, außer Julie Andrews Hundesitter", sagt Keller, als wir die West End Avenue überqueren.

Es ist ein schöner Augusttag – sonnig, warm, luftig und sanft. Ich hole tief Luft und sauge den Sommer in mich hinein. Man braucht kein Haus auf Fire Island, um diese Jahreszeit zu genießen.

„Julie Andrews Hundesitter?" frage ich. Ich weiß nicht, warum mich das überrascht. Wenn man in New York lebt, ist man von Stars umzingelt. Sie stehen neben einem an der Straßenecke und warten darauf, dass die Ampel grün wird; sie reihen sich bei *Balducci's* hinter dir in der Schlange ein.

„Ja, ich weiß nicht, warum er den kleinen Kerl nicht mag." Er tätschelt Quik liebevoll den Kopf. „Wie ich von Adam gehört habe – Adam war Quiks voriger Hundesitter –, hat der Typ Quik von der ersten Sekunde an nicht gemocht. Also fühlen Sie sich nicht beleidigt, wenn ein kleiner, trollartiger Mann mit einem Pudel in die entgegengesetzte Richtung läuft, sobald er sie sieht. Ich glaube, er hat da ein ungelöstes Problem mit seiner Mutter."

Diese Beschreibung passt so gut zu dem Keller meiner Fantasie, dass ich mich hastig umdrehe und ihn angestrengt betrachte. Ich versuche, ein Anzeichen zu entdecken, einen kleinen Hinweis darauf, dass er ahnt, wer ich bin, aber ich finde nichts. Seine grünen Augen blicken starr Richtung Park.

„Da sind wir, mein Junge", sagt er zu Quik, als wir die erste Tür des Hundeplatzes öffnen. Das Temperament des Hundes bleibt gleichmäßig ruhig. Weder bewegt er sich schneller, noch scheint er sich zu ängstigen.

Wir befinden uns in dem eingezäunten Bereich, aber ich bin mir nicht sicher, ob ich Quik von der Leine lassen soll. Da rennen so viele Hunde herum, so viele stramme, athletische, robuste, energiegeladene Hunde rasen hin und her, dass ich um Quiks Sicherheit fürchte. Kommt er wirklich jeden Tag hierher?

„Die wichtigste Regel bei der Kindererziehung ist", murmelt Keller weise in mein Ohr, „zu wissen, wann man loslassen kann."

Niemals zuvor habe ich einen Mann getroffen, der etwas von Kindererziehung versteht, geschweige denn die *wichtigste* Regel kennt, und so starre ich ihn dumpf an. Bindungsunfähig, sage ich mir. Bindungsunfähig.

Keller lässt sich auf ein Knie sinken und macht Quiks Leine los. Statt sofort loszuschießen, geht er ganz gemütlich hinüber in eine schattige Ecke und legt sich hin.

Wir setzen uns auf die grüne Bank entlang des Geheges,

wo sich die anderen Hundehalter sonnen und unterhalten. Da wir gegen die Windrichtung sitzen, bleiben wir somit vom Uringestank unbehelligt.

„Und, glauben Sie, dass Sie mit ihm zurechtkommen werden?" fragt er, schließt die Augen und hält sein Gesicht in die Sonne. Somit kann ich dieses attraktive Gesicht unbemerkt bewundern, und ich ertappe mich dabei, dass ich mir fast den alten Keller zurückwünsche, den Menschenfresser, der die Dorfbewohner anbrüllt, weil sie sein Land betreten haben.

Ich schweige, weil ich nicht weiß, was ich sagen soll. Ja, ich glaube, ich kann mit Quik zurechtkommen, aber auch wenn ich meinen Job hasse, bin ich doch noch nicht bereit für einen Berufswechsel. Ich kann mir nicht vorstellen, alles aufzugeben, wobei Keller mich ziemlich in Versuchung führt. Seinetwegen stehe ich kurz davor, *Fashionista* zu verlassen und jeden Tag im Park Gassi zu gehen.

„Wie ich schon am Telefon sagte, sind Sie mir wärmstens empfohlen worden, und ich vertraue Ihnen bedingungslos, was Quik angeht. Ich weiß, dass Ihr Terminplan ziemlich voll ist und Sie furchtbar viel zu tun haben, aber es handelt sich nur um drei Tage die Woche. Und Sie müssen mit ihm ja nicht gerade stundenlang rumlaufen." Er lacht. „Wie Sie sehen, macht Quik hier kaum etwas anderes als zu Hause."

Das stimmt beinahe. Quik hat sich auf die Seite gerollt und schläft, aber er hat Gesellschaft. Ein Mix aus Collie und Golden Retriever hat sich neben ihm zusammengerollt. Die beiden sehen sehr friedlich aus.

„Ich muss natürlich erst mal meinen Terminplan durchsehen", sage ich ausweichend, froh, dass er mir diesen Ausweg gelassen hat. „Ich glaube nicht, dass ich zu beschäftigt bin, aber ich sollte Ihnen nicht zusagen, bevor ich das überprüft habe."

Das war die richtige Antwort. Keller lächelt. „Das ist nur fair."

„Was ist aus Adam geworden?" frage ich in die darauf folgende Stille. Ich weiß, dass ich endlich alles gestehen sollte, aber ich will nicht, dass all das einfach aufhört. Ich habe niemals zuvor an einem atemberaubend schönen Sommertag mit einem gut aussehenden Mann, der auch noch die wichtigste Regel der Kindererziehung kennt, in einem Hundegehege gesessen. Möglicherweise passiert mir das nie wieder.

Smalltalk

Maya wohnt in *The Future*, in einem glatten silbernen Hochhaus mit fünfunddreißig Stockwerken an der Ecke Third Avenue und zweiunddreißigste Straße. Es erinnert an Bilder von früher, die zeigten, wie nukleare Familien des einundzwanzigsten Jahrhunderts in ihren Polyesteroveralls das Leben auf dem Mars genießen. Und das war es auch, was Maya auf Anhieb gefallen hat. Entzückt von jeglicher Form des Kitsches, war sie sofort Feuer und Flamme, als sie auf dem Rückweg vom Kino an dem Gebäude vorbeikam. Andere Menschen sehen die Stadthäuser auf der Bedford oder die Türme auf der Central Park West und sind sofort verliebt, aber nicht Maya. Maya braucht eine

Fassade aus Stahlplatten, eine Lobby aus dem Weltraumzeitalter und das Wort *Future* in roten Lettern.

Eine Zweizimmerwohnung im *The Future* ist nicht gerade billig, deswegen hat Maya auch ständig verschiedene Mitbewohnerinnen, manche besser als die anderen, auf jeden Fall muss jede von ihnen hinter einer aufgestellten dünnen Wand hausen. Das l-förmige Wohnzimmer bietet sich für eine Zweiteilung hervorragend an, und die beiden Räume, die dadurch entstehen, sind zwar nicht groß, aber auf jeden Fall gemütlich genug, um die hohe Miete zu rechtfertigen.

Maya wohnt direkt zwischen zwei Vierteln. Fast schon ist es *Gramercy* und noch nicht ganz *Murray Hill*. Dorthin zu gelangen, ist eine große Herausforderung, vor allem, wenn man von einer Wohnung in der Upper West Side aus startet, und obwohl sie mir einen Terminplan der Reparaturarbeiten gemailt hat, auf dem genau steht, wann an den N- und R-Zügen gearbeitet wird, muss ich überrascht feststellen, dass sie jedenfalls nicht am Times Square abfahren. Somit komme ich mit einer halben Stunde Verspätung und mit einem traurigen Strauß halbtoter Narzissen in der Hand zu ihrer Dinnerparty. Eigentlich hatte ich Wein mitbringen wollen, aber da ich keinen entsprechenden gefunden hatte, schnappte ich mir in einem koreanischen Lebensmittelladen schnell ein paar Blumen. Ich überlegte und verwarf dann die Idee, in einem Supermarkt einen zwölfprozentigen Merlot zu kaufen. Es gibt Schlimmeres, als mit leeren Händen aufzutauchen.

Maya trägt Ofenhandschuhe und eine alte Schürze ihrer Mutter, als sie die Tür öffnet. Sie begrüßt mich mit einem überschwänglichen Hallo und schickt mich in ihr Schlafzimmer, wo ich meinen Rucksack abstellen kann. Ihr Schlafzimmer ist winzig, nur ein Bett (Doppelbett) und eine Kommode (provisorisch zusammengebaut aus aufeinander gestapelten Plastikkisten, die mit Klebeband befestigt sind). Die Wände sind weiß, nackt und glatt, Taschenbücher liegen unordentlich gestapelt am Kopfende, und an der Tür hängen Klamotten, die offenbar nicht in die Kommode passen. Neben dem Bett dient eine bekleckste kleine Trittleiter als Nachttisch. Ein Foto ihrer Familie – Mutter, Vater, Bruder, anderer Bruder, Großvater Harry – steht neben dem Wecker.

Dieses unaufgeräumte, unfertige Zimmer steht im scharfen Kontrast zum Wohnzimmer, das unnatürlich sauber und ordentlich ist. Maya hat Flohmärkte durchkämmt und bei Wohnungsauflösungen gesucht, um die richtige Mischung aus Antik und Modern zu finden. Das Resultat ist ein Wohnzimmer, das die verstörend sterile Atmosphäre eines Electrolux-Werbespots verströmt. Man traut sich nicht, etwas zu berühren, um keine Fingerabdrücke zu hinterlassen: Am Besten sollte man weiße Handschuhe tragen, die bis über die Ellenbogen reichen.

Ich strecke den Kopf in die Küche, um meine Hilfe anzubieten, aber ich werde mit einem Stapel Stoffservietten wieder weggeschickt. Servietten zu falten und neben Teller zu legen ist nicht gerade die Art von Hilfe, die ich mir vorgestellt hatte, doch ich vergnüge mich damit, merkwürdige, fächerartige Kreationen zu erstellen, die an abstrakte Schwäne erinnern. Mayas ehemalige Zimmergenossin, eine kleine indische Frau, die als Chefkonditorin in einem der besten französischen Restaurants Manhattans arbeitete, war vor kurzem erst mit fünfhundert Dollar von Mayas Geld in der Tasche zurück in ihre Heimat nach Goa geflogen. Sie hatte Umschläge geöffnet, die an Maya adressiert waren, die Schecks rausgenommen und das Geld auf ihr eigenes Konto überwiesen. Diesen Betrug, der ihr kurz nach zwei ihrer schlimmsten Enttäuschungen widerfuhr – ausgelöst durch die Agentin und ihren Freund –, hat Maya gar nicht richtig wahrgenommen. Sie beschwerte sich lediglich darüber, dass Vandana das Wort *Guthaben* falsch geschrieben hatte, mit einem d statt einem t.

„Ich bin Korrektorin, um Himmels willen", sagte sie. „Das beleidigt mich auf einer professionellen Ebene."

Deswegen gibt sie heute Abend eine Dinnerparty. Kurzfristig befreit von Mitbewohnern, möchte sie ein Mal schmutziges Geschirr in der Küche stehen lassen, mit Leuten bis vier Uhr morgens feiern und einen Esstisch einfach in der Mitte des Raums aufstellen. Ich kann dieses erhebende Gefühl der ungewohnten Freiheit gut nachvollziehen. Bevor vor zwei Jahren meine Mitbewohnerin ausgezogen ist, habe ich auch jeden Abend genossen, an dem ich einmal allein in der Wohnung war.

Nachdem nun sieben Schwäne auf dem Tisch schwimmen, kann ich mich nicht länger ablenken und bringe mich zögernd in den Smalltalk im Wohnzimmer ein. Sophie, Beth, Tina und Michelle (absteigend nach ihrer Größe angeordnet, so machen sie das immer) sind liebenswürdig und blond, sind politisch interessiert, allerdings in die falsche Richtung, und pflegen die Art von Umgangsformen, die Emily Post oder Königin Elisabeth die Zweite mögen würden. Ihre Gespräche sind immer ziemlich fad, und obwohl ich die Leute, von denen sie reden, nicht kenne, lassen sie deren Namen immer wieder fallen wie Pistazienschalen. Mrs. Frothingham-Smythe, zweifellos eine gesellschaftliche Größe in Greenwich, spielt in New York keine sonderliche Rolle, und die Anekdoten über das schockierende Verhalten ihres Sohnes (er weigert sich, mit Ashley Bennett gemischtes Doppel zu spielen!), sind hier irgendwie nicht wirklich von Interesse. Ich unterdrücke ein Gähnen, starre auf die Küchentür und versuche Maya dazu zu bringen, herauszuschauen und zu sagen, dass ihr jemand helfen müsse.

Ich sitze neben Greg – Beths Verlobter, Typ Großstadtneurotiker –, dessen lebendiges Innenleben bisher noch nicht bewiesen werden konnte. Sein Blick ist meist starr und leer, und man ist schnell versucht anzunehmen, dass er im Geiste vermutlich eher selten ein achtmotoriges Wasserflugzeug der Kriegsmarine fliegt.

„Wie geht es dir, Vig?" fragt er mich, womit er zu erkennen gibt, dass er meinen Namen weiß. Wir sind schon ein paar Mal auf Mayas Veranstaltungen zusammengetroffen, doch heute wendet er sich erstmals direkt an mich.

Bevor ich noch antworten kann, bricht Beth, die ebenfalls neben mir sitzt, die Geschichte über Edna McCarthys Strähnchen-Desaster ab (Zebrastreifen!), und fragt: „Wie geht es dir, Vig?" Ihre Stimme klingt überzeugend interessiert, aber sie kann mich nicht täuschen. Sie fragt nur, weil es sich so gehört, und sie kann es nicht zulassen, dass ihr schüchterner Verlobter höflicher ist als sie.

„Mir geht's gut. Hab ziemlich viel zu tun." Damit antworte ich so, wie ich Tanten oder Onkeln antworte, die ich nur mal zu Weihnachten oder Ostern zu Gesicht bekommt. „Und wie läufts bei euch?"

Ich richte diese Frage an Greg, aber er beantwortet sie nicht. Er ist schon so lange mit Beth zusammen, dass er seinen Mund nicht öffnet, nicht einmal Luft holt oder überhaupt einen Gedanken formuliert. Er kennt das Programm zu genau, um sich damit noch zu beschäftigen. „Greg hat ein paar ganz aufregende Neuigkeiten." Sie macht eine Pause, um mir die Zeit zu geben, mich darauf vorzubereiten. „Er ist gerade befördert worden. Begrüßt mit mir Slokam-Beethams neuen stellvertretenden Juniorchef der Marketingabteilung."

„Gratuliere", rufe ich, obwohl ich nicht wirklich glaube, dass es eine solche Position gibt. Zumindest klingt es nach nichts.

Beth strahlt. „Danke. Wir sind so glücklich. Darauf haben wir lange gewartet. Jetzt können wir uns langsam auf die Suche nach einem Haus machen."

Ich stelle die erforderliche nächste Frage – „Oh, wo wollt ihr denn hinziehen?" –, obwohl ich die Antwort schon kenne. Sie werden in der Gegend fünf Minuten von Beths Mutter entfernt suchen, in Riverside, in Cos Cob, in Old Greenwich.

Während Beth die Namen herunterrattert – mit einer unerwarteten Ergänzung: Westport –, blicke ich Greg an, dessen ausdrucksloses Gesicht mich mit einem Mal an einen Goldfisch erinnert, der dumpf auf die Welt außerhalb seines Glases starrt. Spring raus, möchte ich am liebsten sagen, spring raus und atme frische Luft. Aber ich tue es nicht. Ich will mich nicht in Dinge einmischen, von denen ich nichts verstehe. Vielleicht würde er in frischer Luft ersticken.

Die Unterhaltung dreht sich nun um Dinge, die nicht zu meinem Themenbereich (18 bis 35 Jahre, städtisch, Single) gehören wie zinssichere Hypotheken, gute Schulen und Vermögenssteuer. Ich entschuldige mich. Es gibt Gespräche, denen ich nicht zuhören kann, auch nicht um höflich zu sein.

In der Küche brät Maya gerade Manchego-Bällchen. „Wie läuft es da draußen?" fragt sie und streut Parmesan auf die aus Spargelkuchen bestehende Vorspeise.

„Die führen gerade eine sehr erwachsene Diskussion über Schulbezirke. Beth zitiert Statistiken über Lernerfolge und die Prozentzahl der Kinder, die später studiert haben. Das deprimiert mich ziemlich", sage ich, lehne mich an den Küchenschrank und sehe ihr bei der Arbeit zu. „Brauchst du ganz sicher keine Hilfe?"

„Hier. Würze den Salat ganz leicht." Sie reicht mir eine Pfeffermühle. „Ich weiß. Mir macht das manchmal auch zu schaffen – das Haus, die Familienkutsche. Ich kapier's nicht", sagt sie und schiebt die Vorspeise in den Ofen.

„Das ist es nicht", behaupte ich, aber genau das ist es – zumindest zum Teil. Ich will kein Haus in einem Vorort und eine benzinfressende Familienkutsche und die stereotype grüne Rasenfläche und die blasierte Genugtuung, ein Gästezimmer zu haben. Platz ist wie alles andere auch einfach nur eine Ware, und manchmal kostet sie einfach zu viel. Worum ich sie aber beneide, ist, wie klar sie alles sehen. Wie genau sie wissen, was sie wollen. Die Leute in dem anderen Zimmer sind sich einwandfrei sicher; da gibt es nicht ein Fitzelchen Zweifel.

„Was ist es dann?"

Ich bin nicht in der Lage, irgendetwas ganz leicht zu tun, und so sieht der Salat mit einem Mal ziemlich dunkel gesprenkelt aus. Als Maya kurz wegschaut, klaube ich die Blätter heraus, die am meisten abbekommen haben, und werfe sie in den Müll. Dann mische ich den Salat mit dem orangefarbenen Plastiksalatbesteck. „Ich weiß auch nicht. Ich glaube, es geht darum, wie sicher sie sich sind. Sie wissen genau, was sie wollen", sage ich und versuche selbst dahinter zu kommen, was ich meine, „und sie streben darauf zu, ohne sich selbst durch zu viele Gedanken im Weg zu stehen."

„Sie wollen so sein wie ihre Eltern. Dafür können sie nichts", erklärt sie herablassend. Dann inspiziert sie meine Arbeit, wischt sich die Hände an einem gestreiften Geschirrtuch ab und nimmt eine Flasche Rotwein aus dem Schrank. „Du hast es eine halbe Stunde lang ausgehalten", stellt sie fest und schafft es mit einiger Mühe, den Cabernet Sauvignon zu entkorken. „Ich hatte dich schon viel früher in der Küche erwartet."

Obwohl Maya ihre alten Highschool-Kameradinnen noch immer sehr gern hat, kann sie nicht zuviel Zeit mit ihnen verbringen, ohne den Wunsch zu verspüren, mit dem Kopf gegen eine Steinwand zu schlagen. Sie gleichen sich so ungeheuer in dem, was sie tun: Sie sind Investmentbanker und Anwälte und Versicherungsvertreter und Buchhalter.

„Es ist eines der schlimmsten Verbrechen, wenn Kinder

abstumpfen", sagte sie einmal bei einem Midori Martini – im Wasserglas versteht sich.

Wir saßen in der Lounge des Soho Grand Hotels, zwergenhaft neben den gigantischen Lampenschirmen, die uns in goldenes Licht tauchten.

„Stimmt", entgegnete ich, obwohl ich glaube, dass es weit schlimmere Verbrechen gibt.

„Das ist aus einem Gedicht", erklärte sie, „das mich immer an meine Freunde aus der Highschool erinnert.

‚Erstickt die jungen Seelen nicht, bevor sie nicht
wunderliche Dinge getan und ihren Stolz offen zur Schau getragen haben.
Es ist eines der schlimmsten Verbrechen, wenn Kinder abstumpfen.
Die Armen sind wie Ochsen, schlaff und mit bleiernem Blick.
Nicht weil sie sterben, aber weil sie ohne Träume sterben.
Nicht weil sie säen, aber weil sie selten ernten.
Nicht weil sie dienen, aber weil sie keine Götter haben, denen sie dienen können.
Nicht weil sie sterben, aber weil sie sterben wie Schafe.'"

„So schlimm sind sie nicht", sage ich jetzt, weil ich daran denken muss, wie normal es ist, ohne Traum zu sterben.

Maya lacht, weil sie annimmt, dass ich nur höflich sein will, und schenkt den Wein ein. Freunde aus Kindertagen bedeuten Kontinuität, man hält aneinander fest. Man hält an seinen Freunden fest und liebt sie, aber manchmal fühlt man sich einfach nicht wohl dabei. New York City und

Greenwich sind wie die Galapagos-Inseln und das Festland Ecuador. Ein riesiges Meer steht zwischen ihnen, und über die Zeit hinweg haben sich unterschiedliche Sprachen entwickelt.

Richtlinie 19. August: Aktionismus kultivieren

„Aktionismus?" Ich blinzle einmal heftig, um sicherzustellen, dass ich das Wort richtig entziffert habe. Maya hat mir eine Kopie ihrer neuen Richtlinien gegeben. Sie hat die Schriftgröße auf sieben verkleinert, die ersten drei Monate ausgedruckt, und die fünfzig Seiten mit einer dünnen blauen Schleife zusammengebunden. Das Endergebnis sieht also aus wie eine Taschenbuchausgabe des *Oxford English Dictionary* – man braucht eine Lupe, um es zu lesen.

„Was ist das?" hatte ich sie ein paar Stunden vorher gefragt, als sie mir diesen merkwürdigen Stapel Papier reichte.

„Das ist die Taschenbuchausgabe. Du bist meine Betreuerin", entgegnete sie so ungeduldig, als ob ich nach etwas total Offensichtlichem gefragt hätte.

„Deine Betreuerin?"

„Ja, genau. Du musst dafür sorgen, dass ich auf dem richtigen Weg bleibe", erklärte sie, als ob es das Normalste auf der Welt sei, sich selbst einen Aufpasser zu suchen. „Ich bin wie eine Alkoholikerin, und das sind die Schritte hin zur Heilung. Wenn du das Gefühl hast, dass ich von meinen wichtigsten Zielen abweiche, dann musst du mich wieder in die richtige Spur bringen."

Ich wehre mich nicht gegen diese Aufgabe, weil ich davon ausgehe, dass das Ganze nicht lange anhalten wird. Maya wird innerhalb einer Woche die Nase voll davon haben, mir Rechenschaft abzulegen, und sich was anderes ausdenken. So ist sie nun mal. In den zwölf Jahren, in denen ich sie kenne, hat es eine Menge erste Tage ihres verbleibenden Lebens gegeben.

„Was bedeutet ‚Aktionismus kultivieren'?" frage ich sie jetzt, lege das Buch auf den Tisch – die Taschenbuchausgabe ist zu dick für eine Tasche – und beginne mit dem langen Reinigungsprozess. Mayas kleine Küche hat kaum Abstellplätze, weshalb sie das Geschirr auf dem Boden gestapelt hat. Eigentlich hatte sie vor, es über Nacht dort stehen zu lassen, aber das bringe ich nicht fertig, Ich kann nicht mit dem Wissen schlafen, dass Mäuse sich in ihrer Küche wie im Schlaraffenland fühlen.

„Du weißt, was Aktionismus bedeutet", sagt sie und betrachtet mich missbilligend. Wir sind in ihrer Wohnung, es war ihre Dinnerparty, und deswegen fühlt sie sich nicht wohl dabei, wenn ich spüle. Mit dem Daumennagel kratze ich angetrockneten Käse von einem Teller, und Maya zischt verärgert. Alles, was ich tue, empfindet sie als eine Art Vorwurf. „Warte." Sie schiebt mich zur Seite und zieht gelbe Gummihandschuhe an. „Lass mich das tun." Dann fährt sie fort: „Nachdem ich nun keinen Agenten mehr habe und wahrscheinlich nie mehr einen finden werde ..."

„Sei doch nicht lächerlich. Du hast noch nicht einmal begonnen, dir einen zu su..."

Maya schneidet mir das Wort mit einer Bewegung ihrer tropfenden, gelben Hand ab. „Halt! 15. August", sagt sie.

Ihr Kommentar ergibt keinen Sinn. Ich starre sie eine Sekunde lang an. „Was?"

„Richtlinien, 15. August."

Ich suche den 15. August und lese laut vor: „Sieh der Realität ins Auge."

„Na also", sagt sie. „Die Realität ist, dass ich keinen Agenten habe, und es ist ziemlich realistisch, dass ich nie mehr einen haben werde. Das muss ich akzeptieren." Sie spritzt blaues Spülmittel auf einen Schwamm. „Um genau zu sein, habe ich es vor vier Tagen akzeptiert. Ich habe mir andere Herausforderungen gesucht."

„Aber Maya, du wirst schon einen neuen ..."

„Nicht!" ruft sie und hebt die Hand wie ein Verkehrspolizist. „Ich will nichts von diesem nervtötenden Optimismus in meiner Wohnung haben. Nur klaren Zynismus gemischt mit Verzweiflung."

„Das klingt schrecklich", sage ich erschrocken.

Meine klare Erschrockenheit bringt mir nur einen verärgerten Blick ein. „Vig, du bist meine Betreuerin. Entweder du unterstützt mich in dem, was ich tue, oder ich suche mir eine andere."

Keine der beiden Alternativen halte ich für akzeptabel, deshalb wechsele ich das Thema. „Du wolltest gerade Aktionismus erklären ..."

„Genau. Nachdem ich also keinen Agenten mehr habe und wahrscheinlich nie mehr einen haben werde, muss ich mir einen anderen befriedigenden Job suchen, für den Fall, dass das mit der Bestsellerautorin nichts wird. Ich kann nicht mein Leben lang Korrektur lesen."

Korrekturlesen ist einer dieser mühsamen Jobs, bei

denen man froh ist, dass jemand anderer sie tun muss, genauso wie Daten eingeben oder Gebühren eintreiben, und es überrascht mich wenig, dass Maya das nicht länger machen will. Redakteure behandeln Korrekturleser wie ein Übel, das beseitigt werden muss – ähnlich einem Stau auf dem Weg in die Sommerferien –, ich wundere mich nur, dass sie es so lange ausgehalten hat.

„Was möchtest du denn tun?" frage ich. Das ist genau die Frage, die ich mir fast jeden Morgen beim Aufwachen stelle, doch ich kann sie nie beantworten. Ich weiß nicht, was ich machen will. Ich weiß nicht, was ich einmal werden will, wenn ich erwachsen bin, und deswegen bleibe ich Jahr für Jahr bei *Fashionista* in der Hoffnung, dass ich eines Tages plötzlich eine Idee habe. Maya ist anders. Sie hat die Antwort immer gewusst, und jetzt fände ich es unfair, wenn sie bereits einen zweiten Traum gefunden hätte, bevor ich auch nur einen habe.

Maya zuckt mit den Schultern. „Ich nehme gerne Vorschläge entgegen. Ich muss es bis zum 30. August wissen, also reiche deine Ideen bitte bis spätestens achtundzwanzigsten ein."

Neben dem Spülbecken stapelt sich inzwischen sauberes Geschirr. Ich nehme ein Handtuch, und da ich nicht weiß, wo was hingehört, beginne ich die Schränke zu öffnen und zu schließen, bis ich den richtigen Platz gefunden habe.

„In der Zwischenzeit", fährt sie fort, „möchte ich versuchen, Artikel für Zeitschriften zu schreiben. Und da kommen wir auch zum Aktionismus. Ich muss viel mehr Initiative ergreifen, muss Vorschläge bringen. Darauf zu warten, dass du einmal Chefredakteurin wirst und mir Aufträge gibst, scheint nicht zu funktionieren."

„Ich hatte keine Ahnung, dass du abhängig von meiner Karriere bist", entgegne ich mit einem grünen Plastiksieb in der Hand. Ich starre die Schranktüren an und versuche mich zu erinnern, hinter welcher die Plastikschüsseln stehen. Das ist ein gutes Spiel, um sein Gedächtnis zu trainieren, und ich verliere es. „Welche Zeitschriften willst du denn angehen?"

„Ich halte es für eine gute Idee, mit denen zu beginnen, bei denen ich bereits Korrektur gelesen habe. Ich kenne dort einige Leute."

Maya arbeitet überwiegend für Frauenzeitschriften wie *Glamour* und *Cosmopolitan* und *Marie Claire*. Deren Themenbereiche sind ziemlich begrenzt, sie bewegen sich zwischen Sex und Beziehungen und Schönheit und Gesundheit. Ich glaube kaum, dass Maya sich für eines dieser Themen wirklich begeistern kann. „Dann schreibst du solche Artikel über Vitamintabletten oder darüber, warum es in Ordnung ist, sich für seinen Partner zu ändern."

Sie sieht mich gequält an. „Es ist nicht in Ordnung, sich für seinen Partner zu ändern."

Ich deute mit einem Bratenheber auf sie. „Richtlinie, 19. August: Aufhören, unabhängig zu denken."

„Du bist keine große Hilfe", sagt sie und spült eine rotgrüngelbe Platte ab. Maya hat ihr Geschirr auf Flohmärkten überall im Land zusammengekauft. Keine zwei Teller sehen gleich aus, doch auf allen sind hübsche Blumen drauf.

Ich *bin* eine Hilfe. Schließlich hat sie doch von mir klaren Zynismus verlangt. „Sieh mal, selbst wenn es dir gelingen sollte, dich von dem Image als Korrekturleserin zu befreien – und ich behaupte nicht, dass dir das gelingen wird, in dieser Branche wird man schnell und sehr tief in eine Schublade gesteckt –, wirst du dich zu Tode langweilen. Ich kenne dich, Maya. Sonnencremes zu testen ist nicht gerade das, was dich morgens aus dem Bett treibt. Es ist unbefriedigend und niveaulos und so trocken und humorlos, dass du genauso gut den Börsenbericht schreiben könntest", rufe ich verärgert. Da geht es nur um Fakten sammeln, schwarz oder weiß. Maya ist aber wie ein Farbfilm. Sie ist wie ein Gemälde von Matisse und wie venezianisches Glas.

Doch das will sie nicht hören. Sie lässt ihre Wut an einem hilflosen Schneebesen aus. Nachdem sie ihn gesäubert hat, sind die Drähte nach allen Richtungen verbogen. „Es ist immerhin ein Anfang", sagt sie, als sie ihre Wut wieder im Griff hat. Sie wirft den verbogenen Schneebesen in den Geschirrständer. „Irgendwo muss ich ja anfangen, warum nicht da. Ich werde Aktionismus kultivieren, ein paar Artikel für Frauenzeitschriften schreiben, dann eine Mappe zusammenstellen, mir einen Namen als geniale Journalistin machen, die aus den langweiligsten Themen das Interessanteste herausholt, und dann warte ich auf ein gutes Angebot. Dafür schreibe ich gerne ein paar hundert Worte darüber, in welcher Sonnencreme der beste UVA- und UVB-Filter ist. Alles, was ich tun muss, ist Aktionismus zu kultivieren. Und dann wird alles gut", fügt sie mit ruhiger Stimme hinzu, als ob sie mich und nicht sich selbst trösten müsse. „Du wirst schon sehen."

Davon bin ich nicht überzeugt, aber ich sage nichts. Ich

strecke einfach nur meine Hand aus, um ein Weinglas entgegenzunehmen, und wische es mit dem feuchten Handtuch ab. Maya ist davon überzeugt, dass kleine Veränderungen das ganze Leben in eine andere Richtung leiten können. Sie glaubt, dass sie sich nach dem Schneeballsystem vergrößern und alles beeinflussen. Aber so funktioniert das Leben nicht. Man ist keine Fluglinie. Man kann nicht einfach in jedem Salat der ersten Klasse die Olive weglassen und dadurch 1,2 Millionen Dollar einsparen.

Eine Idee beginnt zu keimen

Rogers Handy ist so programmiert, dass statt eines Klingelns die Titelmelodie einer seltsamen schwedischen Kinderserie aus den siebziger Jahren ertönt. Kindisch, aber nicht schwedisch, hat Roger eines Abends beim Essen begeistert seine neue Errungenschaft gezeigt, indem er die schnelle Melodie hoch und runter gespielt hat, bis ein Pärchen am Tisch nebenan ihn ruhig darum bat, damit aufzuhören. Verlegen blickte Maya auf den Tisch, ich ließ meinen Kopf vor Scham sinken, während Roger den Rest des Abends damit verbrachte, mit vollem Mund zu reden und sich zwischen verschiedenen Telefonanrufen darüber zu beschweren, dass die Menschen heutzutage keine Manieren mehr hätten. Wir mir scheint, haben manche nie welche gehabt.

Ich höre dieses bekannte La-da-du-dada und zucke zusammen. Das Metropolitan Museum of Art ist von Touristen total überlaufen, die Räume mit den europäischen Porträts voll gepackt mit schwitzenden Leuten, aber ich weiß, dass ich ihn sehen werde, wenn ich mich umdrehe. Er ist direkt hinter mir, und ich sitze in der Falle zwischen dem *Porträt eines Mannes* und dem *Porträt eines bärtigen Mannes*. Ich bleibe bewegungslos wie ein Leopard im Unterholz, in der Hoffnung, dass er an mir vorbeigeht, aber ich bin nicht leicht zu übersehen. Mein Sommerkleid ist knallblau, und vor den alten holländischen Meistern wirke ich wie ein Leuchtsignal.

Roger ruft: „Vig, Darling", und ich drehe mich um. Nachdem er und Maya nicht mehr zusammen sind, brauche ich keine Freude mehr vorzutäuschen. Ich muss überhaupt nichts mehr vortäuschen, weshalb ich ihn mit einem Blick reinsten Ekels bedenke, als er mir mit einer Handbewegung zu verstehen gibt, dass er das Telefongespräch gleich beenden wird. Ich bin nicht ins Met Museum gegangen, um auf Roger Childes zu warten.

Ich zeige auf das andere Ende des Raumes, um zu signalisieren, in welche Richtung ich mich bewege, und lasse ihn stehen. Mein erster Instinkt sagt mir, dass ich schnell aus dem Gebäude huschen sollte, doch dann begnüge ich mich damit, mich hinter ein paar Deutsch sprechenden Touristen zu verstecken, die gerade einen Rembrandt bewundern. Direkt neben mir malt eine Frau das Bild mit dicken grauen Kohlestiften ab, und ich bin einen Moment lang von ihrem Können abgelenkt. Ich bin auch hier, um Porträts zu skizzieren, aber ich benutze dafür einen Bleistift Stärke zwei. Es ist mein erstes Mal, meine schwerfälligen Finger wollen nicht so recht übers Papier gleiten. Sie stolpern und hinken geradezu, und manchmal fallen sie sogar hin. Ich finde das ziemlich peinlich, will aber nicht zulassen, dass solche miesen Emotionen meine Begeisterung bezwingen.

Ich bin hier, weil ich ein Farbfilm sein möchte. Das ist die Erkenntnis, die ich letzte Nacht hatte, als ich so gegen Aktionismus geschimpft und Siebe abgetrocknet und Geschirr weggeräumt habe. Ich will auch keine langweiligen Artikel mehr schreiben. Die Welt hat so viel mehr zu bieten als das Zahnbleichmittel, das man benutzt.

Nehmen sie Pieter van Kessel, einen jungen holländischen Designer, der sich bei seinen Entwürfen reichlich Ideen von Rembrandt und Frans Hals ausleiht. Seine Herbstpräsentation hat mich tief beeindruckt, sie ist mir im Gedächtnis haften geblieben und hat mich auf Ideen gebracht, die ich lieber unterdrückte. Ich habe sie sozusagen unbarmherzig unter meinem Absatz zerquetscht, weil *Fashionista* sich nicht mit neuen, aufstrebenden Designern beschäftigt. Aufsteigende Sterne befinden sich nicht in unserem Kosmos. Zumindest nicht unter Janes Herrschaft.

Mit einem Mal kann ich mir auch einen guten Ausgang unserer Verschwörung vorstellen. Das bedeutet, dass ich noch mal zu Keller gehen und mich seiner Wut stellen muss. Ich werde ihm so lange gut zureden, bis er unserem Plan zustimmt. Ich glaube zwar noch immer nicht daran, dass man Aktionismus kultivieren muss, man kann aber andererseits auch nicht darauf warten, dass das Leben zu einem kommt. Man muss schon für das kämpfen, was man will. Und ich will van Kessel. Ich will ihn treffen und mit ihm sprechen und über seine Mode schreiben. Ich möchte einen Artikel über einen kommenden Superstar schreiben, *bevor* seine Modenschauen in ausverkauften Häusern laufen.

Dass ich mich einen Moment habe ablenken lassen, stellt sich als großer Fehler heraus. Während ich über die klaren Linien der malenden Frau und meine eigene Zukunft nachdachte, ist das Deutsch sprechende Pärchen zum nächsten Bild gegangen und hat mich ohne Deckung zurückgelassen.

„Vig", ruft Roger, der mein hastiges Verschwinden entweder nicht bemerkt hat oder sich davon einfach nicht beleidigt fühlt. Er telefoniert nicht mehr, hält aber die Hand einer wunderschönen Rothaarigen in einem knallengen Lederkleid. Roger ist ein gruseliger Typ, einer von denen, der sich für Serienmörder witzige Spitznamen ausdenkt oder heimlich auf Frauentoiletten spannt, aber ich hätte nicht gedacht, dass er auf knallenge Lederkleider steht. *J. Crew* macht schließlich nur geschmackvolle Jacketts.

Roger ist mittelgroß, mittelkräftig gebaut und von einer beharrlichen Akne befallen, die durch seinen um sich greifenden Haarausfall nur noch verschlimmert wird – sein zurückweichender Haaransatz wird direkt von einer Armee aus Pickeln verfolgt, die nicht schnell genug über seinen Kopf marschieren, um mit dem Haarausfall Schritt zu halten. Aknemittel haben nicht geholfen, es wurde nur immer unangenehmer, seine Gesellschaft zu ertragen. Roger ist ziemlich ruhig und langweilig, wenn er getrunken hat.

„Entschuldige, Vig", sagt er und küsst mich auf die Wange. Als er und Maya noch zusammen waren, hat er mich nie auf die Wange geküsst oder Darling genannt. „Vig, Darling, das hier ist Anthea." Er stellt mir seine Begleiterin vor, deren Augen so groß und rund sind, dass sie einem Bild von Margaret Keane entsprungen sein könnten.

Ich reiche ihr meine Hand. „Hallo, ich bin Vig Morgan."

Sie braucht ein paar Sekunden, um meine Geste zu verstehen, bevor sie meine Hand schnappt. Ihr Griff ist so weich und kalt, dass sie mir einen Moment lang wie tot vorkommt. „Hi."

„Vig ist eine Freundin von Maya."

„Oh", sagt sie bedeutungsvoll. Ich vermute, dass es sich bei der Maya, von der sie gehört hat, um die geisteskranke Ex-Freundin Rogers handelt.

„Sie ist Redakteurin bei *Fashionista*", fügt er hinzu.

Anthea wirkt interessiert. „Das stelle ich mir cool vor."

„Ist es auch", sage ich, weil es das sein sollte.

„Anthea arbeitet in einem Laden auf der zweiundzwanzigsten Straße. Er heißt *Die Maske*", erklärt er beiläufig. „Mal von gehört?"

Die Maske ist einer dieser Sexshops, in dem alles von aufblasbaren Analdildos bis zu Keuschheitsgürteln für Männer verkauft wird. Ich bin zwar nicht sehr vertraut mit diesem Etablissement, aber ich habe die Anzeigen in der *Village Voice* gesehen. „*Die Maske*? Nein, hab ich noch nie gehört. Werden dort Kostüme verkauft?"

Roger ärgert sich sichtlich über meine Unkenntnis und will mich gerade aufklären, als Anthea zu kichern beginnt. „Ja, so könnte man das sagen", sagt sie und fügt dann hinzu: „Wenn du mal eins brauchst, solltest du vorbeikommen. Unsere ganzen Latexsachen kommen aus Europa."

„Europa?" Ich kenne mich in der Branche nicht sonderlich aus, aber ich weiß, dass eine europäische Herkunft immer ein gutes Verkaufsargument ist.

„Ja, wir haben Fabriken in Deutschland und Amsterdam."

Roger ist nicht erfreut über unsere angeregte Plauderei. Da aus *Die Maske* mit einem Mal ein netter Kostümladen mit dem Charme der alten Welt geworden ist, hat er das Interesse an dem Thema verloren. Ungeduldig schaut er auf die Uhr. „Oh, es ist schon spät. Anthea und ich müssen los. Wir werden wo erwartet." Er legt eine Hand auf ihren schmalen Rücken, dann beugt er sich nach vorne und küsst mich erneut. Diesmal bin ich darauf vorbereitet und drehe meinen Kopf schnell in die andere Richtung. Er küsst nur Luft. „Es war toll, dich zu sehen. Sag Maya liebe Grüße, ja?"

In seinen Augen blitzt es siegessicher. Er erwartet, dass ich zu Maya renne, die seit vier Tagen seine Ex-Freundin ist, und ihr erzähle, dass er nun mit einer umwerfend schönen Frau mit großen Brüsten und einem Hang zu Peitschen und Ketten zusammen ist, aber das werde ich nicht. Ich verabschiede mich von Anthea und kehre zu meinen Skizzen der *Delfter Schule* zurück. Ich werde Maya gegenüber dieses Treffen niemals erwähnen.

Noch immer Phase eins

Alex Keller öffnet die Tür mit einem bösen Lächeln. Obwohl ich ihn immer noch entsetzlich attraktiv finde, passt sein Auftreten nun definitiv besser zu meiner ursprünglichen Vorstellung von ihm, und das beruhigt mich. So bin ich wenigstens in der Lage, das gestrige Missverständnis aufzuklären.

„Wer sind Sie?" fragt er mit erhobener Stimme, die im Flur so laut hallt, dass sämtliche Nachbarn ihn hören können. „Warum sabotieren Sie das Glück meines Hundes? Was haben ich oder Quik Ihnen angetan, dass Sie unbedingt sein Leben ruinieren wollen?"

Ich öffne den Mund, um ihm alles zu erklären, aber er lässt mich nicht. Keller will herumtoben, er befindet sich auf bekanntem Terrain und will sich nicht unterbrechen lassen.

„Haben Sie eine Vorstellung davon, wie schwer es ist, einen Hundesitter zu finden, dem man vertrauen kann? Die geringste Vorstellung? Haben Sie einen Hund?"

Ich gehe davon aus, dass das eine rhetorische Frage ist, so wie die davor, und so antworte ich nicht.

„Nun, haben Sie einen?"

„Nein."

„Haben Sie eine Katze?"

„Nein."

„Einen Fisch?"

„Nein."

„Sind Sie Tierbesitzer in irgendeiner Form?"

„Nein."

„Also haben Sie nicht die geringste Ahnung von Pflege und Beaufsichtigung von Haustieren. Sie haben keine Ahnung, was für einen Schaden Sie angerichtet haben, oder?"

„Nein."

„Können Sie sich vorstellen, wie schwer es war, überhaupt einen Termin bei Kelly zu bekommen? Sie ist wahnsinnig ausgebucht und hat nur zugesagt, weil sie einem Freund von mir noch einen Gefallen schuldete. Einen *Gefallen*, und ich war nicht da, als sie vorbeikam. Wissen Sie, was Sie getan hat, als ich nicht da war? Sie hinterließ eine kurze, schroffe Nachricht beim Türsteher. Sie habe keine Zeit für Spielchen, und dass sie leider Gottes auf mich als Kunden verzichten müsse. Und Sie sollten nicht so naiv sein zu denken, dass der Ausdruck *leider Gottes* ernst gemeint war."

Ich würde meinen Hund niemandem überlassen, der routinemäßig das Wort Kunde benutzt, aber ich bin ja auch keine Tierbesitzerin in irgendeiner Form.

Keller holt tief Luft. Er ringt um Fassung. „Und jetzt entschuldigen Sie mich bitte. Ich sehe keinen Grund, mich mit Ihrer Anwesenheit länger zu beschäftigen." Er schließt die Tür.

Über all die Jahre hat Keller sich immer wieder ekelhaft benommen, und zweifellos wurden wegen ihm Voodoopuppen, Hexen und Zauberformeln bemüht, und jetzt tut er so, als sei ich die Pest.

Ich klopfe an seiner Tür, in der Hoffnung, dass er zumindest durch das Guckloch schauen wird. Wenn nicht, müsste ich mich nämlich einfach an die Klingel lehnen. Ich bin hier, um ihn um einen Gefallen zu bitten, und mir ist ziemlich klar, dass ich ihn nicht noch mehr verärgern sollte. Trotzdem bin ich bereit, es zu tun. Ich bin bereit, gegen seine Tür zu hämmern und seinen Namen zu brüllen. Ich bin zu allem bereit. Janes Niedergang war früher nur ein

Tagtraum, den ich manchmal während meines Vierzehn-Stunden-Tages hatte. Jetzt ist er ein angestrebtes Ziel. Es *muss* einfach klappen.

Ein dunkler Schatten, vermutlich Kellers Auge, bedeckt das Guckloch, und ich nehme eine zutiefst reumütige Haltung ein, lasse die Schultern sinken und blicke beschämt, obwohl mir klar ist, dass er mich nur verzerrt und total verkleinert sehen kann.

„Ich möchte mich entschuldigen", sage ich. Ich weiß, dass die Tür dünn ist. Seine Nachbarn sehen gerade *All in the Family* im Fernsehen, und ich kann jedes Wort verstehen. „Bitte."

Er antwortet nicht, doch der Schatten verschwindet ebenfalls nicht. „Es tut mir sehr Leid. Bitte geben Sie mir die Chance, meine Gründe zu erklären. Ich bin bestürzt darüber, was für ein Unglück ich angerichtet habe." Ich weiß nicht, wie man bestürzt schaut, also beschränke ich mich auf Zerknirschung. Ich senke den Kopf. „Bitte, ich wollte Quiks Glück nicht sabotieren", rufe ich und versuche angestrengt, ernst zu klingen. Ich bin nicht wirklich davon überzeugt, dass irgendjemandes Glück sabotiert worden ist, aber es wäre nicht klug, das beim Stand der Dinge zu sagen. Ich beschließe, erst nachdem ich die Türschwelle überschritten habe, eine etwas ehrlichere Diskussion über die tägliche Pflege und Beaufsichtigung des Hundes zu beginnen.

Keller öffnet die Tür. „Wer sind Sie?" fragt er mit ruhiger Stimme. Jetzt muss ich mir keine Sorgen mehr darüber machen, dass die Nachbarn uns hören könnten.

„Vig", antworte ich, ducke mich ein wenig und warte

darauf, dass übelste Beschimpfungen auf mich herunterprasseln.

Doch statt Beschimpfungen auszustoßen, zieht er die Brauen zusammen. „Vig und weiter?"

Vig ist nicht gerade ein häufiger Name, und es ist unwahrscheinlich, dass er eine andere kennt. „Vig Morgan. Wir sind Kollegen."

„Bei *Walters and Associates*?" Ich kann sehen, wie er sich alle Gesichter in der Firma in Erinnerung ruft. Meines gehört nicht dazu.

Walters and Associates? „Nein, bei *Fashionista*."

„Oh", sagt er verdutzt. Eine leichte Röte kriecht seinen Nacken hinauf. Er weiß, dass ich mich von ihm angezogen fühle. Er weiß, dass ich interessiert bin und mehr über die Firma *Walters and Associates* hören will. Er starrt mich stumm an, offenbar überlegt er sich seinen nächsten Schritt genau. Schließlich öffnet er die Tür und tritt zur Seite. „Kommen Sie rein."

Delias erster Job

Alex Keller ist im Grunde ein Franchise-Unternehmen. Er ist wie V. C. Andrews, nur dass er nicht tot ist und seine morbiden Verschwörungen sich nur um Leinwandstars drehen. Und dass er nicht plant, seinen Namen als Warenzeichen eintragen zu lassen.

„Delia arbeitet seit zwei Jahren für mich", erklärt er. „Sie macht alles. Findet Veranstaltungen heraus, bringt Ideen ein, geht mit Pressesprechern essen, engagiert Autoren, schreibt Artikel, liest Korrektur, schließt Verträge ab, sucht Fotos aus, macht Termine und kümmert sich um meinen Terminkalender."

„Und Sie machen gar nichts?" Ich versuche eifrig, keine Kritik in meiner Stimme durchklingen zu lassen. Ich will ihn nicht merken lassen, wie erschüttert ich bin, als ob ein derartiger Betrug völlig normal wäre, als ob ich nicht der Meinung wäre, dass nur Regierungen so etwas tun.

Er zuckt die Schultern. „Ich mache es möglich."

Das ist nicht genug. „Ist das alles?"

„Ich treffe Lydia von Zeit zu Zeit, um den Schein zu wahren."

„Von Zeit zu Zeit?" Verachtung schleicht sich in meine Stimme. Was er hier beschreibt, ist nicht etwa ein Job, es ist ein Hobby, das, was reiche Leute zwischen dem Mittagessen im Plaza und den Schmuckkauf bei Tiffany's tun.

„Ein Mal im Monat, manchmal zwei Mal."

„Und Delia findet das in Ordnung?"

Meine Frage überrascht ihn. Das sehe ich daran, wie er die Augenbrauen in die Höhe zieht und mich anstarrt. „Warum nicht?"

„Sie macht die ganze Arbeit – und Sie bekommen den Lohn", sage ich, erstaunt, dass ich ihn überhaupt darauf hinweisen muss. Ist doch ganz offensichtlich. Aber nie ist etwas so offensichtlich, wie ich denke.

„Bitte", entgegnet er verächtlich, „Delia ist total unabhängig. Sie kann ihren Tag planen, wie es ihr am Besten passt. Sie macht lange Mittagspausen, fängt spät an und geht früh, wann immer sie will. Sie arbeitet sehr schnell und effizient, und sie muss nicht so tun, als ob sie beschäftigt wäre, wenn in Wirklichkeit nichts zu tun ist. Sie ist nicht den Launen eines tyrannischen Chefs ausgesetzt. Sie muss mir keinen Kaffee kochen, mir keinen Tisch fürs Mittagessen reservieren, meine Wäsche nicht aus der Reinigung holen und nicht bis neun Uhr abends im Büro bleiben, um mein Telefon abzunehmen oder einen Stapel Rechnungen zu sortieren."

Ich bin nicht immun gegen die Verlockungen der Selbstständigkeit und Unabhängigkeit und der Befreiung von der Tyrannei. Als ich jung war und gerade aus dem College kam, hätte ich vermutlich auch so einen Job angenommen. Genau so was hatte ich mir erhofft, bevor mir klar wurde, dass Assistentinnen nicht wirklich assistieren. Sie machen nur Kopien und füllen Spesenabrechnungen aus und verteilen Kurzmitteilungen.

„Die meisten wichtigen Entscheidungen kann sie selbst treffen", sagt er. Noch mehr Vorteile seines Franchise-Systems. „Sie hat soviel Macht wie in einer hochklassigen Position, aber sie muss die Verantwortung nicht tragen. Das ist beste Voraussetzung, um alles über das Zeitschriftengeschäft zu lernen. Außerdem wird sie eine sichere Kandidatin für meinen Job sein, wenn ich gehe. Um genau zu sein, könnte sie diesen Posten bereits haben, wenn Jane nicht so ein Theater wegen ihres Alters machen würde. Gut für mich, dass sie meinen Job niemals einer so jungen Frau geben würde, auch wenn Delia ihn wirklich blind beherrscht. Aber in einem oder zwei Jahren wird sie nichts mehr aufhalten. Dann werde ich zur Seite treten müssen, damit sie nicht einfach über mich hinwegrennt."

Delia ist dreiundzwanzig. Sie ist so ein Überfliegertyp

mit Ellbogen, der von Unternehmen in ganz Amerika dringend gesucht wird. Sie hat ihren Studienabschluss in Fordham innerhalb von drei Jahren geschafft, und weil sie ihre ganzen Freunde nicht gleich verlassen wollte, ist sie noch ein Jahr länger geblieben, um ihren *Master's Degree* zu machen. Die Stelle als Redaktionsassistentin bei *Fashionista* war die erste, für die sie sich beworben hatte, und nachdem sowohl Alex Keller als auch der Personalleiter sie umgehend mochten, bot man ihr den Job innerhalb von vierundzwanzig Stunden an. Sie ist eine von denen, über die ein Porträt im Radio läuft, noch bevor sie dreißig sind. Das *New York*-Magazin wird sie in einem seiner „Dreißig unter Dreißig"-Artikel erwähnen. Sie wird die Chefin einer großen Zeitschrift sein, wenn nicht gleich der ganzen Welt, bevor ein Dutzend Jahre vergangen sind.

Ich habe nicht so einen Komplex wie Maya, wenn es ums Alter geht – ich hatte niemals einen Agenten oder Ziele oder einen Freund für länger als ein halbes Jahr –, aber Delia Barker gibt mir das Gefühl, alt zu sein. Sie gibt mir das Gefühl, dass das Spiel für mich vorbei ist, dass es mit neunundzwanzig nicht erst richtig losgeht, wie manche Leute behaupten. Sie gibt mir das Gefühl, dass ich permanent hinter meinen Möglichkeiten zurückbleibe. Sie erinnert mich ganz subtil daran, dass ich nie intelligent genug, nie schön genug und nie klug genug war. Dass ich einfach immer nur ich selbst war, was nicht ausreicht.

Niemand hat jemals befürchtet, dass ich über ihn hinwegrennen könnte.

Wie man seine Karriere fördert

Tagsüber ist der gut erzogene Alex Keller ein Architekt.

„Nun, nicht direkt Architekt. Aber fast. Hab nur noch ein Jahr Ausbildung vor mir", erklärt er als Antwort auf meine erstaunte Frage.

Ich spaziere durch seine Wohnung und präge mir alles ein. Dieses Mal steht die Schlafzimmertür offen. Ich strecke meinen Kopf hinein, sehe den Zeichentisch in der Ecke, die Regale voller Architekturbücher und die Holzmodelle auf dem Boden. Ich ziehe den offensichtlichen Schluss.

„Noch ein Jahr?" frage ich, als ich ein Buch über Baustatistik durchblättere. Er hat einzelne Wörter und Passagen markiert. An den Rändern stehen Berechnungen, die an chemische Gleichungen erinnern.

„Ein Jahr." Obwohl er es zu kaschieren versucht, ist Keller nervös. Er weiß überhaupt nichts über mich, und doch bin ich hier und zwinge ihn, mir seine tiefsten und dunkelsten Geheimnisse zu verraten. Das war gar nicht meine Absicht gewesen. Ich wollte ihn einfach nur um Hilfe bitten, aber dann ist plötzlich etwas noch viel Interessanteres passiert. Und ich bin noch nicht bereit, davon abzulassen.

Als ich herausfand, dass die Mythen um ihn nur entstanden waren, weil er einfach die meiste Zeit nicht im Haus war, war ich davon ausgegangen, er täte seiner Freizeit etwas völlig Nutzloses. Ich vermutete, dass er einkaufen ginge oder zu Hause eine schlechte Fernsehserie anschaute oder in einem Kino in der letzten Reihe säße und von Dingen träumte, die er gerne tun würde. Ich wäre nie auf den Gedanken gekommen, dass es sich um etwas ganz anderes handelte.

„Wie lange?"

„Wie lange?" Er zieht irritiert die Augenbrauen zusammen.

„Wie lange", wiederhole ich nickend. „Im Sinne von, wie lange dauert es, bis man Architekt wird, und wie lange betrügen Sie *Fashionista* schon?"

Beim Ausdruck *betrügen* weicht er ein wenig zurück und starrt mich lange an. Offenbar weiß er nicht, wie viel er mir verraten soll. Seine Körperhaltung macht ganz deutlich, dass er mir eigentlich überhaupt nichts verraten will. Aber er hat genug Verstand, um zu wissen, wann es zu spät ist. Vig Morgan ist Reporterin, auch wenn sie in Wahrheit niemals dazu kommt, über etwas zu berichten. Zwar mögen meine Fähigkeiten ein wenig eingerostet sein, aber ich weiß noch immer genau, wie man eine heiße Spur verfolgt. Ich bräuchte bloß bei *Walters and Associates* anzurufen, dann würde ich schon die ganze Wahrheit herausfinden. Keller müsste sich eine ziemlich überzeugende Geschichte ausdenken, allerdings ist er sicher nicht so naiv mir vorzumachen, dass er an einem Artikel über Architektur arbeitet. *Fashionista* berichtet nur über Inneneinrichtungen, und uns ist es egal, warum ein Haus steht, solange es das tut.

„Das ist eine komplizierte Frage", antwortet er nach einer Weile. „Beim Cooper-Unions-Programm dauert es fünf Jahre, einen Abschluss zu machen, aber es wurden alle Scheine akzeptiert, die ich von meinem Vorstudium mitbrachte, und so sind es nur vier Jahre. Also zumindest für einen Ganztagsstudenten, was ich nicht von Anfang an war."

Ich weiß nicht, ob er mir absichtlich ausweicht oder einfach nur seine Erklärung unter einem Berg von Details versteckt. „Das ist keine Antwort auf meine Frage."

Er blickt mich mit unschuldigen grünen Augen an. „Aber ja doch. Es dauert vier Jahre, um Architekt zu werden."

„Sie betrügen *Ivy Publishing* seit vier Jahren?"

„Um genau zu sein, nutze ich die Großzügigkeit der Firma seit über fünf Jahren aus, aber nur auf Teilzeitbasis", entgegnet er, als wäre das eine Entschuldigung für sein Verhalten. Das ist es nicht. Und es erklärt auch Delia nicht.

„Seit wann macht ein anderer für Sie die Arbeit?" frage ich.

Keller verschwindet in der Küche und kommt mit einem Bier zurück. „Mögen Sie?" fragt er und hält eine Flasche Becks hoch.

„Gerne." Ich lehne mich unbeholfen an eine der weißen Wände, woraufhin er mit einer Kopfbewegung andeutet, dass ich mich auf die Couch setzen soll. Ich betrachte sie einen Moment und gebe nach. Quik liegt auf dem Boden neben der Couch und hebt langsam den Schwanz, als ich mich vorbeuge, um ihn zu streicheln. Quik sieht haargenau so aus wie am Vortag und nicht wie ein Hund, dessen Glück zerstört wurde.

„Das wegen gestern tut mir Leid", sage ich aufrichtig und bedaure den Schaden, den ich ungewollt angerichtet habe. „Ich wollte Ihnen die Sache nicht vermasseln. Ich bin nur vorbeigekommen, um mit Ihnen über etwas zu sprechen. Aber ich kam nicht dazu, weil es mir zu viel Spaß machte, mit Ihnen und Quik rumzuhängen."

„Das ist schon in Ordnung." Er setzt sich auf die Armlehne der Couch. „Quik ist ein Charmeur. Kelly wird schon wiederkommen. Und wenn nicht, finde ich jemand anderes. Es ist kein Weltuntergang."

Zwar stimme ich völlig mit ihm überein, bin aber nicht überzeugt davon, dass er das ehrlich meint. Erst vor einer halben Stunde hat er mich noch heftigst beschimpft. Nur weil ich jetzt die Wahrheit über ihn weiß, versucht er, gut Wetter zu machen.

Er nimmt einen Schluck Becks und beginnt dann seine perfide Geschichte zu erzählen. „Delia erledigt meine Arbeit nun seit fast zwei Jahren. Mein voriger Assistent Howard hat nur die Hälfte gemacht. Zu dieser Zeit habe ich zumindest noch von der Uni aus am Computer gearbeitet. Zwischen den Vorlesungen habe ich Artikel geschrieben und Autoren verpflichtet und korrigiert. Ich habe meist Autoren von der Westküste genommen, weil durch die Zeitverschiebung deren Arbeitstag besser in meinen Terminplan gepasst hat. Ich konnte beide Aufgaben leicht erledigen, und die Qualität der Seiten hat kein bisschen darunter gelitten."

Ich bin nicht überrascht. Die Veranstaltungsseiten sind nicht gerade so kompliziert wie Gehirnoperationen. Diese zweihundert Worte Geplapper über Promi-Veranstaltungen laufen immer nach demselben Schema. Man beginnt mit einem Satz, der die Räumlichkeiten beschreibt – Blumen, Kerzen, ein paar Meter knallrosa Seide, die um eine gigantische Oscarstatue drapiert ist. Wenn es eine Dolce-&-

Gabbana-Party ist, bei der für Hochschulen gesammelt wird, fragt man die Promis nach ihrem Lieblingsfach. Ist es eine Aktion von Jaguar für die AIDS-Forschung, dann fragt man sie nach ihrem ersten Auto. Wenn es sich um die Premiere eines Blockbusterfilms handelt, in dem ein Einkaufszentrum von einer Flutwelle erfasst wird, dann fragt man nach ihrem schlimmsten Einkaufserlebnis. Es ist völlig nichts sagend, und jemand wie Alex Keller kann dieses Zeugs blind schreiben.

„Schwieriger wurde es, als ich vor zwei Jahren als Praktikant angefangen habe", fährt er fort. „Man muss da wirklich intensiv lernen, und mit einem Mal fehlte mir die Zeit, Anrufe zu machen und Artikel zu redigieren. Ich hatte immer einen riesigen Haufen Hausaufgaben und Projektarbeiten zu machen. Das war aufregend und überwältigend, und als Howard dann auch noch gekündigt hat, dachte ich, nun sei alles aus. Ich fürchtete schon, dass ich den Job aufgeben und mein Studium selbst finanzieren müsse. Aber dann kam Delia zum Vorstellungsgespräch." Keller ist jetzt entspannter, und als er mich anlächelt, verschwinden die angestrengten Falten um seine Lippen. Ich weiß nicht, ob das an der Beichte oder dem Bier liegt, aber irgendetwas hier scheint seiner Seele gut zu tun. „Delia ist ein Dynamo. Als sie in ihrem marineblauen Kostüm in mein Büro kam, wusste ich sofort, dass sie einfach perfekt ist. Sie hatte die nötige Erfahrung – drei Jahre hat sie die Studentenzeitung in Fordham herausgegeben – und die nötige Intelligenz. Sie hatte ihren Abschluss in Literatur des achtzehnten Jahrhunderts in weniger als vier Jahren gemacht, und zwar die ganze Zeit mit Stipendien. Sie war offen, hatte ein gewinnendes Lächeln und sagte nur die richtigen Sachen. Ich wusste, dass die Pressesprecher sie lieben würden. Und ich hatte Recht. Das tun sie. Es war einfach ein ideales Arrangement."

„Ihr Studium selbst finanzieren?" frage ich, als er damit fertig ist, Komplimente über Delia auszuschütten.

Er schaut weg, er ist trotz des Biers noch nicht bereit, alles zu gestehen.

„Was haben Sie damit gemeint, dass Sie Ihr Studium selbst finanzieren müssten?"

„Studiengeldrückvergütung", antwortet er mit sanfter Stimme.

„Ivy Publishing finanziert Ihr Architekturstudium?"

Zumindest hat er soviel Anstand, rot zu werden. „Das Unternehmen ist sehr großzügig und zahlt seinen Mitarbeitern bis zu drei Kurse pro Semester. Das steht im Mitarbeiterhandbuch."

Das stimmt. Ivy Publishing zahlt auch für Christines Kochkurs beim *French Culinary Institute*. Aber das ist nicht dasselbe. Sie taucht immerhin jeden Tag bei der Arbeit auf. „Das steht da nur drin, weil man auf gar keinen Fall gleichzeitig einen ganzen Kurs belegen und zur gleichen Zeit den ganzen Tag arbeiten kann."

Keller zuckt mit den Schultern. „Offensichtlich ist das ein Irrtum."

Gegen diese Logik kann ich nicht argumentieren. „Ist niemandem aufgefallen, dass sie mitten am Tag Kurse genommen haben?"

„Eine Praktikantin hat mich mal danach gefragt, deshalb habe ich sie zu der Party einer Boygroup mitgenommen, und sie hat nie mehr was gesagt."

„Damit haben Sie eine Minderjährige zur Bestechlichkeit verführt", sage ich nur halb im Ernst.

Er zieht wieder seine Augenbrauen zusammen. „Nein, habe ich nicht."

„Sie haben sie geschmiert."

„Aber sie war über achtzehn." Er trinkt sein Bier aus, dann geht er in die Küche, um die Flasche wegzuwerfen. „Ich wollte gerade, als Sie kamen, mit Quik raus. Haben Sie Lust, noch mal mitzugehen?"

„Es wird eine Zeit dauern, bis ich mich daran gewöhnt habe", sage ich und springe auf. Ich habe sogar große Lust, mit Quik noch mal spazieren zu gehen.

Keller reicht mir die Leine. „Aber gar nicht. Sie sind ein Naturtalent. Ich hätte gestern nie gemerkt, dass Sie von Tieren keine Ahnung haben."

„Das meine ich nicht." Quik zeigt keine Begeisterung bei der Aussicht auf frische Luft und bleibt ganz ruhig, als ich ihn an die Leine nehme. „Es wird eine Weile dauern, bis ich mich daran gewöhnt habe, dass Sie nett sind. Im Büro gelten Sie ja eher als ein Ungeheuer."

„Nun, natürlich wollte ich keine freundschaftliche Atmosphäre schaffen, damit die Kollegen es nicht normal finden, einfach eben mal im Büro vorbeizuschauen, nicht wahr?" Er lächelt selbstironisch. „Und so schlimm bin ich nun auch wieder nicht, oder?"

„Sie sind mal ausgeflippt, weil ich den Kopierer vor Ihrem Büro benutzt habe", erinnere ich ihn.

„Nur eine Närrin stellt sich zwischen einen Mann und

seinen Lieblingskopierer. Dieser Kopierer hat mich noch nie enttäuscht", sagt er mit einem gewinnenden Lächeln, als ob meine übersensiblen Nerven schuld wären und nicht sein haarsträubendes Temperament. „Vermutlich haben Sie keine Ahnung, wie frustrierend es ist, seine Freizeit zu opfern, weil man ins Büro gehen muss, um einen funktionierenden Kopierer zu finden."

Nein, ich habe keine Ahnung, wie frustrierend das ist, denke ich, als er die Tür öffnet und Quik in den Hausgang führt. Ich müsste eher Bürozeit opfern, um in mein Leben gehen zu können.

Mein 529. Tag

Janes Art zu redigieren ist gründlich, sie reicht einen Artikel immer an andere Redakteure weiter, um deren Meinung zu hören. Allerdings verteilt sie das Manuskript erst, nachdem sie es mit ihrem roten Filzstift zerhackt und grausame Kommentare an den Rand geschrieben hat (dumme Idee, langweiliger Satzbau, sinnlos und nutzlos), was die anderen Redakteure gezwungenermaßen dann lesen. Sie lesen es, statt dann aber das Selbstbewusstsein einer Jungredakteurin mit ein oder zwei höflichen Worten wieder aufzubauen, betonen sie Janes Kommentare noch mit Ausrufezeichen und herzhaften Bejahungen. Wenn man dann seine Geschichte wieder zurückbekommt, fühlt man sich wie ein Zebra, dessen ausgeweideter Kadaver hinterher noch von Geiern zerfleischt wurde.

Nachdem Janes Assistenten nichts anderes tun, als ihr

zu assistieren, durfte ich erst als Jungredakteurin meinen ersten Artikel schreiben. Darauf hatte ich etwa zwei Jahre lang gewartet, und meine Begeisterung wurde auch dann nicht getrübt, als ich erfuhr, dass es sich um einen dieser Frisurenartikel handelte, so einen, der Schritt für Schritt erklärt, wie man die Frisur von Nicole Kidman bei der Oscarverleihung nachmacht. Mein Enthusiasmus blieb riesig, ich übersetzte akribisch die Anleitung des Friseurs für die Leser („pfirsichgroße Menge Haarschaum zwischen den Händen reiben und sanft ins Haar kneten"). Der Text war knapp gefasst und ich wich kein einziges Mal vom Thema ab (es ging nur um Nicoles Haar, die ganze Zeit), doch Jane fand trotzdem jede Menge zu kritisieren. Ihr gefiel im Grunde überhaupt nichts daran, und als ich mein Ego endlich wieder ein wenig aufgebaut und eine zweite Version geschrieben hatte, brachte sie mich erneut zur Verzweiflung, dieses Mal durch ihr totales Desinteresse („Und warum verschwenden Sie meine Zeit mit so was?").

Zum Schluss wurde die Geschichte über Nicoles Frisur in ihrer ersten Version gedruckt. Denn als die Leute, die die Fakten noch einmal überprüften, mit dem Friseur sprachen, rief der mich sofort an, um den Artikel zu diskutieren, und wir sind jeden einzelnen Satz noch einmal durchgegangen. Wie sich herausstellte, waren gerade die Dinge, die Jane als völlig überflüssig bezeichnet hatte („die Spitzen eindrehen und feststecken"), unerlässlich, um die Frisur überhaupt zustande zu bringen. Die leise Genugtuung, die ich empfand, hielt nicht lange an. Bei meinem nächsten Artikel (echte Muttertagsrezepte von Müttern echter Stars) war die Jagd auf Vig wieder eröffnet.

Was ich nicht wusste war, dass die Jagd auf Vig immer eröffnet war. Auch wenn man Jane mit den meisten Artikeln gar nicht belästigen darf, interessiert sie sich ganz besonders für meine. Wann immer sie frustriert oder sauer ist, nimmt sie sich eine meiner Geschichten vor und zerreißt sie in der Luft. Sie ist wie eine gelangweilte Fünfjährige, die einem Schmetterling die Flügel ausreißt. Und danach wirft sie mich mit einer heftigen Bewegung auf den Boden.

Phase eins. Beendet (Endlich)

Die Umstände und seine Widerspenstigkeit zwingen mich dazu, Keller zu erpressen.

„Ich tue das zum ersten Mal", erkläre ich, als wolle ich mich für die fehlende Entschlossenheit in meinem Benehmen entschuldigen, „also haben Sie ein wenig Nachsicht mit mir. Sagen Sie mir ruhig, wenn ich etwas falsch mache."

So hatte ich seine Hilfe eigentlich nicht erzwingen wollen. Ich hatte meine Rede im Geiste schon komplett ausgearbeitet – in Zeiten der Krise müssen alle Bürger das ihre dazu beitragen, die Tyrannei zu beenden – und sie mit dem entsprechenden patriotischen Eifer gehalten. Ich konnte praktisch hören, wie im Hintergrund die Nationalhymne erklang.

Doch Alex Keller blieb unberührt. „Tut mir Leid", sagte er mit einem bedauernden Kopfschütteln. Dieses Bedauern schien echt zu sein. „Ich kann Ihnen nicht helfen. Ich würde ja gerne, aber Jane McNeill ist meine wichtigste Verbündete in meinem Vorhaben ‚Helft Alex dabei, Architekt zu werden'. Eine neue Chefredakteurin würde möglicherweise von mir verlangen, dass ich mich bei Redaktionskonferenzen blicken lasse oder mich in ihr Büro rufen. Da ich noch ein Jahr studieren muss, kann ich dieses Risiko nicht eingehen. Janes völliges Desinteresse an den Artikeln passt mir ziemlich gut ins Konzept."

„Aber so entsteht eine schreckliche Zeitschrift", warf ich protestierend ein.

Er beobachtete Quik dabei, wie er einem verspielten Chihuahua die Zähne zeigte. Der träge schokoladenbraune Labrador hat für Spielen nichts übrig. „Das sehen die Leser anders. Sehen Sie sich mal die Zahlen an. Die Verkäufe gehen nach oben."

Das stimmte. „Gut. Aber zumindest sorgt sie für eine schreckliche Arbeitsatmosphäre."

„Dann gehen Sie doch einfach nicht ins Büro", sagte er, als ob dieses Schema ‚Helft Alex dabei, Architekt zu werden' für jeden funktionieren würde, der nur genug Willenskraft aufbrächte. Ich wundere mich wirklich, dass dieses ganze Lügengebäude noch nicht über ihm zusammengebrochen ist.

„Sie wissen genau, dass das nicht geht", rief ich ungeduldig und mit erhobener Stimme. Die Frau neben mir, die das *Times*-Kreuzworträtsel löste, während ihr Chihuahua Quik belästigte, schaute mich verblüfft an. Ich zuckte mit den Schultern.

„Dann suchen Sie sich einen neuen Job. Wie lange arbeiten Sie schon da?"

„Fünf Jahre", murmelte ich mit dem Gefühl, dass es viereinhalb Jahre zu viel sind.

„Na also", entgegnete er, als ob das alles erklären würde. „Ich glaube nicht, dass eine neue Chefredakteurin das ist, wonach Sie suchen. Jane hat das Sagen. Entweder Sie arrangieren sich mit ihr oder Sie gehen. Das ist die Wahl, die Sie haben."

Das hatte ich auch geglaubt, bevor sich mir eine dritte Alternative aufdrängte. „Sie schulden mir was. Ich habe das Leben Ihrer Schwester verändert", verkündete ich ein wenig verdrossen. Das ist das Dümmste, was man sagen kann, wenn einem jemand einen Strich durch die Rechnung macht, und Keller musste lachen.

Er lachte dermaßen ausgelassen und aufrichtig, dass Quik tatsächlich aufstand und seinen faulen Körper zu uns schleppte, um den Grund für die plötzliche Heiterkeit herauszufinden.

Wegen dieser Demütigung beschloss ich, ihn zu erpressen.

„Das ist für mich ebenfalls das erste Mal", erklärt er jetzt. Offenbar amüsiert ihn mein Erpressungsversuch nur noch mehr. „Aber da wir beide intelligente Menschen sind, bin ich sicher, dass wir beide früher oder später herausfinden, wie man es richtig macht."

Auf so eine Reaktion haben mich Kriminalfilme nicht vorbereitet. Eigentlich hätte er seine Schultern straffen und seine Augenbrauen vor Wut zusammenziehen sollen. Und dann hätte er behaupten müssen, dass er sich niemals von so einer bösartigen Hexe wie mir erpressen lassen würde, um es dann Sekunden später doch zu tun. „Sie helfen uns, Jane zu stürzen, und ich werde kein Wort über ihr Doppelleben verraten." Ich bluffe nur. Egal, wie das hier ausgeht, ich würde niemals etwas über sein Doppelleben verraten. Aber das braucht er ja nicht zu wissen. „Wie auch immer Sie sich entscheiden, die Spielregeln werden sich ändern. Nun, es ist nicht sicher, dass eine neue Chefredakteurin Sie öfter sehen will als Jane. Es ist allerdings sicher, dass Sie rausfliegen, wenn ich der Personalabteilung von Ihrem Doppelleben erzähle."

Keller nickt. „Und was muss ich tun?"

„Bringen Sie einfach eine bestimmte Ausstellung auf Ihre Veranstaltungsliste."

„Gut, aber was genau? Welche Veranstaltung, welcher Monat?"

„November. Es handelt sich um eine Eröffnungsfeier für eine Ausstellung mit dem Titel ‚Die Vergoldung der Lilie'. Der Name des Künstlers ist Gavin Marshall. Außerdem sollten Sie ein paar A-Promis erwähnen, um Jane davon zu überzeugen, dass es sich wirklich um ein wichtiges Ereignis handelt. Um den Rest kümmere ich mich schon", erkläre ich kühl, obwohl ich schreckliche Schuldgefühle habe. Es ist viel schwieriger, eine eiskalte Erpresserin zu sein, als ich gedacht hätte.

„Das ist alles? Ich soll nur Marshall auf die Novemberliste schreiben?" fragt er nach, als ob er die Bedingungen eines Vertrages noch mal zusammenfassen wolle. „Und dafür erzählen Sie niemandem von meinem Doppelleben? Mehr muss ich nicht tun?"

Auch wenn ich nicht gern ein Versprechen erzwinge, nicke ich. „Mehr müssen Sie nicht tun."

„Verstehe. Und was sollte mich daran hindern, Jane von Ihrem intriganten Plan zu erzählen?" fragt er und dreht den Spieß einfach um.

Mir rutscht das Herz in die Hose, als mir klar wird, dass ich zu viel preisgegeben habe. Jetzt kann ihn nichts mehr aufhalten. Jetzt wird er Jane alles verraten, und ich werde gefeuert. Nachdem wir uns nun gegenseitig unsere Vernichtung angedroht haben, schaue ich ihn an. Ich stelle mir alle möglichen Alternativen vor und frage mich, welche mir am Besten gefallen würde. Aus einer Firma rauszufliegen, die ich offenbar freiwillig nicht verlassen kann, ist keine Tragödie. Ich lächle unbekümmert. Man sollte niemals einen juckenden Finger auf den Auslöser einer Bombe legen.

„Das macht dann auch nichts", antworte ich. Ich habe beschlossen, keinen globalen Nuklearkrieg zu riskieren. Es wäre unsinnig, ihn noch weiter zu verärgern. Keller ist kein so wichtiger Verbündeter, wie wir geglaubt haben. Er ist so selten im Büro und arbeitet so wenig, dass der Plan auch ohne seine Hilfe und sein Wissen durchgeführt werden kann. Wir müssen einfach nur Delia an Bord holen. Delia würde nur zu gerne die Gelegenheit ergreifen, die Karriereleiter hochzuklettern, und Jane hindert sie wegen ihres jugendlichen Alters ständig daran.

„Macht nichts?" fragt er misstrauisch zurück.

„Macht nichts. Sie haben mich überlistet, also machen Sie sich keine Gedanken." Ich lächle, um ihm zu zeigen, dass ich ihm nichts nachtrage. „Es war die ganze Zeit sowieso nur reine Spekulation."

Keller tätschelt Quiks Kopf und sitzt eine Weile schweigend neben mir. Die Frau mit dem Chihuahua steht auf und ruft: „Hierher, Cookie. Mommy will gehen." Aber Cookie ist noch nicht bereit zu gehen. Auch wenn ihre Besitzerin das Samstagskreuzworträtsel gelöst hat, so heißt das noch lange nicht, dass auch Cookies Spiel beendet ist. Sie jagt einen überzüchteten schwarzen Pudel über das komplette Feld. Mit einem genervten Seufzen legt die Frau die Zeitung auf die Bank und rennt ihrem Hund hinterher. Keller und ich beobachten sie. Keiner von uns strengt sich sonderlich an, sich das Lachen zu verkneifen.

„Ich mach's", sagt Keller, als die Frau Cookie wieder an der Leine hat.

Ich bin so in die Szene vertieft, dass ich glaube, mich verhört zu haben. „Wie?"

„Ich sagte, ich mach's."

„Warum?" Ich bin auf eine totale Kapitulation nicht vorbereitet. Als ich vor einer halben Stunde meine Bitte geäußert habe, sah ich durchaus eine Chance, dass er zustimmen könnte, aber nach der Erpressung und der Gegenerpressung hatte ich alle Hoffnung fahren lassen.

Keller lächelt. „Dafür gibts drei Gründe. Erstens – es wird nicht funktionieren. Zweitens – ich habe meinen Spaß. Drittens – Delia hat was Besseres verdient."

„Sie kennen den ganzen Plan doch noch gar nicht." Ich fühle mich irgendwie angegriffen. Man sollte nicht vorschnell über Dinge urteilen, von denen man fast nichts weiß.

„Ich kann es mir aber ziemlich gut vorstellen", sagt er. „Doch das alles ist nicht der eigentliche Grund. Die ganze Zeit lang war ich nur in der Lage, Delia so auszunutzen, weil ich mir sagte, dass ich ihr einfach nur den Stuhl warm halte. Eine neue Chefredakteurin wird sie vielleicht endlich befördern, so, wie sie es verdient hat."

„Genau das habe ich auch gedacht."

„Ich weiß."

Ich starre ihn überrascht an. „Sie wissen?"

„Sie sind ziemlich leicht zu durchschauen, Vig. An Ihrem Gesichtsaudruck kann man einfach alles ablesen."

Das ist etwas, was ich noch nie zuvor gehört habe, und ich glaube auch nicht wirklich, dass es stimmt. Ich bin durchaus in der Lage, andere zu täuschen und zu überlisten. Aber nachdem er uns helfen will, beschließe ich, darauf nicht näher einzugehen.

Phase zwei

Janes Büro sieht aus wie eine Pizzeria. An den Wänden hängen jede Menge Schnappschüsse von Promis. Wo immer man hinsieht, erblickt man Jane und Brad, Jane und Meryl, Jane und Julia. Immerzu hat sie den Arm um die Schulter einer Berühmtheit gelegt und lächelt sie kumpelhaft an.

Diese Fotos empfinde ich persönlich als beunruhigend, und immer wenn ich ihr Büro betrete, wende ich den Blick ab. Ich schaue starr aus dem Fenster, auf die Lichter der Radio City Music Hall, weg von dem unverhüllten Narzissmus, der ihre Wände schmückt. Jane ist wie eines dieser unehelichen Kinder in Seifenopern, die an einem bestimmten Abend plötzlich auftauchen und behaupten, die illegitime Tochter eines reichen Barons zu sein. Sie ist eine ehrgeizige Aufsteigerin. Sie will eine von den Schönen und Reichen sein. Sie will sehen und gesehen werden. Sie fände es toll, wenn jeder ihrer Schritte von Fotografen verfolgt würde. Sie möchte ihren Kopf wegdrehen, weil wieder mal rabiate Paparazzi hinter ihr her sind.

„Was, was, was!" schreit sie verärgert, als ich eintrete und mich ihrem Schreibtisch nähere.

Es ist noch nicht mal halb zwölf, aber Janes Laune befindet sich bereits auf dem Tiefpunkt. Ihr Morgen hat mit einem Telefonanruf von Marguerite begonnen, die ihr nur mitteilen wollte, dass die private Cessna von Bangor aus ein wenig Verspätung haben würde. Fürst Rainier von Monaco hätte ein wichtiges Geschäftstreffen in Washington D. C. und müsse als Erster abgesetzt werden. Marguerite, der nichts anderes übrig blieb, als sich dem fürstlichen Willen zu beugen, versprach, später am Nachmittag zu kommen. Das ist keine Neuigkeit, die Jane den Morgen versüßt. Von der Zufriedenheit, die sie das ganze Wochenende über verspürt hat, ist nichts mehr übrig. Jane ist sauer. Nichts hasst sie mehr, als wenn ihr Plan, die Pläne anderer zu durchkreuzen, durchkreuzt wird.

„Was, was, was!" ruft sie erneut, fest entschlossen, ihre miese Laune an jedem auszulassen, der den Fehler begeht, ihr Büro zu betreten.

„Ich habe die Schlagzeilen für das Novembercover", erkläre ich, obwohl sie natürlich genau weiß, warum ich hier bin. Jane lässt niemanden zu sich, bevor er nicht bei der Sekretärin den konkreten Grund angegeben hat.

„Na gut, na gut. Zeigen Sie sie her." Sie wedelt mit ihrem Stift in der Luft herum wie ein verrückt gewordener Zeichenkünstler.

Ich umklammere meine Unterlagen fester und nähere mich ihrem Tisch. Meine Handflächen sind ein wenig feucht, mein Herz schlägt viel zu schnell. Das ist es also. Nun, wo Jane sich wegen Marguerites Aufenthalt in Maine auf dem Kriegspfad befindet, gibt es keinen besseren Augenblick, zuzuschlagen.

Ich habe verschiedene Mappen in der Hand, als ob ich gerade auf dem Weg von einem Meeting zum nächsten wäre. Ich lege alle vor sie auf den Tisch und schlage die erste auf. „Hier sind sie", sage ich mit heiserer Stimme. Ich mache mir keine Sorgen darüber, dass Jane irgendetwas merken könnte. Ihre Beobachtungsgabe beschränkt sich nur auf sich selbst. Ich huste und versuche es nochmal. „Diese Seite hier."

Jane nimmt das Papier heraus. Sie wird ein riesiges Theater machen, es sorgsam durchlesen und jede einzelne Schlagzeile überdenken, aber nichts davon wird bei ihr einen bleibenden Eindruck hinterlassen. Nichts davon wird ihr gleichgültiges Hirn erreichen, und in ein oder zwei Wochen wird sie mich in ihr Büro rufen und mich dafür tadeln, dass ich ihr die Schlagzeilen nicht gezeigt hätte. Das ist eine völlig unsinnige Routine, eine, die ich bestimmt nicht vermissen werde, wenn Marguerite erst mal das Sagen hat.

Nachdem sie ein paar Mal vor sich hin gezischt hat, nickt sie herablassend mit dem Kopf. Ich sammle die ganzen Ordner wieder auf, erwische sie aber nicht richtig, und der Inhalt der untersten Mappe fällt auf Janes Tisch.

Jane starrt mich wütend an. „Wie ungeschickt Sie sind", sagt sie.

„Tut mir Leid", behaupte ich und sammle die Papiere ein. Ich lasse die Kurzmitteilung für Marguerite liegen. Sie liegt direkt unter Janes Nase, und früher oder später wird ihr Blick auf den Namen ihrer größten Widersacherin fallen. Ich bewege mich sehr langsam, um ihr mehr Zeit zu geben.

„Was ist das?" Endlich hat sie den Köder geschluckt.

„Nur eine Kurzmitteilung."

„Werden Sie nicht frech. Ich kann selbst sehen, dass das eine Kurzmitteilung ist, schließlich steht in fetten schwarzen Buchstaben Kurzmitteilung drauf." Sie setzt ihre Brille auf und liest eilig den Text durch. „Was ist das für eine Ausstellung ‚Vergoldung der Lilie'?"

„Oh, das ist gar nichts", antworte ich ausweichend. „Nur etwas, was ich für Marguerite recherchieren soll."

Jane nickt und kräuselt die Lippen. „Weshalb?"

„Weshalb?"

„Weshalb hat sie Sie darum gebeten?"

„Das müssen Sie sie schon selbst fragen", sage ich, in der Hoffnung, dass sie nichts dergleichen tun wird.

„Ich frage Sie. Warum will Marguerite etwas über diese Ausstellung erfahren?"

„Ich weiß es nicht. Ich glaube, sie hat etwas in der Richtung gesagt, dass *Fashionista* sie vielleicht sponsern könnte", sage ich zögernd. „Sie ist der Meinung, dass wir unseren Namen mehr in der Öffentlichkeit präsentieren müssen."

„Ist sie das?"

„Ja, wenn ich mich recht erinnere, sagte sie, dass unser Name überall stehen sollte, wo Prominente sich fotografieren lassen."

„Tatsächlich?"

„Sie sagte, das würde die Verkäufe in die Höhe treiben und den Verleger beeindrucken."

„Sie versucht also, den Verleger zu beeindrucken, wie?" Jane flüstert beinahe.

„Das weiß ich nicht." Ich beobachte sie genau. Ich kann sehen, wie es in ihrem Kopf arbeitet, und ich weiß ziemlich genau, was sie jetzt denkt. Nach fünf Jahren ist sie für mich im Grunde ein offenes Buch.

„Das ist alles, Vig!" Mit diesen Worten bin ich entlassen. Als ich mich nicht rühre, wirft sie mir einen bösen Blick zu. „Was, was, was!"

„Die Kurzmitteilung." Ich strecke meine Hand aus.

Es sieht so aus, als wolle sie mir das Papier nicht zurückgeben. „Damit werden Sie doch nur von Ihrer Arbeit abgelenkt", sagt sie, knüllt die Kurzmitteilung zusammen, wirft sie in den Papierkorb und wendet sich ostentativ dem Stapel Arbeit vor ihr zu.

Ich verlasse das Büro.

Phase zwei ist vollendet.

Eine Idee konkretisiert sich

Jackie ist sauer, weil sie bei der Abschlussprüfung in die Defensive getrieben worden ist.

„Das war eine so schreckliche, fürchterliche, entsetzliche Erfahrung, dass ich darüber nicht sprechen will", sagt sie. Wir sitzen an einem Tisch und essen jede ein Sandwich mit Cornedbeef.

Ich würde nur zu gerne über Filme oder Wochenendpläne sprechen, aber daraus wird nichts. Sie kommt gerade frisch vom Schlachtfeld und will ihre Wunden zeigen.

„Es war einfach vernichtend. Die haben mir immerzu die gleichen Fragen gestellt, haben nur die Worte geändert, und ich sagte immer wieder: ‚Nein, ich weiß nichts über den Zusammenhang des Marxismus und der Schlaghosen', ‚Nein, ich verstehe nicht, was die Hush Puppies mit dem Wert des japanischen Yen zu tun haben'. ‚Nein, ich habe die ökonomische Auswirkung des *Triangle Shirtwaist Feuers* 1911 nicht analysiert'. Was hat das alles denn mit Geld zu tun?" Sie seufzt schwer und beugt den Kopf, als ob sie die ganze Tortur noch einmal durchleben müsste. „Gott, wie die mir immer wieder dieselben Fragen gestellt haben – das war brutal." Sie ist offenbar der Meinung, dass die Prüfer eine für Kriegsgefangene entwickelte Verhörtechnik anwandten, und nicht einfach nur versucht haben ihr zu zeigen, dass sie die Antwort doch eigentlich weiß.

Jackie ist die einzige Doktorandin bei *Fashionista*. Jane findet es toll, eine völlig überqualifizierte Assistentin zu haben. Für sie ist das so, als ob ihr der Sieger der Westminster Hundeausstellung morgens die Zeitung vor die Haustür bringt. Jackies ursprünglicher Plan war, sich mal die Hände schmutzig zu machen, während sie auf eine akademische Position wartet, aber jetzt ist sie sich nicht mehr sicher. Jetzt dankt sie den Göttern dafür, dass sie überhaupt einen Job hat, und zwar einen, der mit ihren grausamen Peinigern so gut wie nichts zu tun hat.

Jane natürlich ist ganz angetan von der Vorstellung, dass Jackie bleiben könnte. Wenn sie keine promovierende Assistentin mehr hätte, könnte sie auch nicht mehr damit angeben. „Sie sagt, dass ich hier eine Zukunft hätte."

Natürlich hat Jackie eine Zukunft, aber die Dinge bewegen sich bei *Fashionista* sehr langsam, und Jackie wird erst mal eine Menge einstecken müssen, bevor sie sich auf einen Karriereschub gefasst machen kann. Ich schlürfe den letzten Tropfen meiner Cola aus. „Ich nehme noch eine", rufe ich und winke mit der leeren Coladose. „Willst du noch was?"

Sie nickt und zieht einen Dollar aus der Tasche. „Einen Bazooka."

„Ich lad dich ein", entgegne ich gütig. „Betrachte es als Abschlussprüfungsgeschenk."

„Danke." Sie lächelt und schiebt den Dollarschein über den Tisch. „Dann hätte ich hierfür gerne vier Quarters."

Ich seufze und nehme das Geld. Ich bin ja selbst schuld. Jackie braucht die Quarters nicht etwa, weil sie zur Reinigung muss, sie braucht sie auch nicht für die Parkuhr. Nein, sie sammelt Kleingeld. Das tut sie, weil sie in der *Oprah-Winfrey-Show* einmal gehört hat, dass man, wenn man alle Münzen aufhebt, im Monat fünfzig Dollar sparen kann. Sie hat sich diesen Rat zu Herzen genommen und jagt nun permanent Kleingeld hinterher. Manchmal, wenn sie sich unbeobachtet fühlt, zählt sie an ihrem Tisch die Cent-Stücke nach. Sie trägt Cargohosen, in deren Taschen sie so viel Münzen gestopft hat, dass sie wie jemand von der Heilsarmee klingt. Dieses Geklimper ist zugleich auch ein Frühwarnsystem, und meistens gelingt es einem, sich noch schnell in einem leeren Büro zu verstecken, wenn sie kommt.

Obwohl sie sich alle Mühe gibt, gemocht zu werden, ist es anstrengend, mit Jackie seine Zeit zu verbringen. Sie ist erst seit einem Jahr in New York, und sie trägt ihre teure Wohnung in Brooklyn Heights und ihr kleines Anfangsgehalt wie ein Kreuz vor sich her. Sie glaubt, dass sie viel größere Probleme hat als alle anderen, dass sie die Einzige in Manhattan ist, die zu wenig Geld hat. Doch die Wahrheit ist, dass niemand genug Geld hat, und deswegen dauert es auch nie lange, bis sie einen nervt. Sie hat so eine Art Verfolgungswahn entwickelt – sie schaut einen immerzu mit einer Mischung aus Furcht und Misstrauen an, als ob sie Marie Antoinette wäre und ihr Gegenüber ein blutrünstiger Revolutionär.

Ich stähle mich für weitere zwanzig Minuten Gerede über ihre Doktorarbeit und ihre Armut und kehre an unseren Tisch zurück. Der einzige Grund, warum ich hier bin, ist, weil Jackie Zugang zu Pieter van Kessel hat. Ihre Familie stammt aus der Modeindustrie, was auch der Grund ist, warum sie die Stelle bei *Fashionista* bekommen hat, bevor sie überhaupt frei war. Ihre Mutter, eine bekannte Designerin für Christian Dior, hatte Jane angerufen und gefragt, ob sie nicht einen Job für ihre Tochter hätte. Emily, Janes eigentliche Assistentin, die das College gerade mal mit einem Durchschnitt von 2,8 abgeschlossen hatte, wurde sofort rausgeschmissen.

„Ich habe mir überlegt, dass ich gerne ein Interview mit

van Kessel für eine der Winterausgaben machen würde."
Ich schneide das Thema sehr behutsam an und kann nur hoffen, dass ich nicht so leicht zu durchschauen bin, wie ich befürchte. Ich habe es so aussehen lassen, als ob sich unser Treffen zum Mittagessen ganz spontan ergeben hätte, als ob wir uns rein zufällig um dreizehn Uhr siebenundzwanzig vor dem Fahrstuhl getroffen hätten. In Wahrheit hatte ich mit diesem Gedanken schon stundenlang gespielt und den ganzen Vormittag lang auf das Geklimper ihres Kleingelds gewartet. Als ich es schließlich hörte, sprang ich von meinem Stuhl und sauste ihr hinterher.

„Ja?" fragt sie interessiert. „Findest du ihn gut?"

Obwohl Jackie die letzten fünf Jahre damit verbracht hat, zu analysieren, wie Kleidung die kulturelle und soziale Identität der verschiedenen Gesellschaften beeinflusst, versteht sie nicht die Bohne von Mode. Sie ist zu Pieter van Kessels Modenschau nur gegangen, weil ihre Mutter in der Stadt war, und sie hat mich nur dazu eingeladen, weil sie einen Prellbock brauchte. Ich saß zwischen den beiden Mademoiselles Guilberts und versuchte zwischen ihnen zu vermitteln, bis die Show begann. Das Licht wurde dunkler, und die Kleider, die gezeigt wurden, hielten meine Aufmerksamkeit komplett gefangen. Ich überließ es Jackie, sich selbst zu verteidigen. Während ich schwarze Ballkleider mit vielen Rüschen und silberne Blusen mit Volantärmeln vorbeiziehen sah, fauchten sich Mutter und Tochter an wie wütende Katzen. Ich beugte mich nach vorne, um ihnen mehr Raum zu geben.

„Ich glaube, er hat Potenzial", erkläre ich, denn ich will mich nicht durch zu viel Schwärmerei verraten. Noch nie zuvor war ich so begeistert von einer Geschichte, und ich habe Angst. Ich habe Angst, dass mir mein Pieter van Kessel weggenommen wird, wenn Jackie oder Jane oder die Modegötter erfahren, wie begeistert ich von ihm bin.

„Das hat Mom auch gesagt, aber ich habe das nicht so gesehen."

Das überrascht mich nicht. Sie hat nicht einen einzigen Blick auf den Laufsteg geworfen. „Deine Mom kennt sich aus. Sie ist seit Jahren in der Branche. Wie hat sie von van Kessel erfahren?" Es war eine überraschend ruhige Veranstaltung gewesen. Ein paar Modefotografen waren da gewesen, aber außer uns und einem ziemlich bekannten Kritiker von der *Times* waren keine Journalisten gekommen.

„Sein Partner war früher die rechte Hand von John Galliano. Hans hat Mom die Eintrittskarten geschickt", erläutert sie. „Das war der kleine Typ, mit dem sie nach der Modenschau gesprochen hat. Er trug einen roten Samtsmoking, und du sagtest, er sähe aus, wie Hugh Hefner. Erinnerst du dich?"

Nur wenige Menschen verlassen eins der berühmtesten Modehäuser in Paris, um mit einem Niemand in einem schäbigen Keller in der Lower East Side zu schuften. „Das war mutig."

„Mom nannte es beruflichen Selbstmord." Sie schlägt die Beine übereinander, das Kleingeld klimpert. „Es sollte kein Problem sein, ein Interview mit Peter zu bekommen. Mom hat gesagt, dass die Resonanz auf die Modenschau enttäuschend war. Er wäre vermutlich überglücklich, dass du überhaupt seinen Namen kennst."

Da bin ich mir nicht so sicher. Meiner Erfahrung nach

erwarten Designer, auch unbekannte, dass man ihren Namen kennt. Sie leben in einem hermetisch abgeriegelten Universum, in dem jeder sie kennt, von ihren Ideen begeistert ist und vor allem überglücklich, mit ihnen über ihre Arbeit sprechen zu dürfen. „Ich weiß nicht..."

„Natürlich wird er das sein." Das Thema scheint sie zu langweilen. Wir haben nun fast eine Viertelstunde nicht über sie geredet, und sie beginnt wegen der fehlenden Aufmerksamkeit langsam zu verwelken. „Ich rufe Mom an, sie soll mal mit Hans sprechen. Mach dir keine Sorgen." Sie schaut auf ihre Uhr. „Ich muss zurück. Ich muss mein Reisebüro anrufen und für Weihnachten einen Flug nach Athen buchen." Sie seufzt schwer, als ob eine Woche in Griechenland ein unangemessener Härtefall wäre. „Ich habe Mutter versprochen, das heute zu erledigen."

„Athen?" frage ich, obwohl ich bereits alles über ihre Urlaubspläne weiß. Es gibt nur wenig, was man über Jackie nicht weiß.

„Ja, Mutter möchte von Insel zu Insel. Ich würde mich ja gerne darauf freuen, aber das geht nicht. Meine Schwester, die solche Ausflüge immer noch erträglich macht, hat gerade ein Kind bekommen, deshalb fliegt sie nicht mit. Es wird also nur meine Mutter und mich und eine Menge blaues Wasser geben. Und das Schlimmste daran ist, dass Athen eine meiner Lieblingsstädte ist. Ich würde wahnsinnig gerne noch ein paar Tage dort bleiben, nachdem sie abgeflogen ist, aber das ist zu teuer. Bei meiner Miete und meinem Gehalt muss ich immer genau aufs Geld schauen. Mutter zahlt mir den Flug, doch ich müsste ja ein Zimmer und Essen bezahlen, wenn ich länger bliebe, und das würde bedeuten, dass ich eine düstere kleine Pension im schlimmsten Teil der Stadt nehmen müsste. Ich habe zwar noch einiges gespart, aber ich muss vorsichtig sein. Meine Wohnung ist nicht mietpreisgebunden oder so, und obwohl ich erst ein paar Monate da wohne, fürchte ich, dass sie die Miete nächstes Jahr erhöhen werden. Ich meine, ich bin schon so knapp bei Kasse, dass ich es mir kaum noch leisten kann, zu telefonieren. Hast du eine Ahnung, wie viel die für Gespräche innerhalb der Stadt verlangen?"

Dieses Geplapper begleitet mich über die einundfünfzigste Straße die Sixth Avenue hinunter und den Aufzug hinauf in den zweiundzwanzigsten Stock, aber ich höre nicht hin. Jackies selbstverliebter Monolog ist für mich nichts anderes als Hintergrundmusik. In meinem Kopf schreibe ich bereits einen Artikel über Pieter van Kessel.

Zu viel Dreh- und Angelpunkt

Wenn Allison sich mit ihrem Vater unterhält, dann ist das weniger ein Dialog als einfach eine Auflistung von Beschwerden.

„Der Ober kam an unseren Tisch, noch während wir das Dessert aßen, und bat uns zu gehen, weil er den Tisch bräuchte." Allison berichtet gerade von ihrem Erlebnis bei Pó, einem dieser winzigen Speiselokale im Village, wo man einen Monat im voraus reservieren muss. „Wir hatten schon zu lange dort gesessen."

Pause.

„Eineinhalb Stunden."

Pause.

„Ja, weil das Sechs-Gang-Menü sechs Gänge hatte."

Pause.

„Ich habe das genau nachgerechnet. Wir haben für jeden Gang fünfzehn Minuten gebraucht. Ich weiß nicht, wie wir schneller hätten essen können. Und nach fünf Gängen ist wohl klar, dass wir beim Dessert etwas langsamer waren."

Ich habe diese Pó-Geschichte heute schon mehrfach gehört, doch hier handelt es sich bei weitem um die kürzeste Fassung. Sie erzählt ihm nicht, was sie gegessen hat (Gurkensalat, mit Shitake-Pilzen gefüllte Ravioli, gebratenen Lachs, geschmortes Lamm, eine Auswahl an Käse und warmen Schokoladenkuchen mit Zimteis), sie erzählt ihm nicht den geschichtlichen Hintergrund des Lokals (gehörte einmal dem Fernsehsenderchef Mario Batali, der jetzt das Restaurant gegenüber ihrer Wohnung führt. Nein, es ist nicht mehr sonderlich gut. Überall sind Schnecken drin.). Ihm erzählt sie nur die Fakten. Allison dehnt die Telefongespräche mit Dad nie sonderlich lange aus. Ihre Beziehung ist eher oberflächlich, beide scheinen sich nur wegen der verstorbenen Mutter einander verpflichtet zu fühlen.

„Natürlich werde ich dem Inhaber einen Beschwerdebrief schreiben", versichert sie. Beschwerdebriefe zu schreiben nimmt einen großen Teil im Leben der Harpers ein. Ob Allison diese Dokumente tatsächlich aufsetzt und verschickt, weiß ich nicht, aber zumindest spricht sie immer wieder davon. „Ich werde eine Kopie an das *New York*-Magazin schicken."

Pause.

„Ja, ich weiß. Er war ein totaler Schwachkopf."

Das ist das Zeichen, auf das ich gewartet habe. Ich rufe Kate und Sarah an, um ihnen zu sagen, dass Allison in einer Minute aufhören wird, zu telefonieren. Das weiß ich, weil die Gespräche mit ihrem Vater immer mit einer dieser drei wesentlichen Erkenntnisse enden: Menschen sind Schwachköpfe, man kann sich nur auf sich selbst verlassen, alles ist schlimmer, als man erwartet.

„Gut. Wir sprechen uns später." Allison legt seufzend auf. Auch das war zu erwarten. Sie würde lieber nicht mit ihrem Dad sprechen. Denn danach vermisst sie ihre Mom nur noch mehr. Bevor sie den Hörer abnehmen kann, um Libby oder Greta oder Carly anzurufen und ihnen zu erklären, dass sie emotional eine Vollwaise ist, strecke ich meinen Kopf über die Pappwand.

„Meeting", sage ich.

Allison schaut überrascht zu mir hoch, sie wundert sich über mein gutes Timing. Es fällt ihr nicht im Traum ein, dass ich jedes einzelne Wort hören kann, jeden Ton, den sie von sich gibt, jede Schublade, die sie öffnet, jedes Klicken ihres Tackers. „Gut. Ich sag nur schnell den anderen Bescheid."

„Ich habe Kate und Sarah schon angerufen. Sie werden jede Minute hier sein."

Sie schaut mich einen Moment scharf an; dann wirft sie einen Blick auf ihr Telefon. Sie scheint sich zu fragen, ob eine Minute ausreichen würde, um mit jemandem über ihren Daddy zu sprechen.

„Hallo, ihr", ruft Kate eifrig, als sie hereinkommt. „Was gibt's?"

„Zwischenbericht", erkläre ich und versuche, ein Grinsen zu unterdrücken. Dieses Gefühl, etwas erreicht zu haben, einen guten Job gemacht zu haben, ist für mich merkwürdig neu, und ich möchte es völlig auskosten.

Allison starrt mich an. „Du hast Fortschritte gemacht?"

„Genau das will ich euch erzählen."

„Was willst du uns erzählen?" fragt Sarah, als sie mit einem Eiskaffee in der einen und einer Tüte Biskuits in der anderen auftaucht.

„Die Fortschritte", sage ich.

„Großartig, lasst uns auf der Toilette darüber sprechen." Allisons Angst, belauscht zu werden, beschränkt sich offenbar nur auf Verschwörungen gegen Chefredakteure. Heute trägt sie einen wunderschönen Faltenrock, Riemchensandalen und ein klassisch schwarzes T-Shirt mit V-Ausschnitt, aber trotzdem sieht sie irgendwie ungepflegt aus. Die Klamotten waren teuer, selbst wenn sie alles im Kaufhaus von der Stange hätte – obwohl ich bezweifle, dass man dort so einen Rock finden würde –, kostet das Outfit auf jeden Fall einen halben Monatslohn. Das ist das Problem, wenn man bei *Fashionista* arbeitet. Man ist Sklavin seiner Garderobe.

Der Weg zu den Toiletten auf der anderen Seite des Gebäudes ist weit, und Allison füllt die Zeit mit einer weiteren Darstellung ihres Pó-Abendessens. Dieses Mal ergeht sie sich in den Details darüber, wie die mit Shitake-Pilzen gefüllten Ravioli serviert wurden. Eigentlich will sie ja die Leute davon abhalten, in diesem Restaurant zu speisen, aber aus ihrer Hetzrede wird mit einem Mal pure Werbung. Als wir endlich angekommen sind, ist mein Mund ganz wässrig, also bitte ich Sarah um ein Biskuit.

Ich finde es komisch, auf der Toilette zu essen, auch wenn es hier Ledersofas und flauschige Teppiche gibt. Ich nage an dem Keks und versuche, ihn zu genießen. Sarah ist völlig entspannt. Sie wirkt wie eine Frau, die regelmäßig Mittagspausen in luxuriös ausgestatteten Toiletten verbringt.

Allison schaut hinter den Türen nach, ob auch niemand da ist, bevor sie das Thema anspricht, das ihr so am Herzen liegt.

„Erzähl uns alles. Wird Keller uns helfen?"

Ich nicke. „Er sagte, dass er die ‚Vergoldung der Lilie' in den Veranstaltungskalender für November aufnehmen wird."

Kate sieht mich an. „War es sehr schwer, ihn dazu zu überreden?"

„Er war zuerst ein wenig dickköpfig, aber dann hat er zugestimmt."

„Wie hast du ihn denn überzeugt?"

„Ich habe ihn daran erinnert, dass er mir noch einen Gefallen schuldet, weil ich das Leben seiner Schwester von Grund auf verändert habe", erkläre ich, denn es ist nicht nötig, ihnen die Wahrheit zu sagen. Kellers Doppelleben ist ein Geheimnis, das ich nicht verraten werde.

Sarah hebt die Augenbrauen. „Und das hat funktioniert?"

Allison wirft ihr einen Blick voller Abscheu zu. „Natürlich hat das funktioniert. Ich habe euch doch gesagt, dass er ihr noch einen Gefallen schuldig ist. Deswegen ist sie doch der Dreh- und Angelpunkt." Allison wendet sich zu mir um. "Hervorragend. Nun zur nächsten Phase. Was wir nun tun müssen ..."

"Habe ich bereits getan."

Allison ist schockiert. "Was?"

"Heute Morgen bin ich zu Jane ins Büro gegangen, um ihr die Schlagzeilen für das Novembercover zu zeigen. Dabei habe ich aus Versehen eine Kurzmitteilung über die Ausstellung fallen lassen", erkläre ich. "Jane war ganz versessen auf die Notiz. Sie hat sie mir nicht mal zurückgegeben. Sie hat den Zettel in den Papierkorb geworfen, aber sie hat ihn bestimmt wieder rausgefischt, nachdem ich ihr Büro verlassen habe."

Sarah schüttelt mir kichernd die Hand. "Ich kann nicht glauben, dass wir das tatsächlich tun."

Kate ist ähnlich bewegt und lässt sich auf die Couch fallen, um sich eine Zukunft ohne Jane auszumalen. Nur Allison ist nicht erfreut.

"Du hast einen Beweis zurückgelassen?" fragt sie kühl.

So hatte ich das noch gar nicht gesehen. "Ich fürchte ja. Aber es handelt sich nur um eine inoffizielle Notiz. Und nur mein Name steht drauf."

Sie nickt langsam. Ich habe das Gefühl, als ob ich vor Gericht stünde. "Und du hast die Notiz geschrieben?"

"Das habe ich. Ich habe aber alles, was ihr bei unserem ersten Treffen gesagt habt, reingeschrieben", versuche ich sie zu beruhigen. Auch wenn wir ein Mode- und Lifestyle-Magazin sind, so gehören wir doch einem der größten Verlagshäuser des Landes an und sind in seine Arbeitsabläufe eingebunden. Projektleitung ist hier noch immer ein ganz bedeutungsvolles Thema. „Ich habe es zwar geschrieben, aber im Grunde waren es eure Worte. Ich kann dir eine Kopie zeigen, wenn du willst."

Weil sie nicht zu kleinlich wirken will, versichert sie mir, dass das nicht nötig sei. „Ich finde nur, dass du vorher mit mir darüber hättest sprechen sollen. Ich mag es einfach nicht, wenn ich übergangen werde."

„Als ich hörte, dass Jane total sauer war, weil Marguerite das Wochenende in Maine mit einem Fürsten verbracht hat, beschloss ich zuzuschlagen, solange das Eisen noch heiß war." Ich sehe ihr in die Augen. „Ich habe dich nicht absichtlich übergangen."

Allison gelingt es, zu lächeln. „Gut, es sollte einfach nicht noch mal vorkommen. Wir hatten versprochen, als Team zusammenzuarbeiten. Wir stecken da alle zusammen drin", sagt sie, aber was sie in Wirklichkeit meint ist, dass sie alle zusammen drinstecken und ich nur dazugeholt wurde, weil es nicht anders ging. Ich bin der Dreh- und Angelpunkt.

Aber das ist das Problem mit uns Dreh- und Angelpunkten. Wir wollen uns lieber frei bewegen.

Das Brautjungfernmanöver

Laurel Vega hat eine Idee für eine neue Zeitschrift.

„Ich möchte sie *Scheidung* nennen", sagt sie und zeigt Christine das Musterexemplar. Auf dem Cover ist ein Schwarzweißfoto von Elizabeth Taylor in dem Kleid zu sehen, das sie bei der Hochzeit mit Conrad Hilton Junior getragen hat. Die Schlagzeilen sind in Pink und lauten: „Was Sie anziehen sollten, um ihn finanziell auszuziehen" oder „Probleme beim Scheidungsanwalt" und „Die schönsten Scheidungsreiseziele".

Laurel ist Dan Neubergs Assistentin. Dan ist der Verlagsleiter unserer Zeitschrift, den wir natürlich so gut wie nie zu sehen bekommen. Aber Laurel besucht uns oft, sie findet die reine Verwaltungstätigkeit langweilig. Sie sehnt sich nach einer redaktionellen Aufgabe.

„Die Idee ist, Frauen alle Informationen darüber zu bieten, wie sie eine gute Scheidung hinkriegen", fährt sie fort. „Eine Zeitschrift nur für sie. Und da geht es nicht nur um die schicksten Klamotten, die man vor Gericht tragen kann – obwohl wir natürlich in jeder Ausgabe eine Modestrecke haben werden –, sondern auch um die besten Anwälte und die besten Eheverträge und die schönste Art, die neue Freiheit zu feiern." Sie zieht eine Grafik hervor, die sie mit PowerPoint erstellt hat, und zeigt mit ihrem Stift, dass die steigenden Scheidungsraten ihr Recht geben. Christine bekommt das komplette Programm zu hören, so wie jeder andere auch. Wie ein Straßenkünstler kann Laurel ihre Präsentation in gerade mal drei Sekunden aufbauen. „Die Hälfte aller Ehen werden geschieden. Diese Frauen brauchen Rat: Worauf muss ich achten, wenn ich einen Privatdetektiv engagiere? Wie viel vom Vermögen gehört mir? Wie sag ich's den Kindern? Ich weiß, was du jetzt befürchtest. Dass diese Themen die Anzeigenkunden verschrecken würden. Aber denk mal darüber nach. Die Zielgruppe wären frisch geschiedene arbeitende Frauen der Mittelklasse, die Unterhalt bekommen. Und was bedeutet das?"

Christine hat keine Ahnung, was das bedeutet, und blickt mich flehend an. Ich habe die Präsentation der Zeitschrift *Scheidung* schon hinter mir und kenne die Antwort.

„Verfügbares Einkommen", rufe ich von hinten.

Bisher war Laurel nicht aufgefallen, dass sie mehr als nur eine Zuhörerin hat. Sie lächelt mich breit an, um mich in ihre Vorführung einzubeziehen.

„Genau. Verfügbares Einkommen. Frauen, die genug Geld haben, um teure Sachen zu kaufen und sich luxuriöse Urlaube auf Bali leisten zu können. Aber das ist noch nicht alles. Was bedeutet es noch?"

Christine schaut wieder zu mir, aber ich zucke mit den Schultern. Dieser Teil der Präsentation ist neu, und ich bin genauso ahnungslos wie sie.

„Neue Häuser und neue Wohnungen. *Ladies and Gentlemen*, bei den Leserinnen handelt es sich um Frauen, die ihr Leben komplett neu beginnen", erklärt sie und verbeugt sich, als ob sie auf einer Bühne stehe und nicht in einem Büro. „Die alten Immobilien wurden verkauft, den Erlös hat man sich geteilt. Nun ist es an der Zeit, sich Neues anzuschaffen. Waschmaschinen und Trockner und Stereoanlagen und Sofas und Fernseher. *Ladies and Gentlemen*, diese Zeitschrift wird sich millionenfach verkaufen und Millionen Dollar einbringen. Danke für Ihre Aufmerksamkeit", sagt sie und verbeugt sich erneut.

Christines gute Erziehung nötigt sie, zu klatschen. Sie versteht zwar nicht ganz genau, um was es eigentlich geht, aber es war unterhaltsam und verdient Beifall. Laurels Scheidungszeitschriftenpräsentation ist eine Art Kunstwerk, und wenn die richtigen Leute es zu sehen bekämen, würde man ihr zweifellos eine One-Woman-Show auf dem Broadway anbieten.

„Danke", sagt sie noch mal.

„Was gibt's?" frage ich sie, als mir klar wird, dass es noch einen Grund für ihre Anwesenheit geben muss. Christine die Zeitschrift vorzustellen war eher ein zusätzliches freiwilliges Angebot.

„Nichts Besonderes. Ich bringe nur das hier für Marguerite vorbei", entgegnet sie und nimmt den Kleidersack, den sie auf Christines Tisch gelegt hatte. „Wisst ihr, welches ihr Büro ist? Ich war zuerst in Eleanors ehemaligem, aber das ist jetzt ein Materialzimmer."

„Unsere neue Redaktionsleiterin sitzt in dem winzigen Büro neben dem Fahrstuhl. Sie hat einen großen silbernen Stern vor die Tür gehängt, du kannst es nicht verfehlen", sage ich.

„Einen silbernen Stern? Wir benutzen Namensschilder."

„Aus irgendeinem Grund ist das bis jetzt noch nicht zu ihr durchgedrungen", behaupte ich, als ob ich das auch nicht verstehen könne.

„Vielleicht werde ich sie mal drauf hinweisen." Es ist überhaupt nicht ihre Aufgabe, sich in unsere Abläufe einzumischen, aber Laurel macht sich gerne nützlich.

„Was ist denn in der Tasche?" frage ich.

„Ein altes Brautjungfernkleid von Tisha."

„Tisha?" Christine ordnet ihre Akten, lauscht aber mit einem Ohr unserem Gespräch.

„Das ist Dans älteste Tochter." Laurel öffnet den Reißverschluss und zeigt uns, was Tisha bei der Hochzeit ihrer Cousine Judy hatte tragen müssen: ein champagnerfarbenes Kleid mit einem geraden Ausschnitt, der für Frauen mit größeren Brüsten immer total unvorteilhaft ist. Tischa trägt Doppel-D und muss in diesem Kleid ausgesehen haben wie die französischen Alpen. „Marguerite sagte, dass sie einen Artikel über Brautjungfernkleider machen will, und fragte Dan, ob eine seiner Töchter vielleicht gerne ein Cocktailkleid von Donna Karan haben würde. Tisha ist total ausgeflippt, als sie hörte, dass sie ein Einzelstück einer berühmten Designerin bekommen soll."

„Wer wäre das nicht?" Christine hat ein hämisches Grinsen auf den Lippen, das gar nicht zu ihr passt. Auch wenn sie normalerweise alles sehr ernst nimmt, so findet sie Janes Bemühungen offenbar ungeheuer komisch.

„Ich weiß. Genau das habe ich auch gedacht. Ich hätte auch gerne ein Kleid zur Verfügung gestellt, aber ich war nie eine Brautjungfer", gesteht sie. „Ich habe mir sogar überlegt, schnell ein ganz abscheuliches, runtergesetztes Kleid zu kaufen, aber dann habe ich mich gerade noch zurückhalten können." Als ihr klar wird, dass sie sich viel zu lange bei uns aufhält, richtet sie sich auf. „Ich muss los. Die Tür mit dem silbernen Stern?"

„So ist es. Die Tür mit dem silbernen Stern", antworte ich, obwohl ich der Meinung bin, dass Marguerite für diesen Schachzug einen goldenen verdient hätte.

Christine lacht und wendet sich wieder ihrem Aktenschrank zu.

Der Faktotumangriff

Marguerite teilt sich ihre Assistentin mit vier anderen. Wenn Kylie nicht gerade Telefonate für Tom erledigt oder Notizen für Nora tippt oder Mittagessen für Pat bestellt, dann steht sie Marguerite zur Verfügung. Das ist selten der Fall, weshalb man Marguerite oft selbst freundlich lächelnd am Kopierer stehen sieht.

Die vorherige Redaktionsleiterin hatte eine eigene Assistentin, doch als Jane erfuhr, wer die neue sein würde, hat sie Cameron rausgeschmissen und die Position gestrichen. Innerhalb von Sekunden begannen Reinigungskräfte das Büroabteil abzubauen und Unterlagen wegzuwerfen. Das Einzige, was von Camerons Existenz übrig blieb, waren ein paar Streifen auf dem Boden, die den ehemaligen Umriss ihres Büros andeuteten. Diese Streifen sind für Jane eine ständige Ermahnung. Sie sind wie Blutspuren, ein Beweis ihres Verbrechens – und sie hat mit wenig Erfolg den kompletten Teppich reinigen lassen, um diese Spuren zu entfernen.

Nachdem sie Marguerite das gute Recht auf eine eigene Assistentin abgesprochen hat, kostet sie ihren Triumph nun aus, indem sie bei Konferenzen bergeweise Arbeit an Marguerite delegiert, mit der Anmerkung, sie solle das doch an ihre Assistentin weitergeben. Marguerite macht dann immer eine abwehrende Handbewegung, als ob ihr das gar nichts ausmachen würde, aber natürlich merkt sie, wie ihre Position ständig herabgemindert wird.

„Und zum Schluss die Geschichte mit den Brautjungfernkleidern. Ich möchte nur mit den besten Designern zusammenarbeiten. Ich stelle mir topmodische Entwürfe vor, die wir überall in der Stadt fotografieren können – an der Anlegestelle der Staten-Island-Fähre oder vor dem Flatiron-Gebäude. Ich möchte mit den Models nach draußen gehen, keine Studioaufnahmen", verkündet Jane, als ob die Geschichte ihre Idee gewesen wäre, als ob sie ihr nicht von ihrer bittersten Rivalin aufgezwungen worden wäre. „Jackie, rufen Sie die Modelagenturen an. Wir können zwar unsere Leserinnen Fotos einschicken lassen, aber wir nehmen richtige Models für die Fotos. Jackie, lassen Sie T-Shirts mit dem Logo von *Fashionista* drucken und schicken sie die an die ersten einhundert Teilnehmerinnen. Das sollte sie zufrieden stellen. Sonst noch was?" Ihr Blick schießt wieder zu der Fremden, die neben Marguerite sitzt.

Jane ist nicht die Einzige, die den Blick nicht lange von ihr nehmen kann, doch sie ist die Einzige, die dabei nervös ist. Bundfaltenhosen, bequeme Schuhe, Bluse mit Puffärmeln, dem Alter entsprechende Pölsterchen um die Körpermitte – das sind nicht gerade die Merkmale einer Fashionista. Jane befürchtet, dass sie aus der höheren Chefetage des Konzerns kommt. Das ist auch der einzige Grund dafür, dass sie „Sonst noch was?" fragt, anstatt wie üblich ihren letzten Satz beim Rausgehen zu Ende zu sprechen. Sie will der Fremden gegenüber ihren Führungsstil als motivierend darstellen.

„Ja", meldet sich Marguerite. „Ich würde den Mitarbeitern gerne mein persönliches Faktotum Mrs. Beverly vorstellen."

„Ihr Faktotum?" Jane spuckt die Worte geradezu aus, als ob sie ein unbekanntes Gericht probiert und für widerlich befunden hätte. „Ihr persönliches Faktotum?" An der Art, wie sie das Wort wiederholt, ist klar zu erkennen, dass sie nicht weiß, was es bedeutet. Keine von uns weiß das.

„Sie wird mir bei allem helfen, was anfällt", erklärt Margerite mit einem Glitzern in den Augen. Sie weiß, dass Jane keine Ahnung hat, was ein Faktotum ist.

Jane blickt sie verächtlich an. „Sie meinen Assistentin."

„Nein, Kylie ist meine Assistentin ..." Sie sucht Kylie mit dem Blick. „Und sie erledigt ihre Aufgabe hervorragend. Mrs. Beverly ist mein Faktotum."

„Hmmmm, das muss so eine komische australische Sache sein", sagt Jane gedehnt, obwohl sie noch immer nicht ahnt, worum es sich handelt. „Ich bin mir sicher, dass die Aboriginies so was haben, aber wir sind hier in New York. Wir sind kein Dritte-Welt-Außenposten irgendwo am Ende der Welt."

„Genau genommen ist das momentan ziemlich *de rigueur*", entgegnet Marguerite, noch weniger von Janes Beleidigungen getroffen als sonst. „Der Designer Terance Conran und der Architekt Philip Johnson haben beide ein Faktotum."

Jane sieht aus, als würde sie loskreischen, wenn sie dieses Wort nur noch ein Mal hören muss. „Tut mir Leid. In unser Budget passt Ihr Fak ... ihre Assistentin einfach nicht mehr rein."

„Aber Sie brauchen sich doch nicht zu entschuldigen", ruft Marguerite mit übertriebener Großzügigkeit. „Wie ich sagte ist Mrs. Beverly mein *persönliches* Faktotum. Ich zahle ihr Gehalt aus meiner eigenen Tasche."

„Ach so." Jane tut so, als ob sie verstehen würde. Aber

sie versteht nicht. Sie kann sich nicht vorstellen, für so etwas selbst zu zahlen – überhaupt für etwas selbst zu zahlen, um genau zu sein. Es folgt eine lange Pause, in der Jane sich eine neue Taktik überlegt. Sie braucht eine Weile, um eine Strategie zu finden, die nichts mit Geld zu tun hat. „Dann ist es zu schade, dass wir keinen Platz für Sie haben." Sie versucht, Mrs. Beverly einen mitfühlenden Blick zuzuwerfen, aber er wirkt nur blasiert und überheblich.

Marguerite lächelt. „Wir haben genug Platz. Ich weiß genau, wo."

„Dort hat es nie ein Büro gegeben", entfährt es Jane.

„Wie bitte?" Marguerite zieht die Augenbrauen zusammen.

Jane hat sich wieder gefasst und sagt: „Ich meine, Sie wissen genau, wo?"

„Ja, in dem Korridor beim Frachtaufzug."

Jane schüttelt den Kopf. „Daraus können wir kein Büro machen. Ihre Assistentin würde den Notausgang versperren."

Marguerite zerrt ein Stück Papier aus der Tasche, schiebt es Jane zu und wartet.

Jane nimmt es in die Hand und wirft kaum einen Blick darauf. „Was ist das?"

„Ein Schreiben der Feuerwehr von New York City. Darin steht, dass ein Büro im nördlichen Korridor beim Frachtaufzug im zweiundzwanzigsten Stockwerk des *Ivy Publishing*-Gebäudes keine Gefahr darstellt."

„Verstehe. Nun, das müssen wir noch mit der Hausverwaltung ..." Sie bricht ab, als Marguerite ihr ein anderes Papier unter die Nase hält. Dieses Mal tut Jane nicht mal mehr so, als würde sie es anschauen. Sie weiß bereits, was darauf steht.

„Ich habe alles mit der Hausverwaltung, dem Personalbüro und den Anwälten abgeklärt", sagt Marguerite ruhig, während sie ein Papier nach dem anderen aus der Tasche zieht. „Ich habe es sogar mit dem Reinigungspersonal abgesprochen. Mir wurde versichert, dass es kein Problem ist, einen weiteren Papierkorb zu leeren. Das Büro werde ich natürlich auf meine eigenen Kosten einrichten lassen."

Janes Verstand arbeitet nun so fieberhaft an ihrem nächsten Schritt, dass man fast sehen kann, wie Qualm aus ihren Ohren kommt. Doch im Augenblick kann sie einfach nichts tun. Marguerite hat sie in die Ecke gedrängt, und die einzige Möglichkeit, da wieder rauszukommen ist, die Konferenz zu beenden. „Das ist dann alles", ruft sie und erhebt sich steif. *Das war nur eine Schlacht,* redet sie sich vermutlich ein, als sie zur Tür geht. *Nur eine Schlacht, aber der Krieg ist noch lange nicht entschieden.* Sie überlegt sich bereits, was sie als Nächstes tun kann.

Wenn wir morgen früh ins Büro kommen, hat sie vermutlich schon einen eigenen Butler engagiert.

Das Leben wird immer dümmer

Dot ist der Meinung, dass man viel über einen Menschen erfahren kann, wenn man weiß, was er mit seinen Fenstern macht.

„Kaufen Sie erst Gardinen, nachdem Sie das hier gelesen haben!" ruft sie und winkt mich mit einer eifrigen Handbewegung in ihr Büro.

Weil ich nicht vorhabe, Gardinen zu kaufen und sie mir auch nichts zu lesen gibt, stimme ich eilfertig zu. „Genau." Ich nehme einen Stapel Zeitschriften vom Stuhl, lege ihn auf den Boden und setze mich.

Dot lächelt. „Das ist eine Idee für eine neue Wohnserie – wir werden jeden Monat ein Wohndetail hervorheben und drei oder vier Promis fragen, was sie bevorzugen. Zuerst: Gardinen. Warum einen beigefarbenen Volant? Leinen oder Chintz? Was halten Sie von Plastikjalousien? So was in der Art." Sie schiebt einen Ordner über den Tisch. „Ich habe ein paar Vorschläge aufgeschrieben. Und hier ist die Nummer von Perky Collins."

Ich kenne keine Perky. „Perky Collins?"

„Ja, das ist diese fabelhafte Moderatorin von *Perky's Paradise*, eine sehr erfolgreiche Haus- und Gartensendung", erklärt sie in einem Ton, als ob man den Namen Perky Collins unbedingt kennen müsse. Muss man nicht. Eine erfolgreiche Haus- und Gartensendung hat immer noch wenige Zuschauer. Ich schätze mal zwölf. „Sie ist eine sehr angesehene, attraktive Wissenschaftlerin, die wirklich bahnbrechende Forschungen über Farben angestellt hat. Wer Sie sind! Was Rot über Sie sagt!"

Dots Telefon klingelt, was das Ende der Konferenz bedeutet. Ich mache eine Ich-gehe-jetzt-Handbewegung, die sie nicht bemerkt, weil sie sich in der Sekunde, in der ich meinen Arm hebe, wegdreht und aus dem Fenster schaut. Also verschwinde ich unbemerkt und kehre in mein Büro zurück.

Allison ist nicht an ihrem Platz, wodurch es ungewöhnlich ruhig ist. Ich starre mein Telefon an, versuche es zum Klingeln zu bewegen, damit ich ein wenig Ablenkung bekomme. Nach etwa fünf Minuten in Trance muss ich einsehen, dass ich keine magischen Kräfte habe, und öffne Dots Ordner. Ich habe keine Lust, etwas über die neue Serie zu lesen, weil ich sowieso schon weiß, wie sie aussehen wird. Alle monatlichen Serien sehen gleich aus. Frauengerede, Stylingtipps – picke einen Star heraus und stelle ihm triviale Fragen. Welche Schönheitsprodukte würden Sie auf eine einsame Insel mitnehmen? Welcher Designer gefällt Ihnen am Besten? Moisturizer oder Nagellack: Was davon ist für Sie lebenswichtiger? Beenden Sie diese Aussage: Ich könnte nicht leben ohne mein ...

Die meisten dieser Interviews werden aus der Ferne geführt – entweder über einen Pressesprecher oder per Telefon –, aber wir lassen es immer so klingen, als ob wir mit Sean Connery in einem Boot sitzen und einer Gruppe Delfine dabei zusehen würden, wie sie ausgelassen im Wasser umhertollen. Wir täuschen Nähe und Exklusivität vor und tun so, als ob Sie das alles ohne uns niemals erfahren würden.

Als ich mich nicht mehr länger ablenken kann, öffne ich die Mappe und beginne, die Ideen für die neue Serie zu lesen. Fensterdekorationen sind nur der Anfang. Kühlschränke (Was steckt in ihnen?) und Betten (Welche sind gut für Ihre Ehe?) und Gartentipps (Wächst Ihnen Ihr Garten über den Kopf?) sollen folgen.

Rockstars und Schauspielerinnen dumme Fragen zu stellen – oder eher ihren Sprechern und Managern – ist völlig normal bei *Fashionista*. Oberflächlich und nichtssagend zu sein, das ist unsere Spezialität, das Einzige, was wirklich schwer wiegt, ist die viele Recherchearbeit. Aber ich bin ja selbst schuld. Es gibt jede Menge sinnvolle Zeitschriften, deren Redakteure wichtige, sachdienliche Fragen stellen, die einen nicht zusammenzucken lassen. Und für solche sollte man arbeiten.

Pinky

Maya benimmt sich wie eine Typhuskranke.

Sie ist sehr vorsichtig – wäscht ihre Hände regelmäßig und fasst sich nicht in die Augen –, aber trotzdem ist sie noch immer hochgradig ansteckend, und keiner weiß, wie viele Mitarbeiter sie schon infiziert hat.

„Ich glaube, keine", verteidigt sie sich. Sie sitzt auf der Couch und hat sich ein kaltes, nasses Handtuch über das rechte Auge gelegt. Das linke starrt mich an, rot und tränend.

Maya hat mich gebeten, zu ihr zu kommen. Sie möchte mit mir üben, wie man Ideen für Artikel durchsetzt, aber ich bin ein ziemlich zögerliches, wenig begeistertes Gremium. Die Lebensmittelzusätze von A bis Z langweilen mich, weshalb ich schnell das Thema wechsele.

„Du fasst doch alles an", sage ich. Korrekturlesen ist schließlich das Zentrum von allem. Jedes Layout und jeder Artikel geht durch ihre infizierten Finger und kann die Bindehautentzündung übertragen. Es ist unvermeidbar, dass sich irgendjemand anstecken wird. Deswegen wird man in der Grundschule ja auch sofort nach Hause geschickt, wenn man eine Bindehautentzündung hat.

„Ich habe dir doch gesagt, dass ich mir dauernd die Hände gewaschen habe. Ich war heute mindestens sechzig Mal auf der Toilette." Sie setzt sich auf, das Handtuch rutscht weg und entblößt ein weiteres entzündetes Auge. Dieses sieht noch schlimmer aus. Es ist so geschwollen, dass es mein Missfallen kaum sehen kann. „Ich war so oft dort, dass ich mir schon überlegte, meinen Stuhl zu holen und neben dem Waschbecken Korrektur zu lesen."

„Du hättest zu Hause bleiben sollen." Ich bin die Stimme der Vernunft. „Am Ende der Woche könnte es ein Dutzend Bindehautentzündungen geben. Und wie wirst du dich dann fühlen?"

„Ich kann es mir nicht leisten, einfach einen Tag krank zu machen. Das weißt du doch."

Das stimmt. Wenn man selbstständig ist, kann niemand einen vor sich selbst schützen. Es gibt kein soziales Netz, und man bleibt erst zu Hause, wenn man Scharlach oder Röteln hat. „Ich hoffe, dass du wenigstens zum Arzt gehst." An ihrem Blick erkenne ich, dass sie diese Möglichkeit bereits bedacht und verworfen hat. „Maya", rufe ich erbost im Namen von einem Dutzend Redakteuren, deren Augen auch bald rot und geschwollen sein werden.

Sie starrt mich mit ihren dämonischen Augen an. „Ich habe im Internet nachgesehen. Das geht von alleine wieder weg."

„Wirklich?" frage ich zweifelnd.

„Ja. Das ist eine Virusinfektion."

„Wie lange dauert das?"

Sie spielt versonnen mit ihren infizierten Fingern an den Fransen einer Decke. Sie wird also diese Decke entweder waschen oder verbrennen müssen. „Nur vier Wochen", nuschelt sie.

Die Vorstellung, dass Maya vier Wochen lang durch Manhattan spaziert und wie ein Monster aussieht, das gerade einem B-Movie entsprungen ist, bringt mich zum Lachen. „Ruf einen Arzt. Bring's doch einfach hinter dich." Maya zögert, weil ihre Krankenversicherung eine so hohe Selbstbeteiligung hat, dass sie für so was nicht aufkommt. Die zahlt nur, wenn ihr Blinddarm platzt oder ihre Nieren versagen oder sie sich beim Skifahren einen Kreuzbandriss holt. „Das kostet dich vielleicht hundert Dollar. Hundert Dollar, die dein Leiden mildern, das ist doch ein geringer Preis. Außerdem schuldest du das deinen Kollegen."

Sie murmelt ein paar Worte, die ich nicht verstehe. Kurz bin ich versucht, näher zu rutschen, aber ich will auf keinen Fall irgendetwas berühren, was sie berührt hat. „Wie bitte?"

„Meine Kollegen – ha!" ruft sie laut. „Denk doch mal drüber nach. Ich weiß nicht, wo ich mich angesteckt habe. Aber ich war doch nur im Büro."

Das stimmt nicht ganz. Heute ist erst Dienstag, und sie hatte ein ganzes Wochenende Zeit, den Virus aufzuschnappen. Ich hebe die Hand, um sie darauf hinzuweisen, aber Maya erlaubt keine Einwände.

„Ich habe das vermutlich von dort. Ich muss es von dort haben. Du machst dir nur Sorgen darüber, dass ich meine Kollegen anstecken könnte, dabei haben die mich vermutlich angesteckt. Ich könnte wetten, dass es so ist." Sie erwärmt sich für diese Theorie immer mehr. „Eine der Redakteurinnen hat ein rotes Auge, und statt sich die Hände zu waschen und sich nicht ins Auge zu fassen und zu einem Arzt zu gehen, gibt sie den Virus ohne jeglichen Respekt gegenüber dem menschlichen Leben weiter. Morgen werde ich mir die Schuldige vorknöpfen, und wenn ich mit ihr fertig bin ..." Maya macht eine Pause, hustet und sieht ein wenig verlegen aus. „Das ist komisch."

„Was?"

„Ich wusste nicht, dass ich so anfällig für Gewalt bin."

„Nun ja, Gewalt ..."

„Wenn ich mich dermaßen hineinsteigern kann, dann überleg mal, was ein leidenschaftlicher Redner und ein Dutzend wütende barfüßige Bauern mit erhobenen Heugabeln bei mir erreichen könnten." Die Vorstellung, dass sie die Erste sein könnte, die ein Streichholz an einen Heuhaufen hält, scheint sie zu beunruhigen.

„Das ist doch lächerlich."

„Tatsächlich?" Sie versucht, eine Augenbraue zu heben, aber das gelingt ihr wegen der Entzündung nicht. Eine dicke, schleimige Träne tritt aus dem Auge aus.

„Mein Gott, ich kann nicht fassen, dass sie das nicht bemerkt haben. Der Chefredakteur hätte dich sofort nach Hause schicken müssen."

Maya zuckt mit den Achseln. „Ich arbeite mit Fremden. Niemand sieht mich an. Die Hälfte von denen kennt doch nicht mal meinen Namen, obwohl er auf jedem einzelnen Blatt Papier steht, das ich korrigiert habe. Die stehen hinter mir und rufen: he, he, so lange, bis ich mich umdrehe."

„Aber trotzdem, deine Augen sind abartig rot."

„Wenn ich die Brille aufhabe, sieht man das nicht so." Sie zeigt's mir.

Der Unterschied ist minimal. So wie zwischen Supermann und Clark Kent. „Wie konnte ihnen das nicht auffallen?"

„Vig, ich könnte mit einem Buckel und Hörnern auftauchen, und keiner würde es bemerken. Ich arbeite mit Fremden", sagt sie und klingt alt und weise wie ein Schamane.

Eine Idee trägt Früchte

Pieter van Kessel ist ein großer und drahtiger Mann, der alles um sich herum überragt. Er ist wie die Kirche *Sagrada Familia* in Barcelona, und man selbst kommt sich wie eine zweistöckige Hazienda vor. Sein Gesicht ist attraktiv, wenn auch so mager, dass es fast hohl wirkt. Er hat dunkelbraune Augen, die einen unverwandt anstarren und selten blinzeln. Er trägt einen edlen Vandyke-Anzug, als ob er irgendwie das Bedürfnis hätte, etwas aus seiner Heimat zu tragen.

„Daran arbeite ich gerade", sagt er, als er mir einige Entwürfe zeigt. Er hat nicht den geringsten Anflug eines holländischen Akzents, den ich allerdings nicht mal erkennen würde, wenn man ihn mir ins Gesicht brüllt. Er hat überhaupt keinen Akzent,

Das Interview mit van Kessel war geradezu lächerlich leicht zu bekommen. Weil Jackie nicht mit ihrer Mutter sprechen wollte, hat sie mir einfach sämtliche Nummern ihrer Mutter gegeben – bei der Arbeit, zu Hause, im Auto, Handy –, damit ich mich selbst drum kümmern konnte. Ich war ganz froh drum, dass ich noch eine Unbekannte aus der Gleichung streichen konnte, vor allem so eine Bedürftige wie Jackie. Madame Guilbert freute sich, mir helfen zu können, und rief für mich ihren Freund Hans an. Hans wiederum meldete sich bei mir, begeistert von der Aussicht, in der Zeitschrift *Fashionista* aufzutauchen – die er garantiert nie gelesen hat –, und begierig darauf, mit mir einen Termin auszumachen.

Hans beugt sich gerade über meine Schulter und weist mich auf die brillanten Details in Kessels Designs hin, was der Designer selbst nicht tut, entweder aus Bescheidenheit oder aus Angst, unbescheiden zu wirken. Es sind noch zwei weitere Leute im Zimmer – Dezi Conran, eine zierliche Frau mit flinken Fingern, die gerade einen Rock zusammennäht, und van Kessels Frau.

Wir befinden uns im Keller eines Wohnhauses in der Lower East Side. Direkt gegenüber ist das Mietshausmuseum, wo man sich ansehen kann, wie winzig die Quartiere waren, in denen zehnköpfige Familien Ende des neunzehnten Jahrhunderts gelebt haben. In einhundert Jahren hat sich da nicht viel geändert. Dieser Raum hier ist nicht viel größer, und auch wenn offiziell nur van Kessel und seine Frau hier leben, sind auch Dezi und Hans und sieben Schaufensterpuppen fast immer hier. Man fühlt sich ziemlich beengt.

Nachdem wir ein paar Stunden lang Stoffe und Zeichnungen und Stiche und Ideen für die nächste Kollektion studiert haben, schlage ich vor, dass wir wieder an die

Oberfläche tauchen, um etwas zu essen. Draußen ist das Quecksilber stetig angestiegen und damit auch die Temperatur in diesem Keller. Schweiß hat sich in meinem Nacken und den Vertiefungen des Schlüsselbeins gesammelt.

Pieter entscheidet sich für ein nahe gelegenes Restaurant, eine Art Imbiss, der abends und an den Wochenenden immer völlig überfüllt ist. Um drei Uhr an einem heißen Augustnachmittag allerdings sind die Tische leer, und die Bedienung weist uns unserer Plätze mit einem Lächeln zu. Im Hintergrund läuft, etwas zu laut, Technomusik.

„Wenn die nächste Modenschau gut läuft, dann müssen wir uns langsam einen Geldgeber suchen", sagt Hans, nachdem wir bestellt haben. „Es müsste aber jemand sein, dem wir alle vertrauen können, jemand, der nicht mit minderwertigen Stoffen arbeitet und Pieter die kreative Kontrolle überlässt."

Pieter lächelt zurückhaltend, seine Bescheidenheit scheint mit uns am Tisch zu sitzen. „Wir wollen mal nicht zu weit in die Zukunft schauen. Warten wir erst mal ab, wie die Novemberschau läuft, und dann, wenn's nötig ist, kümmern wir uns um einen Geldgeber."

Bevor man in den Schaufenstern von *Barney's* zu sehen ist, braucht man einen Finanzier, der in einen investiert. Nur dann wird man in der Lage sein, seine Designs auch produzieren zu lassen und zu vertreiben. So kann man eine Marke aufbauen.

Die Bedienung nimmt unsere Bestellung auf, aber ich würdige sie kaum eines Blickes. Ich bin viel zu beschäftigt damit, in mein Notizbuch zu kritzeln, in dem auch meine Zeichnungen aus dem Metropolitan Museum of Art sind und Notizen über die Telefoninterviews mit van Kessels ehemaligen Kollegen. Als sie nicht lockerlässt, bestelle ich einen Hamburger.

Nachdem sie gegangen ist, frage ich, ob schon jemand Interesse angemeldet hätte, und während Pieter den Kopf schüttelt, erzählt Hans schnell von den Reaktionen, die sie bekommen haben. Alles hängt davon ab, auf sich aufmerksam zu machen. Wenn es ihnen gelingt, die Presse und Käufer in ihre nächste Modenschau zu locken, dann werden sie auch eine Nachfrage für ihr Produkt schaffen können.

Hans lässt die Namen einiger großer Firmen fallen, und während ich ihm zuhöre, werde ich immer aufgeregter. Aus dem Ganzen – Pieter, Hans und den fantastischen Kleidern – könnte echt was werden. Daraus könnte was werden, und ich bin dabei, ich bin mit im Boot, bevor es noch abgelegt hat. In drei oder sechs Monaten wird van Kessel ein Name sein, den die Modebranche kennt und über den gesprochen wird. In einem Jahr wird er Kollektionen produzieren und bei *Bergdorf's* verkaufen. Das hier ist meine Story, und ich will sie auf keinen Fall verlieren. *Fashionista* ist normalerweise nicht an Designern interessiert, wenn deren Kleider nicht von irgendeinem Promi getragen werden, aber ich will mich von der Realität nicht entmutigen lassen. Ich werde ein Konzept schreiben und es Marguerite zeigen. Schon schwirren Ideen wie Schmetterlinge durch meinen Kopf. Ich werde jetzt einen Artikel schreiben und einen weiteren in zwölf Monaten. Ich werde die Auswirkungen des Erfolgs auf einen Designer und die Leute um ihn herum erforschen.

Als ich sie zwei Stunden später verlasse, kann ich mich kaum bändigen. Ich komponiere bereits Sätze in meinem Kopf und träume von den herrlichsten Dingen. Ich will nicht nur Pieter van Kessels Geschichte über ein Jahr verfolgen, ich will für immer dabei sein. Ich will den Werdegang Jahr für Jahr verfolgen, so, wie das zum Beispiel bei Sechslingen gemacht wird.

Delias Akten

Delia kommt in mein Büro, um mir zu versichern, dass sie hundertprozentig auf meiner Seite steht.

„Alex hat mir von deinem Plan erzählt", verkündet sie lauthals, nicht im Geringsten beunruhigt, dass die Wände – oder vielmehr die Pappe – Ohren haben könnten. „Du sollst wissen, dass ich dich auf jeden Fall unterstützen werde, wenn ich irgendwas tun kann."

Ich hebe den Kopf und mache ihr mit einer Handbewegung klar, dass sie als Erstes mal leiser sprechen soll. Obwohl Allison am Telefon gerade über geschmorten Lammbraten spricht („Genau das habe ich auch gedacht. Ich hatte auch erwartet, dass es mir nicht schmeckt. Du solltest es aber probieren. Köstlich!"), will ich nicht riskieren, dass sie uns belauscht. Denn auf gar keinen Fall soll sie hören, dass jemand ihren Plan meinen Plan nennt.

„Lass uns draußen weitersprechen", flüstere ich und versichere mich mit einem Blick, dass Kate und Sarah nicht in der Nähe sind. „Komm mit."

Sie folgt mir schweigend durch die Redaktion. Ich spüre, dass sie es kaum erwarten kann, darüber zu sprechen, und in derselben Sekunde, in der wir den Aufzug betreten, fängt sie auch schon an. Doch ich würge sie mit einem Kopfschütteln ab.

„Tut mir Leid, dass ich hier so auf Geheimdienst mache, aber ich habe schon immer den Verdacht gehabt, dass die Aufzüge verwanzt sind", erkläre ich, als wir draußen im grellen Sonnenlicht stehen. Wir setzen uns neben den Springbrunnen vor dem Bürogebäude mit Hunderten anderen Angestellten in Anzug und Krawatte.

„Entschuldige dich niemals dafür, zu vorsichtig zu sein", sagt die Frau, die die letzten zwei Jahre vor allen ihren Kollegen erfolgreich ein Geheimnis bewahrt hat. „Erstens kann man nie vorsichtig genug sein. Zweitens weiß ich nicht, ob diese Wärter in der Lobby hören können, was im Aufzug gesprochen wird, aber sehen können sie alles. Ich habe mal auf der Fahrt nach unten meine Strumpfhose ausgezogen, und als ich im Erdgeschoss ankam, haben sie mir hinterhergepfiffen."

„Warum hast du das nicht auf der Toilette gemacht?" Der Mann neben mir beißt gerade in ein Tunfischsandwich, weshalb ich mich zurücklehne, weil ich dann doch lieber den frischen Chlorgeruch des Wassers rieche, wobei ich fast hineinfalle. Der Springbrunnen von *Ivy Publishing* ist nicht sonderlich aufregend. Da gibt es keine wasserspuckende Statue und keinen Wasserfall, keine dramatischen Lichtspiele oder irgendwas, das ihn nach mehr aussehen lassen würde, als er ist. Nur in der Weihnachtszeit, wenn die drei müden Düsen abgeschaltet, das Wasser aus dem

Becken abgelassen und ein Christbaum aufgestellt wird, hat dieser Platz einen gewissen Charme.

„Das ist Zeit sparender", erklärt sie, offenbar stört sie der Geruch von warmem, verrottendem Fisch nicht. Sie wirkt vollkommen gelassen und in sich ruhend. „Ich versuche, so oft wie möglich Dinge gleichzeitig zu tun, wobei Faktoren, die man nicht beeinflussen kann, es manchmal unmöglich machen."

Delia sieht gar nicht wie eine Fashionista aus. Ihre Kleidung ist ordentlich, praktisch und erschwinglich – hellblauer, knielanger Rock von *Gap* und ein dunkelblaues T-Shirt von *Bradlee's*. Sie trägt nur ganz wenig Make-up, ihr langes, dunkles Haar hat sie zu einem Zopf zusammengebunden. Sie hat immer einen Lederkoffer bei sich, so einen, den man von seinen Eltern geschenkt bekommt, wenn man die Uni abschließt. Sogar ihre Initialen sind auf den vergoldeten Schnappschlössern eingraviert. Alles an Delia scheint zu sagen: nichts Unnötiges tun, effizient sein! Es überrascht mich also überhaupt nicht, dass sie im Fahrstuhl ihre Strumpfhose auszieht, um Zeit zu sparen. Es wundert mich nur, dass das Gepfeife der Männer sie künftig davon abhält.

Bevor ich zur Sache komme, erkunde ich noch mal schnell die Gegend, drehe mein Kopf in Richtung Tunfisch und dann wieder weg, um sicherzugehen, dass keiner meiner Kollegen hier gerade sein Mittagessen verspeist oder eine Zigarette raucht. Ich kann kein bekanntes Gesicht entdecken. „Alex hat dir also von dem Plan erzählt?" Ich spreche trotzdem leise. Es gibt keinen Grund, unvorsichtig zu werden. Wir befinden uns direkt vor dem Bürogebäude, und Jane oder Allison oder Marguerite könnten jeden Moment vorbeikommen.

„Ja, und ich finde ihn brillant. Ich finde, du bist brillant", ruft sie schwärmerisch, obwohl sie nicht wirklich schwärmt, denn Delia ist zu Überschwänglichkeit gar nicht fähig.

„Das ist nicht mein Plan", erkläre ich, weil ich nicht für etwas gelobt werden will, was ich gar nicht getan habe. „Es war Allisons Idee. Ich wurde nur gebeten zu helfen."

Delia hört mir überhaupt nicht zu. Sie durchwühlt ihre Handtasche und zieht eine Mappe heraus, die sie mir reicht. „Hier."

Die Mappe ist dick und schwer, was ich nicht erwartet hatte, und beinahe lasse ich sie fallen. „Was ist das?"

„Das sind meine Unterlagen über Jane", erklärt sie, den Namen deutet sie nur mit den Lippen an.

Das habe ich nicht erwartet. „Du hast eine Akte über Jane angelegt?"

Sie blickt mich verwundert durch ihre Hornbrille hindurch an. „Ich habe über jeden eine Akte."

„Du hast über jeden eine Akte?"

„Ja", sagt sie, als ob das das Normalste der Welt wäre. „Ich habe eine Akte über jeden."

„Hast du auch eine über mich?"

„Nun, ja klar."

„Hast du eine Akte über Carter?" Carter bringt die Post und repariert defekte Kaffeemaschinen.

„Selbstverständlich."

Ich starre sie an, während ich versuche, diese Neuigkeit zu verarbeiten. Es stört mich nicht so sehr, dass Delia Barker Notizen über mein Leben und Benehmen macht. Nein, es geht um etwas ganz anderes. Sie erledigt nicht nur ihren und Kellers Job gleichzeitig. Sie erledigt auch noch J. Edgar Hoovers Job und die Arbeit eines kleinen Teams von Spezialagenten. Sie ist die reinste Überfliegerin, und während sie dabei beobachte, wie sie an ihrem tadellosen Rock nicht vorhandene Falten glatt streicht, frage ich mich, was ich im Zeitschriftengeschäft überhaupt zu suchen habe. Ich habe nicht halb soviel Energie oder Entschlossenheit oder auch nur Interesse.

„Du hast also Akten über jeden, mich und Carter eingeschlossen?" frage ich noch mal, nur um sicherzugehen, dass ich die Situation richtig verstehe. Sie nickt. „Wenn ich dir meinen kompletten Namen nenne und eine notariell beglaubigte Unterschrift abgebe, kann ich dann eine Abschrift meiner Akte bekommen?"

„Nein."

„Bist du dazu aus Datenschutzgründen nicht verpflichtet?"

Delia lächelt. „Datenschutz gilt nur für öffentliche Belange. Ich handle als Privatmensch."

Ich versuche eine andere Taktik. „Ich zeige dir deine, wenn du mir meine zeigst." Zwar habe ich noch keine Ahnung, was in der Akte stehen könnte, aber halte ich es doch für möglich, innerhalb eines Tages eine zu erstellen.

Sie hat kein Interesse an einem solchen Geschäft und ignoriert den Vorschlag. „Ich habe gerade eine Akte über Marguerite angelegt, die ich dir so schnell wie möglich geben werde. Im Allgemeinen warte ich zwei Monate, bevor ich beginne, Informationen zusammenzutragen. Ich kann nicht über jeden eine Akte anlegen, irgendwo muss ich mir eine Grenze setzen", sagt sie achselzuckend, als wolle sie sich bei all denen entschuldigen, in deren Intimsphäre sie nicht eingedrungen ist. „Das war die praktischste Lösung. Unter den gegebenen Umständen aber glaube ich, dass es richtig war, bei Marguerite eine Ausnahme zu machen."

„Natürlich", bestätige ich, als ob die praktischste Lösung nicht wäre, einfach gar keine Akten über Kollegen anzulegen. Ich öffne den Ordner und nehme einen Stapel Blätter heraus. Überwiegend handelt es sich um Fotokopien und aus anderen Zeitschriften herausgerissene Seiten. Ich gehe den Stapel durch, halte gelegentlich inne, um ein paar Schlagzeilen zu lesen. Wenn ich alles lesen würde, wäre ich mindestens eine komplette Woche lang beschäftigt. Ich bin überwältigt.

„Die Informationen sind in chronologischer Reihenfolge geordnet, von der Minute des ersten Treffens an. Ich weiß nicht, ob da was Nützliches dabei ist, aber ich wollte dir das auf jeden Fall mal geben." Sie kichert ein wenig albern und glättet noch mehr nicht vorhandene Falten ihres Rockes. „Das ist so aufregend. Wirklich, wenn du irgendwie meine Hilfe brauchst, frag mich einfach."

„Alles klar." Ich erwäge, sie noch einmal darauf hinzuweisen, dass es sich nicht um meinen Plan handelt, sondern um den von Allison, Kate und Sarah, unterlasse es dann aber. Sie soll nicht glauben, dass sie Janes Akte der falschen Fashionista anvertraut hat. „Danke für die ganzen Informationen. Ich werde sehr sorgsam damit umgehen. Keinen Kaffee drüberschütten und so."

„Das ist nur eine Kopie. Die Originale sind in meiner

Wohnung." Sie schaut auf die Uhr und steht auf. „Ich muss los. ‚Alex'", sie deutet mit den Händen Anführungszeichen an, „hat in zehn Minuten eine Konferenzschaltung mit einem Autor an der Westküste."

Obwohl der Mann mit dem stinkenden Tunfisch endlich verschwunden ist und der Tag somit auf einmal wunderschön und einladend ist, stehe ich ebenfalls auf. „Wie machst du das?"

„Was?" fragt sie.

„Alex zu sein, ohne dass jemand Verdacht schöpft."

Sie lacht. „Das liegt nur an ihm. Er kann ungeheuer gut vorgeben, ein Monster zu sein. Niemand möchte auch nur mit ihm sprechen, und wenn ich behaupte, dass er leider keine Zeit hat und mich stattdessen zur Konferenz geschickt hat, dann sind alle immer ganz erleichtert. Keiner fragt genauer nach", erklärt sie, als das Licht am Fahrstuhl aufblinkt.

Wir steigen ein, und obwohl wir alleine sind, schweigen wir. Man kann nie vorsichtig genug sein.

Phase drei

Gleich am Mittwochmorgen ruft mich Keller an, um mir zu sagen, dass die Tat vollbracht ist.

„Jetzt kann's losgehen. Delia hat die Liste der Novemberpartys gestern Abend um sechs Uhr an Jackie weitergegeben", verkündet er. Seine Stimme klingt viel begeisterter, als man es von jemandem, dessen Mitarbeit man fast erpressen musste, erwarten würde.

„Das war keine Erpressung", korrigiert er mich, als ich ihm diese Beobachtung mitteile. „Sie sind ja schon bei der geringsten Gegenwehr zurückgewichen. Ich glaube, Sie sollten im Zeitschriftengeschäft bleiben. Kriegsspiele sind ganz offensichtlich nicht Ihre Stärke."

„Das ist kein Krieg."

Keller lacht. „Finden Sie nicht, dass es ein erster Angriffsakt war, Jane diese Liste zu geben?"

„Nein", entgegne ich, weil das nicht der erste Akt war. Die Notiz über die Ausstellung auf ihren Schreibtisch fallen zu lassen war es.

„Wie auch immer", fährt er fort. „Ich kann mir nicht helfen, irgendwie freue ich mich darüber. Wenn ich meine Entscheidung auch nur eine Sekunde lang angezweifelt hätte, so hätte mich Delias Reaktion eines Besseren belehrt. Ich halte es für sehr gut möglich, dass es ihr doch mehr ausmacht, in meinem Schatten zu stehen, als sie immer gezeigt hat."

Ich muss an die Schublade voller Akten über ihre Kollegen denken. „Nehmen Sie das nicht persönlich. Ich schätze, sie steht grundsätzlich nicht gerne im Schatten eines anderen."

„So ist Delia eben – sehr ehrgeizig. Und sie erledigt ihre Aufgaben besser, als ich es jemals getan habe. Die Novemberplanung hätte erst in zwei Wochen fertig sein müssen, ich hätte sie niemals so frühzeitig fertig bekommen. Ich hasse es, mit Pressesprechern zu reden."

„Umso besser, dass Sie Architekt sind."

„Wo wir gerade davon sprechen, ich muss los. Ich bin sowieso schon spät dran, weil ich mit Quik heute

Morgen einen besonders langen Spaziergang machen musste."

„Kelly hat sich noch immer nicht gerührt?" frage ich, ohne schlechtes Gewissen. Mit Quik einen besonders langen Spaziergang zu machen bedeutet nichts anderes, als ihn zehn Minuten länger im Schatten liegen zu lassen. Das könnte er genauso gut in der Wohnung tun.

„Nein. Ich habe von einem Freund den Namen eines anderen Hundesitters bekommen, aber ich glaube kaum, dass das funktionieren wird."

„Wieso nicht?"

„Sein Name ist Killer. Und ich bin überzeugt davon, dass seine Eltern die Menschheit dadurch irgendwie warnen wollten."

„Das kann doch auch ein Spitzname sein. So nennt doch kein Mensch sein eigenes Kind."

„Noch schlimmer. Er scheint ja seine Absichten geradezu anzukündigen."

Für ein menschenscheues Ungeheuer, das losbrüllt, wenn man ihm zu nahe kommt, ist Keller ein unglaublich redseliger Kerl. „Ich dachte, Sie müssten los."

„Muss ich auch. Muss ich auch. Ich wollte mich nur versichern, dass Sie morgen Abend noch nicht verplant sind."

„Warum?" frage ich. Nun befinden wir uns auf unsicherem Territorium. Bindungsunfähig. Bindungsunfähig.

„Ich habe einen Plan."

„Einen Plan?"

„Ja, nicht so aufwändig wie Ihrer, und er hat auch nicht die totale Zerstörung eines menschlichen Wesens zum Inhalt, aber es könnte trotzdem lustig werden. Was meinen Sie?"

„Es ist nicht mein Plan", sage ich so laut, dass Allison es hören kann, falls sie lauscht. „Ich habe ihn mir nicht ausgedacht."

„Hm?"

Am liebsten würde ich alles erklären. Am liebsten würde ich ihm sagen, dass Allison Harper das böse Genie hinter diesem Plan ist, und dass ich nur mit Männern ausgehe, zu denen ich mich nicht hingezogen fühle. Aber das tue ich nicht. Ich halte mich zurück und willige ein, ihn um halb acht bei *Isabella's* zu treffen.

Der Vertrag

Jane ruft mich in ihr Büro. Sie schaut auf, als ich eintrete, bittet mich, Platz zu nehmen, und fragt nach meiner Familie. Ich bekomme es mit einem Mal mit der Angst zu tun. Dieses Benehmen ist nicht nur untypisch, es ist so anders wie Tag und Nacht, man ist geneigt zu fragen, ob nicht ein Teil ihres Gehirns rausoperiert worden sei.

„Und Ihre Eltern, geht's denen gut?" fragt sie.

„Ja, vielen Dank", antworte ich vorsichtig. Ich versuche, mir den Schock nicht anmerken zu lassen.

„Leben sie noch immer in Florida?"

Das war einfach ein Schuss ins Blaue. Jane weiß nichts über meine Familie. „Missouri."

„Schön. Schön." Eine merkwürdige Stille entsteht, während Jane mich anstarrt. Sie starrt mich mit einer derartigen Intensität an, dass ich kaum ruhig auf meinem Stuhl sitzen bleiben kann. Wenn das hier eine Arztpraxis und Jane die Ärztin wäre, würde sie mir wohl gleich sagen, dass der Tumor inoperabel ist. „Vig, wie lange sind Sie meine Assistentin gewesen?"

Ich kenne die Antwort genau. „Zwei Jahre."

„Richtig. Zwei Jahre." Sie steht auf und setzt sich auf den Stuhl neben mir. Wir sitzen nun beide auf der Besucherseite, als ob wir gleichgestellt wären. „Und in diesen beiden Jahren haben wir doch eine gewisse Beziehung aufgebaut, eine Beziehung, die durch gegenseitigen Respekt und harte Arbeit geprägt ist."

Ich glaube nicht, dass die Worte *gegenseitiger Respekt* jemals zuvor in diesem Büro ausgesprochen worden sind, und aus der Beklemmung, die ich fühle, wird echte Panik. Ich befürchte, dass Jane mich um etwas bitten will, um etwas Persönliches, um das man nur eine Freundin bittet, wie zum Beispiel bei der Geburt des Kindes dabei zu sein.

„Richtig", stimme ich ihr zu, aber ich rutsche auf meinem Stuhl herum und verschränke die Arme hinter dem Rücken. Ich will mit Jane nicht Händchenhalten.

Doch da hätte ich mir gar keine Sorgen zu machen brauchen. Die Nummer mit der Gleichstellung ist schon wieder vorüber, sie steht auf und lehnt sich an ihren Schreibtisch. „Ich finde, es ist höchste Zeit für eine Beförderung."

Es ist nicht normal, dass Untergebene in solche Entscheidungen mit einbezogen werden, aber ich bin nicht überrascht. Denn nichts ist normal, seit ich dieses Büro betreten habe. „Wessen?"

„Ihre", sagt sie mit einem schmallippigen Lächeln. Der Überbringer von guten Neuigkeiten zu sein, fällt ihr nicht leicht.

Ich bin zu schockiert, um etwas anderes zu tun, als sie verwundert anzustarren.

„Wie klingt fest angestellte Redakteurin für Sie?"

Das klingt fantastisch. Es ist das Tollste, was ich je gehört habe. „Gut."

„Gut." Jane kehrt hinter ihren Tisch zu dem schwarzen Lederstuhl zurück. „Ich werde Jackie eine Notiz an alle verteilen lassen. So, das Erste, was Sie nun für mich tun können, ist, die Pressesprecherin von Gavin Marshall anzurufen."

Ich weiß gar nicht, warum mich das überrascht. Das hätte ich doch voraussehen müssen. „Gavin Marshall?"

„Ja, dieser Künstler mit der Ausstellung ‚Die Vergoldung der Lilie'. Rufen Sie seine Sprecherin an und sagen Sie ihr, dass wir uns mit ihm treffen und meine Ideen für das Cover von *Fashionista* besprechen wollen."

„Aber Marguerite hat mir gesagt ..."

„Vig, Sie sind jetzt eine richtige Redakteurin. Sie haben ab sofort keine Zeit mehr, Botengänge für diese Frau zu erledigen. Wenn Sie das natürlich lieber machen wollen, kann ich Jackie bitten, die Notiz nun doch nicht rauszugeben."

Die Drohung ist nicht zu überhören. „Nein, nein. Das ist nicht nötig."

„Das habe ich auch nicht erwartet." Sie lächelt selbstgefällig. Endlich wieder ein bekannter Ausdruck auf ihrem Gesicht. „Sie werden Marguerite einfach sagen, dass die ganze Sache nicht gut gelaufen ist."

„Nicht gut gelaufen?" Obwohl das alles ja eine riesige Lüge ist, fühle ich mich gezwungen, das Spiel bis zu Ende zu spielen.

„Sagen Sie, Sie hätten die Pressesprecherin angerufen, die wäre aber nicht interessiert gewesen. Ende der Geschichte."

Wenn Marguerite wirklich hinter Marshall und seinen Kunstwerken her wäre, wäre „er war nicht interessiert" das Ende von gar nichts. Was für ein Glück – oder Unglück für Jane –, dass Marguerite überhaupt nichts davon weiß. „In Ordnung."

„Gut. Sie arrangieren also ein Treffen? Fragen Sie Jackie wegen meines Terminkalenders. Ich möchte, dass es so bald wie möglich stattfindet. Wir arbeiten schließlich schon an der Dezemberausgabe." Sie nimmt den Telefonhörer ab, was signalisieren soll, dass das Gespräch beendet ist. Jeder andere Mensch würde Auf Wiedersehen sagen, aber nicht Jane.

Meine Hand liegt schon auf der Klinke, als sie meinen Namen ruft. „Vig, und zu niemandem ein Wort darüber. Nicht ein einziges Wort. Verstanden? Ich würde Sie nur ungern wieder zur Assistenzredakteurin machen."

Ich nicke ihr beruhigend zu und gehe.

Richtlinie, 24. August: Das Genre wechseln

Maya schreibt über Leichen – in U-Bahnen, in römischen Bädern, in Schränken von Wohnungen, die noch nicht vermietet sind. Sie verteilt diese Leichen und lässt ahnungslose Leute darüber stolpern. Und dann zwingt sich selbst der gleichgültigste Amateurdetektiv, sich auf die Suche nach dem Mörder zu machen. Solche Bücher schreibt sie, solche, in denen einfache Leute plötzlich eifrig nach Mordmotiven forschen. Das lässt sich unmöglich verkaufen.

„Sie sind nicht rätselhaft genug, um ein Krimi zu sein", sagte sie, als wir in der Bar vom Paramount saßen und den Schmerz über ihre verlorene Agentin ertränkten. „Und sie sind zu rätselhaft, um ein normaler Roman zu sein. Das sind Zwitter, weder Fisch noch Fleisch, mit denen sich niemand beschäftigen will."

Sie wird immer sehr weinerlich, wenn sie betrunken ist.

Maya hat sich das Krimigenre ausgesucht, weil sie dachte, dass das am einfachsten wäre. Sie dachte, Krimis wären leicht zu schreiben (festgelegter Handlungsablauf!) und leicht zu verkaufen (festgelegter Marktanteil!). Das war, bevor sie feststellen musste, dass sie nicht in der Lage ist, einen zu schreiben. Das war, bevor ihr klar wurde, dass man von der typischen Krimiformel nicht abweichen darf. Sie fand diesen ganzen Wer-ist-der-Mörder-Aspekt völlig irrelevant.

„Ich werde einen Liebesroman schreiben", verkündet sie jetzt, während sie ihre braune Tasche öffnet. Sie fischt ein Schinken-Käse-Sandwich, eine Flasche frischen Orangensaft, eine Tüte Chips und ein Stück Kuchen heraus. Sie hat sich selbst ein Mittagessen eingepackt, wie es Mütter in der fünften Klasse für ihre Kinder tun. Das Einzige, was noch fehlt, ist ein Apfel.

Mein Mittagessen ist weniger beeindruckend. Ich habe ein Sandwich mit Erdnussbutter und Marmelade – keine

Beilage, kein Erfrischungsgetränk, kein Dessert. „Einen Liebesroman?" frage ich.

„Einen Liebesroman."

„Wieso einen Liebesroman?"

„Weil Liebesromane schrecklich sind", sagt sie, als ob das alles erklären würde. Ihre Augen sind noch immer knallrot, aber wenigstens nicht mehr geschwollen und nass. Die Augentropfen, die der Arzt ihr verschrieben hat, zeigen langsam Wirkung.

Aber es erklärt gar nichts. „Sie sind schrecklich?"

„Nun, nicht alle – manche sind sogar ganz anständig –, aber die meisten sind es. Es werden pro Monat einfach zu viele veröffentlicht, als dass sie alle gut sein könnten. Da passiert genau das Gleiche, wie wenn die Anzahl der Baseballteams in der ersten Liga vergrößert wird", sagt sie und blinzelt in die Sonne. Wir machen unsere Mittagspause auf einer Bank nahe am Eingang vom Central Park. Das Plaza Hotel befindet sich auf der gegenüberliegenden Straßenseite, und einige unglückliche Pferde ziehen Touristen in Kutschen hinter sich her.

Das ist eine neue Entwicklung. Maya spricht normalerweise nicht in sportlichen Metaphern. „Was geschieht, wenn die Anzahl der Baseballteams in der ersten Liga vergrößert wird?"

„Die *Pitcher* werden geschwächt."

Obwohl mir diese Aussage irgendwie bekannt vorkommt, wie etwas, das ich schon mal in der Zeitung gelesen habe, kann ich damit nichts anfangen. „Aha."

„Die Anforderungen sind so immens, dass die Qualität darunter leidet", verdeutlicht sie. „Ich kann einhunderttausend Worte in ein paar Monaten runterkloppen. Das dürfte nicht allzu schwer sein."

„Nein", sage ich.

„Nein?"

„Nein."

„Was nein?"

„Einfach nein."

„Aber wozu sagst du Nein?"

„Zu dem ganzen geschwächten Liebesromanmarkt", erkläre ich, entsetzt von der Vorstellung, dass Maya einhunderttausend Worte und ein paar Monate einer Sache widmen könnte, die sie in Wirklichkeit überhaupt nicht interessiert, ja sogar ziemlich anödet. „Damit verschwendest du nur deine Zeit."

„Und warum verschwende ich meine Zeit?"

„Weil es nicht funktionieren wird."

Maya schnaubt verärgert oder frustriert, Brötchenkrumen fallen von ihren Lippen. „Warum wird es nicht funktionieren?"

„Weil du überhaupt nichts von Liebesromanen verstehst."

„Was muss man da verstehen? Zwei Leute verlieben sich."

„Du betrachtest das ganze Genre mit Verachtung."

Sie zuckt mit den Schultern. „Wohlverdiente Verachtung."

„Na siehst du!"

Meine Logik überzeugt sie nicht. „Na siehst du was?"

„Schreib keinen Liebesroman. Schreib keinen Krimi mehr. Schreib einfach ein Buch."

„Das ist mal eine lächerliche Idee", ruft sie, ihre Augen verschwinden in der Chipstüte.

„Wieso ist sie lächerlich?"

Maya antwortet nicht, aber das wundert mich nicht. Wir haben diese Diskussion schon häufig geführt, und obwohl sie sich irgendwann immer hinter eine Mauer des Schweigens zurückzieht, weiß ich genau, was sie denkt. In einem bestimmten Genre zu schreiben ist leicht: Man folgt einigen Spielregeln, strengt sich an, und wenn man am Ende nicht annähernd so gut ist wie die Schriftsteller, die man als Heranwachsender bewundert hat – E. M. Forster, Christopher Isherwood, Virginia Woolf –, macht es auch nichts. Denn das hat von dir sowieso niemand erwartet. Sich mit einem bestimmten Genre zu befassen, ist leicht. Sich selbst als Autor ernst zu nehmen, das ist schwer.

„Du musst damit aufhören", sage ich nach einer langen Pause.

Maya blinzelt unschuldig, während sie ihre Chips mampft. „Womit?"

„Mit diesen Richtlinien. Diesem Unsinn wie Aktionismus kultivieren und Genre wechseln. Es ist wie mit den fünf Stufen der Trauer, nur dass du fünftausend draus gemacht hast. Komm endlich darüber hinweg und konzentriere dich auf das, was wirklich zählt", sage ich, mit einem Mal verärgert. Ich kann nicht ewig tröstend die Hand halten, ohne ungeduldig zu werden. „Ich weiß, es ist hart und es ist beängstigend – ich habe fast zwei Tage gebraucht, bis ich mich traute, van Kessel wegen eines Interviews anzurufen –, aber du musst es tun." Ich weiß nicht, wie aus mir ein Beispiel für zielorientierten Fleiß geworden ist, aber da sitze ich nun – Vig Morgan, Musterbeispiel für Tatkraft.

Maya ist ganz still. Sie zermalmt die Chips und starrt mich mit trotzigem Blick an. Dann sagt sie: „Ich könnte auch einen historischen Roman schreiben, über das England des neunzehnten Jahrhunderts."

Ich seufze tief.

Janes Akte

Bevor Delia sie mir gegeben hat, hat sie in Janes Akte das unleserlich gemacht, was ich nicht sehen soll. Wie beim Brief eines Soldaten an der Front 1941 sind die Seiten von durchgestrichenen Worten übersät. Alles, was verraten könnte, wo die Truppen stationiert sind, wurde mit einem dicken schwarzen Filzstift übermalt. Allerdings kann ich mir nicht vorstellen, was so ungeheuer wichtig sein könnte, dass ich es nicht lesen darf. Ich versuche, ein Muster zu erkennen, aber die Streichungen scheinen völlig willkürlich.

Neunzig Prozent der Akte sind banal und langweilig. Ich muss mich zwingen, nicht einzuschlafen. Während ich Janes Rede vor der *Women's Editorial Society* lese, die ihr den Preis für die beste Zeitschrift verliehen hat, nicke ich weg und wache erst auf, als das Telefon klingelt. Ich spritze mir kaltes Wasser ins Gesicht und versuche es erneut, aber ich muss aufhören. Diese Dankesrede ist mehr als sieben Seiten lang, und ich kann dieses Schwesterngetue nicht ertragen. Jane ist keine Schwester. Sie ist ein Einzelkind, das mit anderen nicht gut spielen kann.

Der interessante Teil der Akte ist eine Mappe voller Rechnungen und Belege über Einkäufe, die beweisen, dass Jane die Firma systematisch betrügt. Jeder Stuhl in ihrer Wohnung, jede Picasso-Litographie an ihren Wänden, jeglicher Stoff an ihrem Körper wurde von der *Ivy Publishing Group* bezahlt. *Fashionista* beglich die Rechnungen für ihren zweiwöchigen Urlaub auf Borneo und ihre Wochenendtrips nach Aspen. Wir bezahlen für ihre Friseurbesuche und Massagen und dafür, dass ein Mal die Woche die Hornhaut von ihren Füßen abgerubbelt wird. Das Mittagessen geht immer auf die Firma, genauso wie Taxifahrten und Broadwayshows. Das Einzige, was die *Ivy Publishing Group* nicht bezahlt, ist die teure Ausbildung ihrer Kinder in einer Privatschule, aber das ist sicher nur eine Frage der Zeit. In ein oder zwei Jahren wird sie die Buchhaltung davon überzeugen, dass ihre Tochter eine der wichtigsten Quellen für angesagte Mode ist, die *Fashionista* so frisch und besonders macht.

„Das ist eine wahnsinnige Menge an Informationen", sage ich zu Delia, als ich sie in der Cafeteria sehe. „Warum hast du sie noch nicht entsprechend genutzt?"

„Das habe ich versucht. Aber sie ist wie eine Teflonpfanne. An ihr bleibt nichts hängen."

„Du hast es versucht?"

Sie löffelt ein paar Körner auf ihren Teller. „Ich habe es versucht. Ich habe vor einem Jahr einige der Unterlagen Bob Carson in der Buchhaltung zugespielt. Nichts ist passiert. Er war nicht einmal erschüttert, als er sah, dass *Fashionista* ihr Lifting bezahlt hat."

„Ihr Lifting?"

„Hast du das übersehen?" fragt sie lächelnd. „Sie hat es als ‚Massage' deklariert."

„Massage?"

„Ja, sie hat die Wahrheit etwas *massiert*, könnte man sagen." Während sie sich ein Stück gegrilltes Huhn nimmt, wirft sie mir einen neugierigen Blick zu. „Du warst doch ihre Assistentin. Hast du nicht die Spesenabrechnungen für sie schreiben müssen?"

Ich zucke die Achseln. „Ich habe dem, was ich tat, nie die geringste Aufmerksamkeit geschenkt. Sie hätte die Freiheitsstatue kaufen können, und ich hätte es nicht bemerkt. Wie hast du es ihm zugespielt?"

„Ich habe es in sein Eingangsfach gelegt, als niemand es sehen konnte." Sie hält mir mit fragendem Blick eine Schöpfkelle mit Okraschoten unter die Nase. Ich schüttle den Kopf. Obwohl ich ihr Schritt für Schritt gefolgt bin, habe ich nicht vor, etwas zu essen. Ich habe gerade meine Mittagspause mit Maya verbracht und bin nur kurz vorbeigekommen, um ein Dessert mitzunehmen.

„Kein bisschen erschüttert?"

„Kein bisschen. Und als ich ihm Unterlagen reinlegte, die besagten, dass sie Möbel verkauft, die der Firma gehören, und den Profit in die eigene Tasche steckt – nichts. Ich habe es immer und immer wieder versucht, aber es ist ihnen egal. Für sie gelten offenbar andere Regeln. Was glaubst du, warum ich deine Idee so toll finde? Es wird langsam Zeit, dass es mal jemand anderer versucht."

„Denke ich auch", sagte ich, wobei ich noch zu verdauen versuche, dass Delia Jane so oft entmachten wollte wie die CIA Fidel Castro.

Sie stellt ihr beladenes Tablett an der Kasse ab. „Ich bin wirklich total begeistert. Ich glaube, dass es funktionieren kann. Das könnte die silberne Kugel sein, die sie endlich niederstreckt."

Ich sehe ihr nach, wie sie davongeht. Dann nehme ich ein *Rice Krispie* aus dem Regal und gehe zur Kasse.

Es ist nur ein Date

Keller geht mit mir zum Square-Dance.

„Ich kann das nicht", sage ich, als wir den großen Raum betreten, der aussieht, wie die Kantine einer Highschool und genauso riecht. Wir befinden uns im Keller einer Kirche an der Ecke Broadway und sechsundachtzigste Straße. Irgendjemand hat den Raum mit rosa und grünen Girlanden geschmückt, die von der Decke hängen wie Weihnachtsschmuck.

Eine Hand an meinen Rücken gelegt, steuert Alex mich zur Kasse und wirft zehn Dollar hin. Der Kassierer steckt den Schein in eine Metallbox. „In Ordnung. Hauptsache Sie *steppen* richtig."

Ich *steppe* nicht. Das letzte Mal stand ich vor zweiundzwanzig Jahren mit meinem Vater in einem Viereck und *steppte*. Meine Erinnerung ist ziemlich unklar, und wenn ich nicht noch ein blaues Halstuch von diesem Abend zu Hause hätte, wäre diese Erfahrung vermutlich komplett aus meinem Gedächtnis verschwunden.

„Ich bin noch nie zum Tanzen in einer Kirche gewesen", sage ich und betrachte die sich mir bietende Szene. Am anderen Ende des Raumes baut eine Band gerade ihre Instrumente auf. Ein dicker Mann mit Bierbauch und Spitzbart stimmt seine Gitarre. „Gehen alle Einnahmen an Waisenkinder?"

Keller nimmt meine Hand und führt mich zur Theke. „Ich weiß nicht, ob es Waisenkinder gibt, und ich weiß nicht, wo das Geld hingeht. Für mich ist das auch das erste Mal." Er deutet auf die Getränkekarte. „Was kann ich Ihnen bestellen?"

Obwohl es noch früh am Abend ist, habe ich bereits zwei Gin Tonic getrunken – einen, während ich auf ihn wartete, und einen weiteren, als wir uns unterhielten. Nachdem ich also bereits zwei ziemlich harte Getränke intus habe, wäre es klug, ihn um eine Cola zu bitten. Aber ich bin nicht in der Laune, klug zu sein. Schließlich befinde ich mich im Keller einer Kirche und werde gleich beim Square-Dance mitmachen. Ich nehme ein Bier. Man kann nicht nüchtern *steppen*.

Der Raum ist voll gepackt, und wir müssen uns durch die Menge quetschen, um noch einen freien Platz zu finden. „Wie haben Sie von dieser Veranstaltung erfahren?" frage ich.

„Habe was darüber im Nachbarschaftsblatt gelesen", erklärt er und trinkt einen Schluck Bier. „Das habe ich schon immer mal tun wollen. In den Sommerlagern war ich ganz besessen vom Square-Dance."

„Erstaunlich."

„Dass ich besessen war?"

„Nein, das weiß ich inzwischen schon. Ich meine, dass Sie das Nachbarschaftsblatt lesen."

Er sieht mich ehrlich überrascht an. „Lesen Sie Ihres denn nicht?"

„Äh, nein", gestehe ich, als ob das eine Todsünde wäre. Es steht nicht auf einer Stufe mit unkeuschen Gedanken, kommt mir aber plötzlich sogar schlimmer vor. „Ich weiß nicht mal, wie es heißt."

„Wo wohnen Sie?"

„Cornelia, zwischen Bleecker und West Fourth."

„*Village.*"

„Woher wissen Sie das?"

„Nachbarschaftsblätter sind eine Leidenschaft von mir."

Ich lache. „Nein, im Ernst."

„Ich hab mal dort gewohnt."

Ich will ihn gerade fragen, wann und wo, doch die Band *HogTieds* hat den Soundcheck beendet und ist bereit, loszulegen. Ich trinke mein Bier mit zwei beeindruckenden Schlucken leer, werfe den roten Plastikbecher weg und biete mich und Alex einem Tänzerquadrat an, das noch nach seiner vierten Seite sucht. In meinem Magen zuckt es nervös, ich frage mich, ob ich mich vielleicht übergeben muss. Ich werfe meiner Verabredung einen Seitenblick zu.

Alex drückt meine Hand. „Das wird schon gehen." Er versucht überzeugend zu klingen, und obwohl es ihm nicht gelingt, werfe ich ihm ein dankbares Lächeln zu.

Ich betrachte die anderen Leute in unserem Quadrat, versuche, sie einzuschätzen. Keiner von ihnen wirkt sehr vertrauenswürdig – die Frau mir gegenüber zerrt unkontrolliert an der Hand ihres Partners, ihr offensichtliches Unbehagen tröstet mich. Als die Band mit dem ersten Titel beginnt und der Sprecher uns auffordert, zur rechten Seite zu spazieren, bin ich schon beinahe entspannt.

Der Square-Dance verlangt einen gewissen Grad an körperlicher Anmut und die Fähigkeit, rechts von links zu unterscheiden. Obwohl mir Erstgenanntes nicht gerade leicht fällt, wachse ich manchmal über mich selbst hinaus. Letzteres allerdings kann ich gar nicht. Unter den richtigen Umständen – in einem Labor, ohne tickende Uhr – gäbe es noch die Chance, dass ich es richtig mache, aber wenn so eine Art Marktschreier Befehle im Takt zu einem Banjo brüllt, ist alle Hoffnung umsonst. Mir bleibt nichts anderes übrig, als meinen Partner zu beobachten und ihm einfach in die richtige Richtung zu folgen. Also bin ich immer einen Schritt hinterher. Als ob ein Satellit mein Bild mit einer zweisekündigen Verspätung übertragen würde.

„Das hat Spaß gemacht", sage ich, als die Band eine Pause einlegt. Ich bin außer Atem und Schweiß rinnt mir über die Wangen. Square-Dance lässt mich nicht gerade vorteilhaft aussehen.

„Sie klingen überrascht." Er führt mich die Treppen hinauf auf die Straße. Die Luft im Keller ist dick und heiß, aber jetzt im späten August bietet der Broadway eine angenehme Alternative.

„Nun, na ja. Es ist immerhin Square-Dance."

„Sie haben nicht viel Vertrauen in mich."

„Es handelt sich um Square-Dance", wiederhole ich. Ich versuche ihm klar zu machen, wie unwahrscheinlich es ist, dass so was irgendjemandem Spaß machen könnte.

Keller schüttelt den Kopf, so als ob ich noch eine Menge

zu lernen hätte. „Möchten Sie ein Eis? Um die Ecke gibt es einen Laden, der großartige Eisbecher hat."

Nachdem es erst zehn Uhr ist und das Blut noch heiß durch meinen Körper zirkuliert, stimme ich zu. Ich stimme zu und folge ihm um die Ecke ins *Time Café*, wo wir beide Eis mit Karamell- und Schokoladensoße und extra vielen Nüssen bestellen. Er ist witzig und süß und mag Square-Dance. Ich merke, dass ich bald abstürze. Obwohl ich alles drangebe, mich an dem Felsen festzukrallen, spüre ich, dass ich mich nicht mehr lange halten kann.

Feind hinter der Pappwand

Allison will meinen Job.

„Es ist nicht fair. Es war meine Idee, aber sie ist diejenige, die befördert wird und ein riesiges Büro bekommt."

Ich lege den Rest meiner Sachen – Tacker, Büroklammern, Schere – in eine Schachtel mit Post-Its, Umschlägen, Reißzwecken und Stiften und wickle Klebeband drum. Obwohl mein Büro nur ein paar Meter weiter ist, habe ich das Bedürfnis, die Schachtel zuzukleben. So macht man das bei Umzügen eben.

„Ja, das sage ich doch. Es war meine Idee. Wir haben sie nur um einen kleinen Gefallen gebeten – einen winzigen Gefallen, der im Grunde völlig belanglos war – und jetzt übernimmt sie alles und nimmt mir auch noch die Redakteursstelle weg, die eigentlich von Rechts wegen mir gehört."

Als Nächstes richte ich meine Aufmerksamkeit auf den

Aktenschrank. Dort befinden sich Akten aus drei Jahren, der vernünftige Teil von mir will jede einzelne durchsehen und alles Überflüssige wegwerfen. Die meisten Akten sind überflüssig.

„Richtig groß. Erinnerst du dich an meine erste Wohnung? Es ist sogar noch größer. Ja, inklusive Balkon."

Allison hat sich über meine Beförderung den ganzen Morgen lang beschwert. Von dem Augenblick an, wo sie die Notiz auf ihrem Schreibtisch vorgefunden hat, hängt sie am Telefon. Sie hat jeden Menschen angerufen, den sie je kennen gelernt hat, und sich über diese Ungerechtigkeit beklagt. Die kurzen stillen Momente werden von heftigem Atmen oder Wählgeräuschen begleitet.

Christine streckt ihren Kopf über die dünne Wand und verdreht die Augen, um mir ihre Solidarität zu signalisieren. „Sie ist schrecklich", flüstert sie, obwohl sie gar nicht so diskret sein müsste. Allison hört sich immer nur selbst zu.

Ich werfe alle Ordner in eine gelbe Plastikkiste, schließlich kann ich die Akten auch in meinem neuen Büro durchsehen – in Ruhe und Frieden. „Ich weiß."

„Wovon spricht sie?"

„Hm?" frage ich geistesabwesend und betrachte den Stapel Werbeartikel, der sich in einer Ecke gesammelt hat. Brauche ich wirklich einen Beachball mit dem Logo einer Sonnencreme drauf?

„Sie sagt immer, dass es ihr Plan war." Christine lehnt sich gegen die Wand. „Was für ein Plan?"

Je mehr von dem Plan erfahren, desto unwahrscheinlicher ist es, dass er funktioniert. Ich halte ihr fragend den

Ball hin, und ohne auch nur kurz nachzudenken, schüttelt sie den Kopf. Ich lasse die Luft heraus und werfe ihn in den Müll. „Genau das frage ich mich auch die ganze Zeit. Was für ein Plan?"

Christine hat nun Allison fast genauso viele Jahre zuhören müssen wie ich. „Ich sage das ja nicht gern, aber ich glaube, sie dreht langsam durch."

„Echt?" frage ich, schockiert über diese Feststellung. Christine sagt normalerweise kein Wort über andere, nicht mal über Jane.

„Nun, sie hat nie sonderlich sinnvoll dahergeredet – zumindest konnte ich das nicht sehen –, aber in den letzten Wochen redet sie totalen, bösartigen Unsinn." Christine kommt nah an mein Ohr und flüstert: „Ich denke, sie könnte schizophren sein."

So was habe ich nicht erwartet. Obwohl ich am liebsten loslachen würde, behandle ich diesen Kommentar mit Respekt und Ernst. „Schizophren?"

„Ihre ewig langen Monologe sind so unverständlich, sie ist paranoid, und ihre Gespräche klingen, als ob sie sich in eine wahnhafte Idee hineinsteigern würde."

Christines Argumente klingen überzeugend. Obwohl ich die Wahrheit kenne, schafft sie es fast, mich zu überzeugen. Ich weiß nicht, was ich sagen soll.

„Meinst du, dass wir etwas unternehmen sollten?" fragt sie.

„Was?" stoße ich hervor. Eigentlich ist es ein Aufschrei, aber sie interpretiert es als Frage.

„Jemanden informieren", sagt sie ernsthaft.

Ein Bild taucht vor mir auf: Christine erklärt einer hysterischen Allison, dass schon alles gut werden wird, während sie von Pflegern in die Zwangsjacke gesteckt wird. „Nein", sage ich schnell, „ich glaube nicht, dass wir jemanden informieren sollten."

„Oder vielleicht sollten wir ihre Eltern anrufen?" Ihre Sorge scheint echt zu sein, und ich fühle mich schrecklich dabei, dass ich sie nicht beruhige.

„Noch nicht", sage ich, um Zeit zu schinden. „Schizophrenie ist eine ernste Sache, und wir sollten erst etwas unternehmen, wenn wir uns absolut sicher sind. Wir sollten sie einfach noch etwas länger beobachten."

„Ich habe sie schon ziemlich lange beobachtet", gesteht Christine. „Bist du sicher, dass wir noch länger warten sollten?"

In ein paar Tagen wird Allison sich wegen meiner Beförderung beruhigt haben. Die Wut wird verpuffen und sie wird mich dann nur noch stillschweigend hassen. „Ganz sicher."

Sie sieht nicht überzeugt aus, ist aber bereit, meinen Rat zu beherzigen, zumindest für eine Weile. Als sie mich fragt, ob sie mir beim Packen helfen soll, sage ich, dass ich alles unter Kontrolle habe.

Der Wurf

Meine Beförderung bedeutet also einen Ortswechsel. Jane hat mir Eleanors altes Büro zugewiesen. Nachdem es kurz vorher in einen Lagerraum umgewandelt worden ist, wurde es mit alten Zeitschriften gefüllt, die die Putzfrauen ordentlich in einer Ecke gestapelt haben. Die Türme aus Ausgaben vom März, April, Mai, Juni, Juli, August und September des letzten Jahres wackeln, wenn ich mich ihnen nähere. Man hat mir versprochen, die Zeitschriften morgen oder an einem der nächsten Tage zu entfernen, aber ich glaube kaum, dass das jemals geschehen wird. Meine neue Position scheint mir ungefähr so stabil wie ein Kartenhaus zu sein.

Weil mein Büro doppelt so groß ist wie Marguerites, und weil es eigentlich ihres sein sollte, bin ich etwas verlegen, als ich an ihre Tür klopfe.

„Vig, kommen Sie rein", ruft Marguerite erfreut. „Gratuliere zu Ihrer Beförderung. Redakteurin – *quel magnifique*. Setzen Sie sich und erzählen Sie mir alles."

Marguerite – oder ihr Faktotum – hat den Raum in der Zwischenzeit ein wenig eingerichtet. Die Stühle haben nun alle vier Beine und quietschen nicht mehr. Das ist eine gewaltige Verbesserung. „Da gibt's eigentlich gar nicht viel zu erzählen."

„Wussten Sie, dass etwas in der Art geplant war? Wie lange waren Sie jetzt Assistenzredakteurin?" fragt sie. Sie wirkt sehr freundlich, aber hinter ihrem höflichen Lächeln kann ich sehen, wie es in ihrem Kopf arbeitet. Sie versucht herauszufinden, in welcher Form meine Beförderung ihren Untergang beschleunigen könnte. Alles, was Jane in den beiden letzten Wochen unternommen hat, hatte diesen Hintergrund, deswegen kann ich ihr das Misstrauen nicht übel nehmen.

„Nur ein Jahr", sage ich, obwohl es sich um zwölf sehr lange Monate gehandelt hat. „Ich wäre nie auf die Idee gekommen. Normalerweise muss man immer darauf warten, dass ein anderer geht."

„Hm, ja, das habe ich auch gedacht. Ich vermute, Jane fand einfach, dass Sie eine besondere Auszeichnung verdient hätten." Ihre Stimme klingt, als ob sie eine mathematische Gleichung zu lösen versucht. Janes Großzügigkeit plus Vigs Beförderung ist gleich Marguerites Untergang.

Ihre Zahlen stimmen so zwar nicht ganz, aber das kann sie nicht wissen. „Vermutlich."

„Nun, aus welchem Grund auch immer, ich bin mir sicher, dass Sie es verdient haben. Ich habe den Eindruck, dass Sie ein sehr kluges Mädchen sind", sagt sie, faltet ihre Hände auf dem Tisch und beugt sich nach vorne. „Nun, was kann ich für Sie tun?"

„Ich wollte mit Ihnen ein paar Ideen für Artikel besprechen."

„Wunderbar. Ich bin ganz Ohr."

„Ich weiß, dass ich eigentlich mehr Serviceartikel schreiben sollte ..."

„Ja, ich habe Ihre Liste hier, aber bisher konnte ich noch keinen Blick drauf werfen." Sie lächelt entschuldigend.

Deswegen bin ich nicht hier. Ich kann mich kaum an die Ideen erinnern, die ich auf diese Liste geschrieben habe. „Ehrlich gesagt habe ich eine Idee, die in eine völlig andere Richtung geht. Sie ist nicht so nützlich wie ein Servicestück und viel umfangreicher als unsere normalen Artikel."

Interessiert lehnt sie sich noch weiter nach vorne. „Ja?"

Mehr Ermutigung brauche ich nicht. Ich erzähle eine

Weile von Pieter van Kessel, erkläre meine Idee, eine ganze Serie an Artikeln zu schreiben, die ein junges Talent durch all die Stufen des Erfolges begleiten sollen. Marguerite ist sehr empfänglich und macht sich Notizen, als ob das, was ich sage, tatsächlich wichtig wäre. Diese begeisterte Reaktion bekräftigt meinen Entschluss nur noch, van Kessels Karriere zu verfolgen. Ich werde sie verfolgen und meine Artikel schreiben und alle Daumen drücken, wobei ich mir trotzdem keine Illusionen mache. Eine Beförderung bedeutet mehr Freiheit und Verantwortung, aber deswegen habe ich noch lange keinen Einfluss auf den Inhalt der Zeitschrift. *Fashionistas* Inhalt ist wie das Grundgesetz der Vereinigten Staaten: Nur ein *Act of Congress* kann ihn ändern.

„Halten Sie mich darüber auf dem Laufenden", sagt sie, als ich lange genug über van Kessels Designs geschwärmt habe. „Ich würde sehr gerne zu seiner nächsten Modenschau gehen."

Ich erröte fast vor Freude. Ich kann es spüren, wie die Farbe in meine Wangen schießt, und kämpfe dagegen an. Bin ich wirklich so empfänglich für ein bisschen Aufmerksamkeit? Das darf nicht sein! „Ich sage Ihnen Bescheid, wenn es soweit ist."

„Wunderbar. Gibt es noch andere Ideen, über die Sie sprechen möchten?" Sie schaut auf ihre Uhr. „Ich freue mich immer über frische, aufregende Ideen. Australien ist vielleicht ein wenig aus der Welt, aber diese Distanz hat uns auch die Freiheit gegeben, ein paar bahnbrechende Artikel zu schreiben. Vielleicht kennen Sie die Serie über junge australische Designer?"

Ich habe nie im Leben eine australische Ausgabe der *Vogue* gelesen, mache ihr aber trotzdem Komplimente über die Artikel. Das ist eine harmlose Lüge, und Marguerites Lächeln wird noch breiter. „Sehr schön. Nun, wir könnten jetzt noch ein paar Ihrer interessanten Ideen diskutieren, den Rest können Sie mir dann ja ganz formlos schriftlich geben."

Ich kann kaum denken, so sintflutartig schießen die Ideen in meinen Kopf. *Fashionista* ist eine Ausnahmeerscheinung in der Zeitschriftenwelt. Normalerweise hängt alles von einem konstanten Fluss von frischen und interessanten Ideen ab. Wir hingegen haben es fertig gebracht, diesen verzwickten Teufelskreis zu umgehen, indem wir niemals etwas Frisches und Interessantes bringen. Monat für Monat sind die Prominamen das Einzige, was sich ändert. Die einzige Herausforderung für die Redakteure ist, die angesagtesten Promis auf unsere Seite zu bringen. Die schmerzhafte Wahrheit ist, dass der Typ, der die Nominierten für die Oscarverleihung vorliest, im Grunde nichts anderes tut als ich, nur, dass er es besser macht.

„Nun, ich dachte, wir könnten einen investigativen Artikel darüber schreiben, wer die Trendsetter wirklich sind", beginne ich langsam. Das ist etwas, das ich schon ewig mit mir herumtrage, aber bisher habe ich es noch nie ausgesprochen. „Normalerweise nähern wir uns den Trends immer nur von ganz oben, zeigen, was der letzte Schrei bei berühmten Schauspielerinnen ist. Aber ich finde, wir sollten uns auch mal die andere Seite ansehen – die Kids in den Secondhandläden, die die eigentlichen Kreativen sind", sage ich. Dann kläre ich sie über meine Trendtheorie auf (frühe Nachmacher, späte Nachmacher und dann Massenherstellung). Das hatte ich gar nicht vorgehabt, und ich bin mir sicher, dass Marguerite das alles schon mal gehört hat, aber ich kann nicht aufhören. Die Erfahrung, dass einem zugehört wird, ist einfach zu neu für mich.

Phase vier

Gavin Marshall ist wie ein pubertierender Jüngling. Sein Benehmen ist für alle Beteiligten äußerst anstrengend.

„Das ist jetzt aber zu viel des Guten", sagt Jane und wedelt spaßhaft mit ihrer Serviette vor Anita Smithers Gesicht herum, der Pressesprecherin von Gavin Marshall. „Wir können die Eröffnungsfeier nicht hier machen. Hier ist viel zu wenig Platz. Wo sollen denn die ganzen Promis stehen? Gavin, verstehen Sie meine Bedenken?"

„Wir werden seine Arbeiten in der *Karpfinger*-Galerie zeigen. Wir müssen einfach dort ausstellen, oder nicht, Darling?" Anita greift nach der dünnen, blassen Hand ihres Klienten mit offensichtlich völlig einseitiger Solidarität. Anita ist eine körperlich beeindruckende Frau. Kräftiger Knochenbau, und sie ist über eins achtzig groß. Ich würde ihr nicht gerne nachts auf einer einsamen Straße begegnen.

Gavin sagt nichts. Er ist ein kleiner Mann, sowohl was seine körperliche Erscheinung als auch seine Ausstrahlung angeht. Er scheint zufrieden damit zu sein, auf seine Gazpacho zu starren und so zu tun, als ob er allein am Tisch säße. Ich habe gesehen, wie er sich ein paar Mal umgeschaut hat, als ob er seine Flucht plante, aber bis jetzt verhält er sich ganz anständig und bleibt an Ort und Stelle sitzen.

„Warum können wir uns nicht auf eine prächtigere Umgebung einigen, sagen wir mal zum Beispiel das Guggenheim Museum?" fragt Jane und piekst ein Salatblatt mit der Gabel auf. Sie versucht nicht länger, ihre Verärgerung zu verbergen.

Wir sitzen in der Bar des Restaurants *Sea Grill*. Jane und Anita haben sich von der ersten Sekunde an nicht gemocht und fast umgehend begonnen, sich gegenseitig anzuzicken. Das überrascht mich nicht. Sie sind sich total ähnlich mit ihren Seidenschals und ihren verspiegelten Sonnenbrillen.

„Weil es eine Galerie-Ausstellung ist und deswegen in einer Galerie ausgestellt werden muss." Sie drückt ermutigend die Hand ihres Klienten. „Gavin, sei ein Schatz und erkläre ihr dein ziemlich einfaches Konzept."

Jane nimmt Gavins andere Hand. Er ist selbst schuld. Niemand hat ihn gezwungen, den Suppenlöffel wegzulegen und sich derart angreifbar zu machen. „Tut mir Leid, dass ich die Einzige an diesem Tisch bin, die findet, dass Ihre Skulpturen es verdienen, in einem Museum gezeigt zu werden."

Gavins Arbeit ist bereits in verschiedenen Museen auf der ganzen Welt zu sehen, aber Jane weiß das nicht. Sie ist wie einer dieser Moderatoren, auf die man zum Beispiel in einem Museum für Radio- und Fernsehgeschichte trifft. Das Einzige, was sie über diesen Künstler weiß, ist das, was ihre Assistentin ihr aufgeschrieben hat.

Anita bittet Gavin, Jane die Museen aufzuzählen, die seine Arbeiten bereits ausstellen, doch er bleibt stumm, und so rattert sie die Namen eifrig selbst herunter. Und es gibt keinen Grund, warum sie es nicht tun sollte. Schließlich wird sie dafür bezahlt, seine Errungenschaften der Welt zu verkünden.

„Wir werden die Eröffnungsfeier in der *Karpfinger*-Galerie machen, fertig, aus", sagt Anita und zupft Gavin am Ärmel. Sie möchte erreichen, dass er ihre Worte mit einer großartigen Geste unterstreicht. Dass er zum Beispiel verärgert aus dem *Sea Grill* stürmt. „Wenn es Ihnen nicht passt, haben wir nichts mehr zu besprechen."

Jane wäre am liebsten gar nicht hier. Sie ist nicht daran gewöhnt, sich mit Leuten abzugeben, die genauso schlecht erzogen sind wie sie, und sie weiß nicht, wie man damit umgeht. Wenn sie nicht darauf aus wäre, Marguerite mit ihren vermeintlich eigenen Waffen zu schlagen, würde sie in eine Parfümwolke gehüllt davoneilen. „Ich würde mir ja gern den Luxus gönnen, genauso halsstarrig zu sein wie Sie, aber Gavins Arbeit ist zu wichtig. Also muss ich um der Kunst willen meine persönlichen Gefühle hinten anstellen. Manche Menschen sind in der Lage, für die Kunst ein Opfer zu bringen."

Anita verzieht verächtlich die Oberlippe. Sie hat über die Hälfte ihres Lebens dafür geopfert und braucht so eine Banausin ganz bestimmt nicht, um ihr eine Moralpredigt zu halten. „Die Vernissage findet bei *Karpfinger* statt."

Jane beginnt langsam, aber sicher die Fassung zu verlieren, sie ist nur eine Haaresbreite davon entfernt, einfach rauszurennen.

„Jane, wie wäre es, wenn Sie dafür den Ort für die After-Show-Party auswählen?" schlage ich vor.

„Die After-Show-Party?" fragt Anita.

„Ich weiß schon genau, wo – *Mehanata 416 B.B.*", verkündet Jane. Dabei handelt es sich um ein heruntergekommenes bulgarisches Restaurant, in das die Supermodels in Scharen strömen. After-Show-Partys sind die Lieblingsbeschäftigung von Jane. Die sind meist viel exklusiver als das Hauptereignis, die meisten Promis trifft man dort. „Wir nehmen das Hinterzimmer. Vig, wir brauchen einen DJ, kümmern Sie sich darum." Sie wendet sich an Gavin. „Sie werden natürlich der Ehrengast sein. Dafür brauchen Sie was Entsprechendes zum Anziehen", sagt sie bestimmt, nachdem sie seine zerschlissenen Jeans und das abgetragene T-Shirt inspiziert hat. „Wir werden zusammen einkaufen gehen. Ich kenne die richtigen Leute."

Ich mische mich ein, bevor Jane ihm womöglich noch den Arm ausreißt. Sie hat ihn bereits total verängstigt. Er starrt auf seine Hand zwischen ihren Fingern, als würden sie zu einer Außerirdischen gehören. Er ist bereit, dieses Gliedmaß zu opfern, um sich selbst zu retten. „Hey, ist das da drüben nicht Damien Hirst? Ich glaube, er winkt Ihnen zu", rufe ich und deute vage in die Richtung einiger Topfpflanzen.

Die beiden Frauen sind überrascht und lockern ihren Griff. Gavin macht sich los und steht auf. „Ich muss mal eben Hallo sagen. Ich will nicht unfreundlich sein." Er wirkt, als ob er sich entschuldigen wolle, doch er sieht erleichtert aus.

„Sie klären alles andere untereinander, oder?" Ich will Jane und Anita zwar eigentlich nicht allein lassen, aber ich habe keine andere Wahl. Wenn Gavin aussteigt, dann funktioniert unser ganzer Plan nicht.

Als wir auf der Fifth Avenue und sicher vor neugierigen Blicken sind, sieht er mich an. „Ich verhungere. Wollen Sie was essen gehen?"

„Gerne." Ich bin überrascht, dass er nicht davongelaufen ist. Ich hätte es getan. Ich wäre so schnell wie möglich in die entgegengesetzte Richtung geflohen. „Worauf haben Sie Lust?"

„Jedenfalls nicht auf Gazpacho."

„Ich kenne einen Laden mit guten Sandwiches gleich da vorne."

„Klingt gut. Ich folge Ihnen."

„Sie kommen mir überraschend normal vor", sage ich.

„Ich weiß nicht, wie ich anders mit Anita fertig werden soll, als sie zu ignorieren", erklärt er mit vornehmem Akzent. „Man kommt am Besten mit ihr aus, wenn man autistisch veranlagt ist."

„Warum wollen Sie überhaupt mit ihr auskommen?"

Gavin zuckt mit den Schultern. Jetzt, wo wir weit von seiner Pressesprecherin entfernt sind, sind auch seine Züge entspannter. Seine großen blauen Augen scheinen nicht mehr sein ganzes Gesicht zu dominieren. „Meine Agentin schwört auf sie, und ich schwöre auf meine Agentin. Sie ist sehr gut in ihrem Job."

Ich erwäge, dasselbe über Jane zu sagen, aber dann überwiegt doch mein gesunder Menschenverstand. Er würde mir sowieso nicht glauben, deshalb wechsle ich das Thema. „Wir sind sehr froh, dass wir mit Ihnen zusammenarbeiten werden."

„Sind Sie das?" fragt er in leicht skeptischem Ton.

Jane hat mehr Schaden angerichtet, als ich gedacht hatte. „Verurteilen Sie *Fashionista* nicht allein wegen seiner Chefredakteurin. Sie ist eher ein Aushängeschild als sonst was."

Wir sind bei *Lou's Café* angekommen. Ich halte ihm die Tür auf. Es ist ein winziges Restaurant mit nur sieben Tischen, aber da es schon ziemlich spät ist – so in etwa halb drei –, bekommen wir problemlos einen Tisch. Die Bedienung platziert uns am Fenster, durch das Sonnenlicht strömt. Trotz Klimaanlage ist mir warm.

„Ich verurteile *Fashionista* wegen *Fashionista*", sagt er und nimmt die Speisekarte von der Bedienung entgegen. „Es handelt sich um eine sehr dumme Zeitschrift."

Gerade will ich eine flammende Rede darüber beginnen, wie wichtig wir für das kulturelle Leben sind, doch dann bringe ich es nicht über mich. Ich bleibe bei der Wahrheit. „Ja, ich weiß. Aber wir versuchen, künftig mehr Inhalte mit Tiefgang zu bringen. Deswegen wollen wir Sie."

„Tatsächlich?"

„*Fashionista* wird nicht einfach so ganz schnell ein Magazin mit Tiefgang werden. Dann würden unsere Leser eine Revolte anzetteln. Doch wir wollen die Gelegenheit nutzen, durch Ihre Arbeit über etwas Bedeutungsvolles zu berichten, während zur gleichen Zeit unsere Leserinnen bekommen, was sie wollen – Promis und hyperaktuelle Designer. Und wir lassen Sie dabei auch noch gut aussehen", erkläre ich.

Er denkt einen Augenblick nach. „Sind Sie sicher, dass Sie mich nicht einfach lächerlich aussehen lassen?"

„Passen Sie auf, Folgendes wird geschehen." Ich beschließe, ihm alles genau zu erklären, damit er sich keine Sorgen macht. „Wir werden einen Fotografen und einen Redakteur in Ihr Studio in London schicken. Der Fotograf wird sich zehn Stunden lang über das schlechte Licht beschweren, während unser Redakteur Sie zum Mittagessen einlädt und einfache Fragen über Ihre Arbeit stellt: Woher nehmen Sie Ihre Ideen? Wer sind Ihre Vorbilder? Dann werden wir ein paar Aussagen von den Designern drucken, deren Kleider Sie für Ihre Ausstellung benutzen – die werden sich geehrt fühlen, dass sie Teil einer solch außerordentlichen Veranstaltung sind. Schließlich werden wir ein paar Kunstkritiker ausfindig machen, die Ihre kontroverse Kunst verteidigen und preisen – nach dem Motto, Kunst muss nach vorne blicken oder verschwinden, das Risiko, ewig verdammt zu werden ist groß, aber die künstlerische Belohnung noch größer." Ich rutschte auf meinem Stuhl hin und her, um den Sonnenstrahlen auszuweichen. „Nichts, wovor Sie Angst haben müssten. Es geht nur um zweitausend Worte, die Sie vorher sehen dürfen."

„Das ist alles?" Wie jemand, der einen Vertrag durchliest, versucht er, den Haken zu finden. Aber es gibt keinen Haken.

„Das ist alles."

„Versprochen?"

„Ich bin Redakteurin. Ich kann niemandem irgendwas versprechen", sage ich ehrlich. „Aber ich kann mir nicht vorstellen, was sie anderes tun könnten. Gibt es irgendwelche Berühmtheiten, die ein Kunstwerk von Ihnen besitzen?"

„Nicht, dass ich wüsste."

„Gut, dann brauchen Sie sich darüber auch keine Sorgen zu machen. Es gibt überhaupt keinen Grund, sich Sorgen zu machen", versichere ich. „Wir werden acht wunderschöne Seiten Ihren Arbeiten widmen, und alles, was Sie tun müssen, ist, sich vor einem *Fashionista*-Logo fotografieren zu lassen. Meinen Sie, das bekommen Sie hin?"

Gavin Marshall nickt und nimmt wieder die Speisekarte zur Hand. Er hat keine Lust mehr, übers Geschäft zu sprechen. „Was empfehlen Sie?"

„Der Mandarin-Hühnchen-Salat ist fantastisch", antworte ich.

Als die Bedienung endlich zu uns kommt, bestellen wir beide Hühnchensalat. Und dann essen wir, trinken Limonade und sprechen über seine Idee, die hinter der „Vergoldung der Lilie" steckt.

Gavin ist ein angenehmer Gesprächspartner. Er erklärt, dass er mit seiner Arbeit auf die der Religion beraubten Spiritualität der Modebranche hinweisen will. Ich versuche, mich zu entspannen, aber an mir nagt das Gefühl, dass das, was er aussagen will, gerechtfertigt ist. Ich habe die Wahrheit gesagt – ich kann mir nicht vorstellen, was *Fashionista* sonst noch tun könnte –, aber meine Vorstellungskraft ist auch nicht grenzenlos. Nur weil mir nichts anderes eingefallen ist, heißt das noch lange nicht, dass Dot oder Jane oder Lydia nicht mit einer weiteren Idee ankommen. Es gibt zwischen Himmel und Erde so vieles, was ich mir nicht hätte träumen lassen.

Das Jesus-Paket

Lydia hat ein Eckbüro. Es ist groß und geräumig, sieben Leute haben bequem darin Platz. Als ich eintrete, sitzen Marguerite, Anna und Dot vorm Fenster auf dem Sofa. Dot hat ihre Füße auf den Couchtisch gelegt, in der einen Hand hält sie eine Tasse Kaffee, in der anderen einen Doughnut. Die beiden leitenden Redakteure, mit denen ich mich höchstens mal auf der Weihnachtsfeier unterhalten habe, Soledad und Harry, kommen nach mir ins Zimmer. Sie nehmen sich *Crispy Cremes* aus der Schachtel auf Lydias Tisch, setzen sich auf den Zweisitzer in der Ecke und erzählen allen Anwesenden von ihrem schrecklichen Vormittag. Die Atmosphäre ist freundschaftlich und warm, die Leute sehen sich gegenseitig an, wenn sie sprechen. Hier handelt es sich um die Art Konferenz, zu der richtige Redakteure eingeladen werden.

Nachdem ich zum ersten Mal an einem solchen Meeting teilnehme, bin ich ein wenig nervös. So wie beim ersten Schultag – hoffentlich redet jemand mit mir, was, wenn ich nicht mitkomme? Ich nehme mir einen Doughnut, fest entschlossen, einen guten Eindruck zu hinterlassen. Ich habe mich fünf Jahre lang auf diesen Augenblick vorbereitet.

Nach ein paar Minuten Smalltalk spricht Lydia den Grund dieses Treffens an. „Wie einige von Ihnen bereits wissen, werden wir in der Dezemberausgabe etwas Neues probieren. Jane hatte einen Geistesblitz."

Auf allen Gesichtern liegt ein Ausdruck extremsten

Interesses, was mir beweist, dass ich hier die Einzige bin, die über Janes Geistesblitz Bescheid weiß.

„Wir werden als Titelgeschichte etwas über Gavin Marshall bringen und zugleich eine Party im November für ihn ausrichten", verkündet sie und schaut dabei unauffällig zu Marguerite, um ihre Reaktion zu beobachten. Als Marguerite überhaupt nicht reagiert, verbirgt sie ihre Enttäuschung und fährt fort: „Wie Sie zweifellos alle wissen, ist Gavin ein einflussreicher junger Künstler aus England. Seine Arbeit ist sehr avantgardistisch, und er wird oft dafür kritisiert, dass er religiöse Symbole benutzt", erklärt sie in Marguerites Richtung, nur für den Fall, dass diese den Namen nicht richtig verstanden hat.

Anna – rote Hosen, roter Pulli mit Rüschen, Strasshalsband – schaut von ihrem Notizblock hoch. „Das klingt, als sei das ein viel zu heißes Eisen für *Fashionista*. Sind wir wirklich sicher, dass wir was über ihn bringen wollen?"

Obwohl das eine berechtigte Frage ist und vor allem eine, die Lydia sich normalerweise selbst stellen würde, geht sie einfach darüber hinweg. Sie kann Marguerite fast ebenso wenig leiden wie Jane. „Es gibt nichts, das für *Fashionista* zu heiß wäre. Wir sind Marktführer der Style- und Modezeitschriften", sagt sie und zitiert damit unsere Pressemeldungen.

„Wie heißt die Ausstellung?" fragt Dot.

„'Vergoldung der Lilie'", antwortet sie.

Marguerite verschluckt sich fast an ihrem Doughnut. „Entschuldigung", sagt sie, nachdem der Hustenanfall vorüber ist. „Meinen Sie diese Jesus-als-Transvestit-Ausstellung?" Marguerite ist schockiert. Sie hat genug gesunden

Menschenverstand, um zu erkennen, dass Jesus in Frauenkleidern nichts ist, worüber wir berichten sollten.

Aber Lydia weiß das nicht. Und das ist genau die Reaktion, auf die sie gewartet hat. Jetzt kann sie Jane ehrlich und erfreut berichten, dass Marguerite schockiert war, als sie die Wahrheit herausgefunden hat: dass Jane ihre Idee geklaut hat.

„Ja, wenn Sie es so platt ausdrücken wollen, ‚Jesus als Transvestit', auch wenn Jane es lieber die ‚Vergoldung der Lilie' nennt. Gavin hat Abendkleider einiger der bekanntesten Designer genommen, und sie verschiedenen Jesusstatuen aus Gips angezogen", erklärt sie dem Rest der Anwesenden.

Anna zieht die Augenbrauen zusammen. Auch wenn wir Marktführer bei den Style- und Modezeitschriften sind, ist sie nicht davon überzeugt, dass wir uns mit so einem kontroversen Thema beschäftigen sollten. „Sind Sie sicher?"

„Dass die Abendkleider von den momentan bekanntesten Designern sind? Ja natürlich, absolut", entgegnet Lydia. „Ich habe die Liste hier bei mir. Tom Ford, Alexander McQueen, Michael Kors, Stella McCartney, Julien MacDonald, sie alle haben Abendkleider zur Verfügung gestellt. Und sie alle werden auf der Party sein, die wir sponsern. Das ist eine großartige Gelegenheit für uns, unseren Namen zu präsentieren. *Fashionista* wird ein Synonym für Avantgarde und Exklusivität werden." Bevor noch jemand protestieren kann, fährt sie schnell fort: „Jane möchte, dass wir die Dezemberausgabe völlig um diese Ausstellung herum gestalten."

„Wie meinen Sie das?" frage ich, plötzlich ziemlich verängstigt.

„Die ‚Vergoldung der Lilie' wird unser Hauptthema sein", erklärt Lydia. „Und von dort aus machen wir weiter." Sechs ausdruckslose Gesichter starren sie an, aber das entmutigt sie nicht. „Nun, wer hat eine Idee?"

Nach einigen langen Minuten des Schweigens, in denen Lydia weiterhin begeistert und optimistisch blickt, unternimmt Soledad einen Versuch. „Ich habe noch nicht ganz verstanden, was Sie sich vorstellen, aber wie wäre es in die Richtung: Jesus als Mode-Ikone. Wie Jesus die Mode zweitausend Jahre lang beeinflusst hat."

„Jesuslatschen waren letzten Sommer total angesagt", bemerkt Anna.

Harry hebt wie ein Schüler die Hand. „Alle tragen momentan Weiß."

„Wir könnten außerdem etwas über andere Mode-Ikonen bringen", schlägt Marguerite vor. „Audrey Hepburn, Gracia Patricia, Jackie Kennedy."

„Großartiger Vorschlag", sagt Lydia automatisch. Audrey, Grace und Jackie lösen immer Beifall aus, egal, in welchem Zusammenhang.

„Oh, ich habe noch eine Idee", ruft Anna eifrig. Sie hüpft geradezu auf ihrem Stuhl auf und ab. „Wir suchen Schauspieler, die Jesus dargestellt haben – Willem Dafoe, Christian Bale, Victor Garber, der Typ aus *Jesus Christ Superstar* –, und ziehen Ihnen aktuelle Mode an."

„Was ist mit einer Krippenszene?" fragt Harry.

Alle schauen ihn an.

„Was ist damit?" fragt Dot.

„Wer hat welche Krippe zu Hause? Ich könnte eine Liste der schönsten Krippen zusammenstellen und die Promis, die sie besitzen." Harry war einmal Redakteur der Wohnseiten, und obwohl er inzwischen leitender Redakteur ist, hängt er noch immer an seiner alten Aufgabe. „Ein paar Anrufe und ich habe alle Infos, die ich brauche."

Lydia nickt. Sie liebt es, wenn Redakteure freiwillig die Arbeit für andere übernehmen. Dann muss sie sich nicht damit abmühen, die Aufgaben zu verteilen. „Gut, tun Sie das. Noch was?"

Dot: „Was Sie bei Ihrer Wiederauferstehung tragen sollten."

Soledad: „Kruzifixe: Welche Sie für weniger als $ 100, $ 1.000 und $ 10.000 bekommen."

Marguerite: „Beste Erholung: Machen Sie Urlaub an Galileis Küste."

Ich schweige die ganze Zeit. Ich schweige trotzig, mich verzehrt heftigste Reue. Schließlich weiß ich, was ich eigentlich tun müsste. Ich weiß, dass ein anständiger Mensch Gavin Marshall warnen würde, dass sein schlimmster Albtraum dabei ist, wahr zu werden, dass er die Hauptattraktion in diesem Jesus-Zirkus sein wird. Doch ich werde bis zum Schluss mitspielen.

„Das sind hervorragende Ideen für den Anfang", ruft Lydia, als sie die Besprechung langsam ausklingen lassen will. Sie haben eine halbe Stunde damit verbracht, über Jesus zu sprechen, ohne auch nur einmal das Wort *Christentum* oder *Glauben* zu erwähnen. Gottes Sohn ist niemals so weltlich gewesen. „Ich werde Jane Ihre Ideen vorlegen und Sie dann wissen lassen, was sie davon hält." Lydia hält die übrig gebliebenen *Crispy Cremes* in die Höhe – zwei mit Schokolade, einer mit Vanillecreme und einer mit Marmelade – und fragt, ob sie jemand will, bevor sie sie wegschmeißt.

Ich schlage vor, dass wir sie in die Küche stellen, für den Fall, dass ein anderer Kollege hungrig ist, aber meine Worte werden nur mit entsetzten Blicken honoriert. Lydia lacht blasiert, sagt, dass sie mich drollig findet, und wirft sie in den Mülleimer.

Als wir das Büro verlassen, sagt Lydia noch einmal, dass sie von uns allen beeindruckt ist, aber ich glaube, das stimmt nicht. Ich glaube nicht, dass sie von mir beeindruckt ist.

Drinks bei „60 Thompson"

Maya zeigt mir verschiedene Möglichkeiten, sich zu entstellen. Ich soll ihr helfen, herauszufinden, was am ehesten die Blicke auf sich zieht.

„Okay, ein letztes Mal. Findest du das besser ...", sie malt sich zwei Zähne schwarz und lächelt, „... oder das?" Nun zieht sie sich eine Augenklappe über.

Ich widme dieser Frage die Aufmerksamkeit, die sie verdient. „Die Zähne. Auf jeden Fall die Zähne."

Sie kontrolliert noch einmal ihr Spiegelbild, blickt mich dann mit einem Auge an. „Warum?"

„Es ist irgendwie raffinierter. Man bemerkt deine Zähne erst, wenn du lächelst. Außerdem denke ich, dass du dann weniger befangen bist. Und zu guter Letzt glaube ich nicht, dass es dich bei deiner Arbeit behindert. Du solltest nicht nur mit einem Auge Korrektur lesen."

Maya hört sich meine Ausführungen genau an. Sie kommt mir vor wie ein Marktforscher. „Nächster Punkt: das Kissen." Ihre Trickkiste ist voller Überraschungen, sie wühlt in ihrer Tasche herum, um eine weitere Requisite herauszuziehen. Sie stopft sie gerade unter ihr T-Shirt, als Gavin erscheint.

Wir sitzen in der Bar des *60 Thompson*, wo Gavin und seine Pressesprecherin während ihres New-York-Aufenthalts wohnen. Ich schaue noch mal genau hin, um sicher zu sein, dass Anita nicht hinter ihm ist.

Gavin, der meinen Blick genau durchschaut und verstanden hat, gibt mir einen Kuss auf die Wange und lacht. „Keine Bange. Sie ist heute Abend mit einem Journalisten verabredet." Sein Blick fällt auf Maya, die sich nicht entscheiden kann, ob sie das Kissen wieder hervorziehen oder ganz unter ihr T-Shirt schieben soll. Da sie noch nie zuvor jemanden halbschwanger begrüßt hat, weiß sie nicht, wie sie sich verhalten soll.

„Gavin, das ist Maya, meine Freundin, von der ich Ihnen erzählt habe."

„Hi, Maya", sagt er und streckt die Hand aus. „Schön, Sie kennen zu lernen."

Maya lächelt. „Sie kommen gerade richtig. Ich mache soeben eine Meinungsumfrage. Was finden Sie besser? Den Schwangerschaftsbauch ...", sie steht auf und rückt die Wölbung zurecht, „... oder den Buckel?" Wir warten, während sie das Kissen von ihrem Bauch auf den Rücken schiebt.

Gavin bedenkt die Frage sehr ernsthaft und kräuselt die Lippen. „Ich glaube, ich muss noch mal den Schwangerschaftsbauch sehen."

Ich schütte meinen Gin Tonic hinunter und versuche, meinen rasenden Herzschlag zu beruhigen. Das Schuldgefühl ist geradezu überwältigend. Es fehlt nicht viel, und ich werde hyperventilieren. In dem Bemühen, wieder Fassung zu gewinnen, winke ich dem Barkeeper und bestelle noch einen Drink.

Dieses Gefühl begann vor fünf Stunden, als Gavin mich anrief und mir seine offizielle Zusage gab. „Aber keine krummen Sachen. Da nehme ich Sie beim Wort." Dann schlug er vor, mit mir auf die unheilige Allianz zwischen Kunst und Kommerz anzustoßen. „Es ist mein letzter Abend hier in der Stadt."

„Nein", rief ich entsetzt. Ich war gerade erst aus der Jesus-Konferenz gekommen und nicht darauf vorbereitet, allein mit ihm und meinen Schuldgefühlen mehrere Stunden zu verbringen. „Heute Abend habe ich keine Zeit."

„Macht nichts."

„Ich würde natürlich sehr gerne, aber ich gehe mit einer Freundin ins Kino. Ich könnte das ja absagen, weil es schließlich Ihr letzter Abend ist, aber sie hat sich gerade von ihrem Freund getrennt und braucht meine emotionale Unterstützung", plapperte ich aufgeregt. Das tue ich immer, wenn ich nervös und von Schuldgefühlen zerfressen bin. Ich seufzte schwer. „Es ist so schade, dass ich Sie nicht mehr sehen werde."

„Um wieviel Uhr startet der Film denn?"

Ich bin keine gute Lügnerin, die Details meiner Geschichten habe ich meistens nicht abrufbereit. „Äh, um neun."

„Um neun?" fragt er.

Er klingt misstrauisch, weshalb ich den Anfang auf eine etwas glaubwürdigere Zeit verschiebe. „Halb zehn."

„Gut, wenn der Film um halb zehn beginnt, könnten Sie doch vorher in meinem Hotel vorbeikommen und was trinken."

„Aber Maya ...", protestiere ich.

„Bringen Sie Maya mit", sagte er. „Meine Freundin und ich haben uns auch gerade erst getrennt. Wir können uns gegenseitig bei einem Whiskey Soda bemitleiden."

Maya mag keinen Whiskey, aber sich gegenseitig bemitleiden schon. „Gut", stimme ich zu. Manche Dinge kann man einfach nicht ändern.

Nachdem ich aufgelegt hatte, rief ich Maya an und beichtete ihr mein Lügenmärchen. Nachdem sie für den Abend noch nichts vorhatte und meine verzweifelte Lage sie außerordentlich amüsierte („Erzähl das mit den Krippenspielen und den Stars, die sie besitzen, noch mal."), stimmte sie schnell zu, Erfahrungen mit einem berühmten Künstler aus England auszutauschen.

„Das ist sehr gut", sagte sie. „Ich suche noch Ideen für Artikel und würde dir gerne ein paar aus der Nase ziehen."

„Aber ich weiß nichts über die zehn besten Wege, ihn verliebt zu machen", warne ich sie.

Sie lachte und versicherte mir, dass es um solche Themen nicht gehe.

„Was machen Sie denn beruflich?" fragt Gavin, nachdem er sich für den Buckel statt für den Schwangerschaftsbauch entschieden hat. Ich unterstütze seine Entscheidung, woraufhin das Kissen wieder in eine pinkfarbene Plastiktasche gestopft wird.

„Ich arbeite mit Fremden", antwortet sie und kritzelt wild auf ihrem Notizblock herum.

Obwohl er sicher einen etwas gewöhnlicheren Beruf erwartet hat, so was wie Kostümdesignerin oder Innenausstatterin, nimmt er diese Antwort mit einem Nicken hin. „Ist das ein Full-Time-Job?"

„Nein, ich arbeite so viele Stunden, wie ich will." Nun hat sie eine weitere Tasche auf ihrem Schoß und wühlt darin herum.

„Maya ist Autorin", erkläre ich.

Sie hebt den Kopf und schaut mich wütend an. „Ich lese Korrektur."

Das ist eine dieser ersten Richtlinien: Nenne dich selbst erst Autorin, wenn du etwas Geschriebenes verkauft hast.

Klug genug, die Spannung nicht zu verschärfen, fragt Gavin: „Sie lesen Korrektur?"

„Man nennt uns auch Unter-Lektoren", ruft sie fast spöttisch, „als ob wir keine menschlichen Wesen wären."

Gavin hustet und blickt auf den Boden, offenbar fühlt er sich ein wenig unbehaglich. Er ist es gewöhnt, über das Königshaus und den Kolonialismus und Sandwiches mit Marmite, diesen seltsamen Brotaufstrich aus Hefeextrakt, zu diskutieren, aber nicht über die Terminologie der Zeitschriftenbranche. „Und Sie schreiben auch?"

„Ein wenig."

Mayas gereizte Stimmung lässt meine Schuldgefühle

schwinden, und zum ersten Mal seit Stunden atme ich befreit durch. „Sie arbeitet gerade jetzt an einem Artikel. Maya", rufe ich wie eine Talkshowmoderatorin, „erzähl uns von deinem aktuellen Projekt."

Eigentlich gefällt es ihr nicht, dass sie jetzt so im Mittelpunkt steht, aber schließlich fügt sie sich doch. Sie ist viel zu begeistert von ihrer Idee. „Ich arbeite mit Fremden", sagt sie.

Ich verdrehe ungeduldig die Augen. Man kann so was innerhalb eines Abends nicht unbegrenzt oft sagen. Gavin wartet einfach ab.

„Meine Kollegen schauen mir kaum ins Gesicht, die meisten von ihnen wissen nicht einmal meinen Namen", erklärt sie. „Vor zwei Wochen hatte ich eine sehr ansteckende Form von Bindehautentzündung, und niemandem ist etwas aufgefallen."

„Vielleicht waren sie nur einfach höflich", schlägt Gavin vor.

Maya schüttelt den Kopf. „Das sind keine höflichen Menschen. Ich trage einen hübschen Pulli, kein Kommentar. Ich niese, niemand sagt Gesundheit. Ich bin nicht ein einziges Mal gefragt worden, wie es mir geht. Ein Übermaß an guten Manieren ist hier also nicht das Problem. Wie auch immer, diese Bindehautentzündung hat mich auf eine tolle Idee gebracht." Sie macht eine Pause, um die Spannung zu erhöhen. „Ich werde mit immer bizarreren und auffälligeren Verkleidungen zur Arbeit gehen und abwarten, wie lange es dauert, bis jemand etwas dazu sagt."

„In diesem Fall ändere ich meine Meinung", sagt Gavin.

„Dann würde ich den Schwangerschaftsbauch bevorzugen."

Sie schreibt das in ihr Buch hinein. „Wieso?"

„Auch wenn ich finde, dass ein plötzlich gewachsener Buckel extrem bizarr ist, so könnte es doch vorstellbare medizinische Erklärungen dafür geben, sagen wir mal einen Autounfall oder eine familiäre Erbkrankheit, die plötzlich Buckel wachsen lässt. Aber eine Schwangerschaft im neunten Monat über Nacht?" Ihm scheint die Vorstellung zu gefallen. Plötzlich sehe ich zwanzig Jesusstatuen in Schwangerschaftskleidung vor mir. „Das ist geradezu brillant. Sie werden sich fragen, ob sie neun Monate lang etwas übersehen haben."

„Das ist ein gutes Argument. Ich ändere meine Meinung ebenfalls", sage ich.

„Habe die überwältigende Mehrheit für den Schwangerschaftsbauch ordentlich notiert. Nun, zum nächsten Vorschlag." Sie hält eine Plastikmaske hoch, eine von denen, die Kinder an Halloween tragen. „Frankenstein oder Werwolf?"

Ohne zu überlegen lehnt Gavin beide ab. „Keins von beiden. Viel zu auffällig. Sie wollen doch eine Reaktion provozieren und nicht mit aller Macht etwas erzwingen. Wie wäre es aber mit diesen Narben, die Frankenstein am Hals hat?"

Maya applaudiert. „Wunderbar! Das ist genau die Art von Feedback, die ich brauche."

„Wem wollen Sie diese Idee verkaufen?" fragt Gavin. „Welche Zeitschriften stellen Sie sich so vor?"

Sie zuckt mit den Schultern, ihre Begeisterung lässt

merklich nach. „Ich habe nur Beziehungen zu Frauenmagazinen, und die interessieren sich für solche Artikel eher nicht."

Ich nicke heftig. „*Cosmopolitan*: Mein Freund arbeitet mit Fremden – und acht andere Dinge, die Sie wissen müssen, bevor Sie Ja sagen."

„Wie wäre es mit Tageszeitungen? Hat die Sonntagszeitung nicht eine Beilage? Die bringen doch immer so Erfahrungsberichte. Das machen alle Zeitungen", behauptet er.

„Die *New York Times* hat eine Rubrik unter dem Titel *Lives*, aber das ist auch nicht das Richtige", erkläre ich. „Da ist alles aus Sicht der Eltern geschrieben: Meine Tochter arbeitet mit Fremden!"

„Okay, okay." Er ist noch immer bester Laune. Er, der die Kunstwelt bereits im Griff hat, will sich von der Zeitschriftenbranche nicht unterkriegen lassen. „Wie wäre es z. B. mit dem *New Yorker*? So etwas würde da perfekt reinpassen."

Maya lacht. „Klar, kein Problem. Als ob die sich für mich interessieren würden. Die sind ja geradezu wild auf eifrige Korrektorinnen, die Manuskripte einsenden."

Er macht noch einen Versuch. „*Salon*? Die haben vor ein paar Monaten über meine Arbeit berichtet."

Maya kennt *Salon* nicht. Sie schaut mich an.

Ich zucke mit den Schultern. „Kann auf jeden Fall nicht schaden, schätze ich. Warum nicht?"

Nachdem niemand antwortet, kommen wir überein, dass *Salon* eine Möglichkeit wäre. Maya dankt Gavin für seine Begeisterung und seine Hilfe und will ihm einen Drink spendieren.

„Nein, das kommt überhaupt nicht in Frage, ausgeschlossen", sagt er. „Ich bestehe darauf zu zahlen. Ich habe Sie schließlich hierher eingeladen."

Sie streiten sich fünf Minuten lang über die Richtigkeit dieser Behauptung, bevor sie einen Kompromiss schließen. Maya ist damit einverstanden, dass Gavin ihren Drink bezahlt, wenn er zugibt, dass er anfänglich nicht sie, sondern mich eingeladen hat.

„Ich bin dazugekommen", sagt sie, nachdem eine Einigung zustande gekommen war. „Ich bin der Reis, der zum Hühnchen süß-sauer serviert wird."

„Sie sind das süß-saure Hühnchen", behauptet er steif und fest.

Wenn Maya also sowohl der Reis als auch das Hühnchen ist, will ich gar nicht erst erfahren, was ich dann bin (vielleicht eine Flasche Sojasoße). Aber keiner von den beiden denkt an mich. Gavin und Maya legen erst richtig los. Sie verstehen sich so gut, dass der Kinofilm um halb zehn überhaupt nicht mehr erwähnt wird. Zehn Uhr, elf Uhr und Mitternacht gehen vorüber, ohne, dass jemand etwas dazu sagt.

Um halb eins gebe ich meiner Erschöpfung nach und kündige an, gehen zu wollen. Was ihnen kaum auffällt. Nach mehreren Cosmopolitans ist Maya entspannt genug, um über ihre Schreiberei zu sprechen – ihre echte Schreiberei. Sie erzählt Gavin alles über ihre Krimis, die nicht sehr rätselhaft sind, und von ihrer ehemaligen Agentin. So, wie sie es erzählt, klingt es, als ob Marcia mit Dr. Livingston irgendwo in Afrika wäre. Daraufhin steuert Gavin freudig eigene Geschichten über Ärger mit Agenten bei, woraufhin Maya zwar ihre Richtlinie für den 15. August erklärt, aber nicht darauf beharrt, weil sie zu betrunken ist.

Als ich sie mit ihrem Gespräch alleine lasse, diskutieren sie gerade, wie viel komisches Potenzial das Vergiften einer Magersüchtigen hätte. Maya hat eine neue Idee für ein Buch, und ich bin glücklich vermelden zu können, dass es sich dabei nicht um einen Liebesroman handelt.

Der schöne Druck

Jane macht die Botox-Spritze dafür verantwortlich.

„Früher wusste man immer genau, was Marge vorhatte. Man sah diese Falten zwischen ihren ungezupften Augenbrauen, und schon wusste man, dass sie etwas ausbrütete. Gott, sie war so leicht zu durchschauen. Zusammengezogene Augenbrauen bedeuteten, dass sie sich eine Rache für irgendeine eingebildete Bosheit ausdachte. Gerunzelte Stirn hieß, dass sie deinen Untergang plante. Aber dank moderner Medizin ist es unmöglich, sicher zu sein", sagt sie verächtlich, als ob nicht die moderne Medizin alle sechs Monate ihre Lachfalten verschwinden lassen würde. „Und deswegen sind Sie jetzt am Zug."

„Ich?" frage ich vorsichtig, und erwäge, schnell zu verschwinden, solange noch Zeit dafür ist. Da liegt was in der Luft. Etwas sehr Unangenehmes. Das kann ich daran erkennen, wie ihre Augen erwartungsvoll glänzen und ihre Lippen an den Winkeln nach oben gezogen sind. Jane sieht nur glücklich aus, wenn sie die Vernichtung eines anderen plant.

„Sie werden meine Augen und meine Ohren sein." Ihre Finger trommeln sanft über das blank polierte Holz ihres Schreibtischs. „Ich möchte, dass sie ganz nahe an ihr dranbleiben – aber nicht zu nahe. Wir wollen ja nicht, dass es auffällt. Bleiben Sie in der Nähe ihres Büros, wenn sie telefoniert. Durchstöbern Sie ruhig ihren Schreibtisch. Durchsuchen Sie ihre Computerdateien. Knacken Sie ihr Outlook-Password. Verfolgen Sie sie, wenn sie zum Mittagessen geht."

Ich lausche höflich und mache mir Notizen, habe aber natürlich nicht die Absicht, irgendetwas in der Art zu tun. Was auch immer Jane glauben mag, ich bin nicht ihr Mann in Havanna.

„Rufen Sie George an", fährt sie fort. „Er wird Ihnen die entsprechende Ausrüstung besorgen."

George ist unser Technik-Autor. Er lebt in einer Blockhütte in Montana und schreibt monatlich Artikel über teures Spielzeug. „George?"

Sie nickt. „George schreibt gerade einen Artikel über ausgeklügelte Überwachungssysteme der Stars. Er hat bestimmt ein paar Namen und Telefonnummern von örtlichen Händlern. Kaufen sie alles auf Ihre Kreditkarte und stellen es uns in Rechnung."

„In Ordnung", sage ich, als ob das Erwerben von illegalen Abhörgeräten mal eben an die erste Stelle meiner Aufgabenliste gerutscht wäre. Was nicht der Fall ist. Ich werde George anrufen, für den Fall, dass Jane mir hinterherspioniert, aber ich werde meine Mittagspause nicht damit verbringen, New York nach komplizierten Kameras und winzigen Mikrofonen, die durch ein Nadelöhr passen, zu durchkämmen. Ich werde einfach ein paar Tage lang versuchen, nicht aufzufallen, und ihr dann von ein paar kleinen, angeblichen Intrigen berichten, um sie zu zufrieden zu stellen.

„Ich erwarte regelmäßige Berichte", fügt sie hinzu. Ich bin nun seit fast dreiundzwanzig Minuten in ihrem Büro, und sie hat nichts anderes getan, als Befehle zu geben – rufen Sie den Partyservice an, treffen Sie eine Verabredung mit Anita, lassen Sie diese Papiere kopieren, schicken Sie ein Fax an die *Karpfinger*-Galerie, schreiben Sie eine Pressemitteilung für die „Vergoldung der Lilie". In den letzten Wochen bin ich Janes Hilfslazarett geworden. Obwohl ich nun den Titel Redakteurin habe, bin ich zur Assistentin degradiert worden. Es ist kein großes Rätsel, wie das passieren konnte – so behandelt Jane eben Menschen, deren Seelen sie zu besitzen glaubt.

„Ich will jede Minute des Tages darüber informiert sein, was sie tut. Wissen ist Macht. Wo sie nun weiß, dass ich ihr ihre Idee weggenommen habe, wird sie kochen vor Wut", ruft Jane. Die Vorstellung, dass Marguerite wie einem wütenden Bullen Rauch aus den Ohren kommt, lässt sie entzückt erschaudern.

Ich verlasse das Büro und renne an Jackie vorbei, die so tut, als ob sie ganz vertieft in eine Notiz wäre, in Wirklichkeit aber die Minuten gezählt hat, die ich mit ihrer Chefin hinter verschlossener Tür verbracht habe. Jackie grollt mir wegen der vielen Zeit, die ich mit Jane verbringe, und vermutet, dass ich hinter ihrem Job her bin. Die Vorstellung, dass irgendjemand freiwillig so viel Zeit mit Jane verbringt, ist so aberwitzig, dass ich lachen muss. Aber Jackie glaubt, dass es ein hämisches Lachen ist, und starrt mir verbittert hinterher.

Dies ist nur ein weiteres Date

Alex will wissen, warum ich noch immer für *Fashionista* arbeite.

Eine Dreiviertelstunde lang hört er mir geduldig zu, wie ich mich über Janes Rachsucht und Dots Fadheit auslasse und über die allgemeine Promigeilheit, die mein Leben in den letzten fünf Jahren geprägt hat. Dann schüttelt er langsam den Kopf, blickt mich prüfend an und stellt die Frage, die auf der Hand liegt: Warum? Warum bin ich nicht schon längst gegangen? Warum hege und pflege ich sogar meine Unzufriedenheit noch?

„Hegen und pflegen finde ich ein wenig übertrieben", verteidige ich mich.

„Du weißt, warum ich noch in der Firma bin. Aber warum bist du es?"

Es gibt mehrere Antworten auf diese Frage, und ich erwäge sie alle sorgfältig, während ich auf unser Essen warte. Die ehrlichste Antwort wäre, dass ich eine träge Kreatur bin. Die nächste Wahrheit wäre, dass ich nicht weiß, was ich mit dem Rest meines Lebens anfangen soll. Und die dritte Wahrheit ist, dass ich Angst vor Veränderungen habe – ich habe entsetzliche Angst davor, vom Regen in die Traufe zu kommen. Aber diese Antworten will ich nicht geben. Alles an Alex ist noch neu für mich. Sein Geruch, sein Lachen, wie sich seine Lippen auf meiner Wange anfühlen – das alles ist noch wie neues, glänzendes Silber, und ich will nicht, dass es zu schnell dunkel anläuft. Ich möchte ihm meine zögerliche, passive, ängstliche Art nicht zeigen. Obwohl er bindungsunfähig ist und wir keine gemeinsame Zukunft haben, möchte ich trotzdem einen guten Eindruck machen.

„Hast du mal von Pieter van Kessel gehört?" frage ich und beginne dann seine Arbeit zu erklären und meine Idee, eine ganze Serie über ihn zu schreiben. Es wirkt so, als ob ich das Thema wechseln wolle, aber so ist das nicht. Van Kessel ist einer der Hauptgründe, warum ich nicht gehe. Jetzt reicht es mir nicht mehr, künftig in einer freundlicheren, schöneren Umgebung zu arbeiten. Jetzt reicht es nicht mehr, dass wir uns von Janes üblem Despotismus befreien werden. Es ist mir wie Schuppen von den Augen gefallen – teilweise dank Mayas zwanzig Millionen Stufen der Trauer. Ich verspüre den Wunsch, der Welt mehr zu verkünden als eine Liste von zehn wirklich guten Shampoos. Ich will mich nicht mehr damit zufrieden geben, diese Schwarz-Weiß-Ratschläge für Leserinnen abzugeben. Und das ist der Moment, wo Marguerite auf den Plan tritt. Sie ist die Hoffnung, an der ich mich festklammere.

„Klingt gut", sagt Alex, nachdem ich mich ihm wie bei einem Vorstellungsgespräch bestmöglich verkauft habe – aktiv, einfallsreich und kreativ. „Für so was würde sich Jane definitiv nicht interessieren. Als ich vor sechs Jahren Redakteur der Veranstaltungsseiten wurde, versuchte ich Ereignisse zu bringen, die etwas von den üblichen abweichen – wichtige Veranstaltungen, auf die aber keine A-Promis kamen –, und sie hat die Idee sofort abgeschmettert. Obwohl, *abgeschmettert* ist nicht der richtige Ausdruck.

Das würde ja bedeuten, dass sie mir irgendeine Form von Aufmerksamkeit geschenkt hätte."

Die Bedienung bringt zwei Cheeseburger und einen Teller mit dampfenden Pommes Frites. Wir sind in einer Fastfoodbude ganz tief im East Village, wo es die besten Burger in ganz Manhattan gibt. Es ist das erste Mal, dass ich Alex einen meiner Geheimtipps zeige – alle anderen Verabredungen hat er geplant. Ich weiß nicht, warum, aber heute Morgen wachte ich mit dem Entschluss auf, etwas mit ihm zu teilen, was mir wichtig ist. „Hast du deshalb beschlossen zu studieren?" frage ich. Er wäre bestimmt nicht der Erste, der sich wegen Jane auf die Suche nach etwas Besserem macht, allerdings ist er der Einzige, soweit ich weiß, der dabei immer noch einen Fuß in der Firma hat.

„Nee, es hat mir nichts ausgemacht, von Jane ignoriert zu werden. Wie du weißt, war das für mich ja nur von Vorteil."

„Wann bist du denn zum ersten Mal auf diese Helft-Alex-Architekt-zu-werden-Idee gekommen?"

Er hält die Ketchupflasche über seinen Teller und wartet darauf, dass die Soße rausquillt. Dann stellt er sie wieder auf den Tisch. „Keine Ahnung. Das war keine Entscheidung, die ich so ganz bewusst getroffen habe. Ich habe damit begonnen, pro Semester einen Kurs zu belegen, einfach, weil die Rückerstattung von Studiengebühren einer der Vorteile dieses Jobs war. Es wäre blöd gewesen, das nicht auszunutzen. Irgendwie bin ich dann in dem Zeichenkurs eines hervorragenden Lehrers gelandet, und der hat mir vorgeschlagen, Architektur zu studieren." Er zuckt mit den Schultern. „Bevor ich noch richtig nachdenken konnte, hatte ich mich schon eingeschrieben und musste zwischen den Vorlesungen mit Autoren telefonieren. Howard half mir zwar, aber es war eine wahnsinnig stressige Zeit, bis Delia kam und die Sache übernommen hat. Und du?"

Da ich die Rückerstattung von Studiengebühren nicht nutze und keine Delia habe, die meinen wahnsinnig stressigen Job etwas weniger stressig macht, starre ich ihn nur an, weil ich nicht sicher bin, welche Antwort die Erfolg versprechendste wäre. „Ich?"

„Wie bist du hierher gekommen? Wusstest du schon immer, dass du Skandale aufdecken willst?"

Ich lache bei der Vorstellung, dass ich Skandale aufdecken könnte. Ich kümmere mich vierundzwanzig Stunden pro Tag nur um Mist, aber diese skandalöse Tatsache werde ich ihm natürlich nicht unter die Nase reiben. „Ich wusste noch gar nicht, was ich machen wollte, als ich von Bierlyville hierher gezogen bin. Ich hatte nur ein paar Artikel aus der *Bierlyville Times* und zwei Koffer bei mir. Alles, was ich wusste, war, dass ich einen glamourösen Job haben wollte. *Fashionista* hat da gut reingepasst."

„Überlege dir gut, was du dir wünschst ...", beginnt er.

Ich lächle weise, um ihm zu verstehen zu geben, dass ich meine Lektion gelernt habe, aber den beschämenden Teil behalte ich für mich. Nämlich, dass ich geglaubt hatte, Glamour könne auf einen selbst abfärben, wenn man nur nah genug an ihn herankommt.

„Bierlyville, was?" fragt Alex, auf der Suche nach weiteren Hintergründen meiner Kindheit. Da gibt es nicht sonderlich viel zu erzählen, aber ich plaudere trotzdem einige Minuten lang über Bierlyville, 1244 Einwohner, wobei die meisten Nachkommen der Bierlys Kornbauern waren, die die Stadt 1873 gegründet haben. Obwohl Alex und ich uns in den letzen Wochen ziemlich häufig getroffen haben, ist es das erste Mal, dass wir über unsere Vergangenheit sprechen. Normalerweise halten wir uns an das Hier und Jetzt. So läuft das schließlich mit bindungsunfähigen Männern – wenn man keine Vergangenheit hat, kann man auch keine Zukunft haben.

„Es gab nur eine Ampel, in der Mitte des Ortes, und man hat da nur ein einziges Mal angehalten, nämlich bei der Führerscheinprüfung. Ansonsten haben wir das Teil eher als eine blinkende Dekoration betrachtet."

Als ich damit fertig bin, ihm meine langweilige, gewöhnliche Kindheit zu erzählen, zeigt Alex sich erkenntlich. Er erfreut mich mit Geschichten aus einem Vorort von New Jersey. Er ist witzig und charmant, und als es an der Zeit ist, zu gehen, bezahlt er die Rechnung. Er bezalt die Rechnung trotz meines Protestes, und dann begleitet er mich nach Hause, Hand in Hand.

Als wir meine Tür erreichen, bleibe ich stehen und umklammere meinen Schlüssel. Am liebsten würde ich ihn hereinbitten. Am liebsten würde ich die Tür aufschließen und mich auf ihn werfen, aber ich habe diesen Fehler schon zu oft gemacht und möchte wenigstens ein einziges Mal klug sein.

Alex senkt den Kopf und küsst mich. Seine Lippen sind zart und weich, und ich drücke mich an ihn. Ich schlinge meine Arme um seinen Nacken. Ich fahre mit den Händen durch sein Haar. Ich weiß, ich sollte mich losmachen, doch der warnende Chor in meinem Kopf (bindungsunfähig, bindungsunfähig) wird von seinem Kuss erstickt. Er wird von seinen sanften, weichen Lippen erstickt, und ich vergesse, dass ich klug sein wollte.

Der Majordomusgegenschlag

Jane engagiert zwar keinen Butler, sondern einen Mann, der sich um ihre Angelegenheiten kümmert, betreut und sie Madam nennt. Stickly wurde aus England importiert und hat einen Stammbaum, der so dick ist wie ein Lexikon. Als Jane ihn den Mitarbeitern während einer extra deswegen einberufenen Sonderkonferenz vorstellt, liest sie eine Liste von Adligen vor, denen er und seine Vorfahren treu gedient haben (George I., George II., George IV., Henry VII., Henry VIII., Elizabeth I.). Wie es scheint, ist zu jedem bedeutungsvollen Augenblick britischer Geschichte ein Stickley zur Stelle gewesen, um jemandem die Stirn abzutupfen oder einen Schluck Tee zu servieren. Sie alle scheinen über Generationen hinweg kleine Glückskinder gewesen zu sein wie Forrest Gump, allerdings ohne dessen philosophische Fähigkeiten.

Jane nennt ihn ihren Majordomus, was irgendwie eleganter klingt als Butler und besser zu ihrem dramatischen Wesen passt. Stickly ist ein körperlich beeindruckender Mann – gebaut wie ein Quarterback, die großen Hände in weiße Handschuhe gequetscht wie Wurst in die

Pelle. Er hat die Ausstrahlung eines Menschen, der es gewöhnt ist, ganze Paläste zu führen. Unsere kleinen Büros im zweiundzwanzigsten Stockwerk fordern seine Fähigkeiten nicht wirklich heraus – einen Tisch im Restaurant *Judson Grill* zu reservieren ist was anderes, als ein Mittagessen für die Herzogin von *Greater North Chesterborough* zu arrangieren. Er leidet darunter, zu viel freie Zeit zu haben. Jane hat ihm ein großes Eckbüro zugewiesen, doch sehr häufig sieht man ihn im Flur mit Mrs. Beverly plaudern.

Gerade jetzt sitzen sie zusammen in einer Ecke, während Lydia die wöchentliche Konferenz leitet. „Allison", fragt sie, „haben Sie den Artikel über die neuen Kragenformen fertig?"

„Vig hat sich angeboten, das für mich zu übernehmen", antwortet sie, die Augen unschuldig aufgerissen, als ob sie die Wahrheit sagen würde. „Sie weiß, dass ich zu viel zu tun habe."

Obwohl ich gerade zum ersten Mal von meinem großzügigen Angebot erfahre, nicke ich, als ob ich die Frage erwartet hätte. „Fast fertig. Ich muss ihn nur noch mal überarbeiten. Wie viele Wörter sollen es werden?"

Lydia schaut in ihren Notizen nach. Sie braucht einen Moment, bis sie die Information findet. „Sieht aus, als ob es nur dreihundert Worte werden sollen. Lassen Sie mich den Artikel heute Abend sehen, und denken Sie dran, dass der Fokus auf Prominenten liegt", betont sie, als ob es einer solchen Erinnerung bedürfe. Der Fokus liegt nie auf etwas anderem.

Ich schreibe den Artikel auf die Liste der Dinge, die ich

bis Feierabend noch erledigen muss, und komme mir langsam vor wie Aschenputtel. Ich habe jetzt so viel zu tun, dass ich eine ganze Armee von Märchenfeen bräuchte, um fertig zu werden.

Die wöchentliche Konferenz, die früher eher ein Synonym für totale Apathie war, wird langsam zu einer Quelle der Furcht für mich. Als Allison zum ersten Mal ihre Arbeit auf mich abgewälzt hat, habe ich mich noch gewehrt. Damals hatte ich sie mit sorgfältig gewählten Worten darauf hingewiesen, dass ich zu viel zu tun hätte, um ihr auszuhelfen. Jane, die immer wieder Gelegenheiten sucht, sich als Chefin aufzuspielen, warf mir vor, zu wenig Verantwortung zu übernehmen. Das tat sie laut und nachdrücklich und vor dem kompletten Team. So hat sie mich früher, als ich ihre Assistentin war, jeden Tag behandelt – solche Demütigungen behandelte sie nie sonderlich diskret –, und die Erinnerung daran war überwältigend. Den ganzen Tag über musste ich gegen diese Erinnerung und das Frösteln ankämpfen.

„Marguerite, wie kommen wir mit den Brautjungfernkleidern voran?" fragt Lydia.

„Mrs. Beverly wird das letzte heute abholen." Marguerite blickt ihr Faktotum an. „Wann können Sie das erledigen?"

„Also, Stickly hat sich bereit erklärt, das für mich zu erledigen", entgegnet Mrs. Beverly und wirft ihrem Freund einen liebevollen Blick zu. „Er ist unglaublich hilfsbereit."

„Danke Ihnen, Stickly", sagt Marguerite.

Stickly verbeugt sich ein wenig in ihre Richtung. „Keine Ursache, Madam."

Jane, die bisher mit zu Tode gelangweilter Miene am Konferenztisch gesessen hat, schießt in die Höhe. Sie mag es gar nicht, dass ihr Majordomus sich vor Marguerite verbeugt und sie Madam nennt und ihre Brautjungfernkleider abholt. „Stickly hat heute keine Zeit für so was."

„Habe ich nicht, Madam?"

„Nein, Sie müssen meine Akten neu ordnen", sagt sie.

„Das habe ich schon erledigt, Madam."

„Ich meine die Buchhaltungsakten", improvisiert sie schnell, bevor sie sich Marguerite mit einem selbstzufriedenen Lächeln zuwendet. Sie weiß nicht mal, wie man Zerknirschung heuchelt. „Tut mir Leid, aber das ist ein Ganztagsjob."

„Ist schon in Ordnung", sagt Mrs. Beverly. „Ich kann das Kleid selbst abholen. Und, Elton, wenn Sie mit Ihren Akten Hilfe brauchen, dann lassen Sie es mich einfach wissen."

Dieser Teamgeist ist nicht gerade das, was bei *Fashionista* üblich ist, und sowohl Jane als auch Marguerite versuchen ihn im Keim zu ersticken. Es entsteht eine kurze, schnippische Diskussion darüber, wer nun genau die Buchhaltungsakten ordnen wird, und ich warte nur darauf, dass Allison mich als freiwillige Helferin vorschlägt.

Obwohl Stickly und Mrs. Beverly das Ganze mit identisch sanftmütigem Gesichtsausdruck beobachten, habe ich das Gefühl, dass sie hinter ihrer höflichen Gleichgültigkeit entsetzt sind. Sie sind über Janes Kreischen und Marguerites höhnische Antworten entsetzt, genauso wie über die Tatsache, dass wir das alles beobachten wie Zuschauer in einer Kampfarena.

Noch mehr Verschwörung

Kate bittet mich auf die Toilette. Sie schickt mir eine E-Mail mit einem zwinkernden Smiley und möchte, dass ich pünktlich um halb vier dort erscheine. Es ist schon ein paar Wochen her, dass wir unser letztes Treffen abgehalten haben, und die Dinge haben sich geändert. Jetzt hasst Allison mich. Jetzt kocht sie vor Wut, wenn ich anwesend bin, und macht hinter meinem Rücken abfällige Bemerkungen. Ich bin nicht sonderlich gern in ihrer Nähe und finde die Vorstellung nicht gerade erhebend, mit ihr in einem engen Raum zusammenzutreffen, unabhängig davon, wie vorteilhaft dieses Treffen letztlich für uns beide sein wird – oder auch nicht.

Sarah und Kate warten schon auf mich, als ich reinkomme. Sarah sitzt auf der Couch und macht mir sofort Platz neben sich. Kate steht neben dem Waschbecken. Sie hält ein Clipboard in der einen Hand und einen roten Stift in der anderen, blättert durch die vielen Seiten und schüttelt sporadisch den Kopf. Sie führt ein stummes Selbstgespräch, nickt zwischendurch und tippt mit ihrem Stifft auf die Blätter vor sich. Sarah und ich respektieren ihre Intimsphäre, indem wir uns über die Beverly-Stickly-Episode unterhalten. „Nun gut", sagt sie nach ein paar Minuten mit einer autoritären Stimme, wie ich sie nie zuvor bei ihr gehört habe. Kate kommt mir verändert vor – und das liegt nicht nur am Clipboard und ihrem Befehlston. Sie steht aufrecht mit erhobenem Kopf da. „Wir haben noch wenige Wochen Zeit, bevor das große Ereignis stattfindet, und wir müssen noch ein paar Dinge durchsprechen."

Ich blicke mich um, erstaunt, dass wir ohne die Schlüsselfigur unserer Mode-Infanterie beginnen.

„Sie kommt nicht", sagt Kate, die mich durchschaut hat.

„Sie kommt nicht?"

„Sie kommt nicht", bestätigt Sarah. „Wir haben sie ausgeschlossen."

„Ihr habt sie ausgeschlossen?" Ich finde diesen Gedanken schockierend. Ich habe niemals jemanden ausgeschlossen und finde die Vorstellung ziemlich unangenehm.

Kate nickt nachdrücklich. „Ja, sie ist völlig außen vor."

Nachdem ich die letzten Wochen damit verbracht habe, Allisons Angriffen auszuweichen, bin ich froh, dass sie nicht kommt. Ich bin erleichtert, dass sie nicht hier ist, um mir mit finsterem Blick Vorwürfe ins Gesicht zu schleudern und mich dadurch immer wieder in peinliche Situationen zu bringen. Sie hat einen genauso großen Hang zur Grausamkeit wie Jane und während ihrer Zeit hier noch eine Menge dazugelernt. Trotzdem habe ich das Bedürfnis zu protestieren. „Aber es ist doch ihr Plan."

Sarah untersucht den Saum ihres Rocks und vermeidet es, mich anzusehen. Ihr ist angesichts Allisons Ausschluss offenbar auch nicht ganz wohl.

Kate übernimmt die Antwort. „Wir wissen, dass es ihr Plan ist", erklärt sie, ganz offensichtlich verärgert. „Aber sie hat sich krankhaft auf deine Beförderung fixiert. Der Plan jedoch braucht unsere gesamte Aufmerksamkeit. Allison konnte sich nicht mehr darauf konzentrieren, deshalb haben wir sie ausgeschlossen." Sie hält einen Moment inne und sieht Sarah an. „Sie hat unserer Sache geschadet."

Sarah nickt verstimmt. „So ist es. Im Grunde hat sie sich selbst ausgeschlossen."

„Na gut", sage ich. Zwar bin ich nicht überzeugt, dass Sarah das wirklich so meint, aber das ist nicht mein Problem. Ich bin einfach nur froh, mich in einer Allison-freien Zone aufzuhalten und nicht in Deckung gehen zu müssen. „Was wollt ihr durchsprechen?"

Kate blättert auf die erste Seite zurück und sieht mich an. „Erstens: die Party-Vorbereitungen. Wie kommen die voran?"

„Alles bestens", antworte ich, nicht sicher, ob das so ganz der Wahrheit entspricht. Erst heute Mittag sind Jane und Anita zum Mittagessen verabredet gewesen, um ein paar ungeklärte Einzelheiten zu klären, und ich warte noch immer auf den geschätzten Schaden. „Ich habe bereits den Partyservice, die Band und die Fotografen engagiert."

Doch das ist es nicht, was Kate gemeint hat. Die Einzelheiten meines Jobs sind ihr egal, sie interessiert sich nur für das Spannende. „Wie viele Stars werden kommen? Wie viele Berichte in der Presse werden wir bekommen? Gibt es Fernsehsender, die sich für die Veranstaltung interessieren?"

„Die Reaktion der Stars ist ganz gut. Und außerdem soll noch ein Haufen junger britischer Promis kommen. Was die Presse angeht – wir haben noch keine Pressemitteilung herausgegeben."

Kate hebt eine Augenbraue. „Noch keine Pressemitteilung?"

Ich denke an den Stapel Arbeit auf meinem Schreibtisch, ein Stapel, der durch dieses Treffen hier auch nicht gerade kleiner wird. „Noch keine Pressemitteilung."

„Hmm", murmelt sie missbilligend und kritzelt dann mit dem roten Stift auf ihren Block. „Wann können wir mit der Pressemitteilung rechnen?"

Ich versichere ihr, dass ich sie bis zum Ende der Woche fertig haben werde, aber ich weiß nicht, ob das klappt. Im Augenblick erzähle ich einfach Lügenmärchen, weil ich keine weiteren roten Fragezeichen riskieren will.

Kate seufzt und macht sich ein paar Notizen. „Na gut. Aber wenn du dann endlich dazu kommst, die Pressemitteilung zu schreiben, vergiss nicht, dass du vor allem Janes Mitwirkung betonen musst. Ich will, dass sie überall ihre Fingerabdrücke hinterlässt. Und am Abend der Party musst du dafür sorgen, dass sie auf jedem Foto zu sehen ist. Es darf kein einziges Foto von Jesus im Kleid geben, auf dem Jane nicht irgendwo im Hintergrund selbstzufrieden grinst."

Kate zieht fragend eine Augenbraue in die Höhe. „Wie weit sind wir mit den religiösen Gruppen?"

„Wie du weißt, habe ich gerade eine Pressemitteilung geschrieben, die zu Gegendemonstrationen aufruft", entgegnet Sarah und schickt einen triumphierenden Blick in meine Richtung. „Im Namen von CFCA. Ich muss nur noch ein paar Kopien machen und sie verschiedenen kirchlichen Organisationen zur Verfügung stellen."

„CFCA?" frage ich.

„Christen für christlichen Anstand", erklärt Kate. „Das habe ich erfunden. Ich dachte, das umfasst alles, was Christen interessiert. Welchen Copyshop nehmen wir?"

Darüber hat Sarah offenbar nicht nachgedacht, aber da wir uns in Midtown befinden, gibt es an jeder Ecke einen. „Vielleicht den an der Ecke?"

„Nein. Geh zum *Astor Place*. Bezahle in bar und vergiss ja nicht, dich irgendwie zu verkleiden."

Auch darauf ist Sarah nicht vorbereitet. Sie hat ihre Hausaufgaben wohl auch nicht alle erledigt. „Verkleiden?"

„Verkleiden."

„Mit so was wie einer Perücke?"

„Hut, Sonnenbrille, Schuhe, Schmuck", zählt Kate ungeduldig auf. Accessoires sind ihr Leben, sie verbringt einen Großteil des Tages damit, unsere Accessoires zu katalogisieren und inventarisieren: eine Goldkette, ein geflochtener Ledergürtel mit Silberschnalle, eine Diamantuhr. Deshalb nimmt sie Sarahs Nachlässigkeit persönlich.

„Natürlich", sagt Sarah und zupft erneut an ihrem Rocksaum. „Ich habe mir eine Voice Mailbox einrichten lassen."

Kates Sinn fürs Organisatorische siegt über ihre Empörung, und sie nickt langsam. „Du musst auf jeden Fall vom CFCA eine Nachricht hinterlassen, die aufrührerisch und gottesfürchtig klingt. Was uns zu Punkt drei bringt: Wir müssen einen Brief vom CFCA schreiben, der alle Werbekunden von *Fashionista* warnt, dass alle Mitglieder deren Produkte boykottieren werden, wenn sie weiterhin dieses Werkzeug des Teufels unterstützen. Im Augenblick schreibe ich an der fünften Fassung und sollte die endgültige Version gegen morgen Abend fertig haben, um sie euch vorzulegen. Achtet also auf euren Posteingang. Außerdem arbeite ich gerade an einem Briefkopf von CFCA. Ich denke da an etwas ganz Einfaches, wie ein großes Kreuz im Zentrum und vielleicht ein paar kleinere an den Seiten. Sarah, wende dich erst noch mal an mich, bevor du die Briefe kopierst. Alles, was CFCA verbreitet, sollte unter demselben Briefkopf stehen." Kate holt Luft und blättert noch mal ihre Papiere durch. „Das scheint alles zu sein. Ach so, das nächste Treffen. Heute in einer Woche zur gleichen Zeit. Schreibt es in euren Kalender. Auf der Tagesordnung stehen dann zeitliche Fragen – wann wir die Werbekunden alarmieren, wann die religiösen Gruppen. Vig, ich erwarte bis dahin auch die letzte Fassung der Pressemitteilung, außerdem möchte ich eine Liste der Stars haben, die zugesagt haben. Irgendwelche Fragen?" Kate hat erst vor zwanzig Minuten die Führung unserer kleinen Gruppe übernommen, aber sie hat sich mit einer Begeisterung hineingestürzt wie eine Ente ins Wasser. Ihre Wangen sind gerötet und ihre Augen glänzen glücklich. Es macht ihr Spaß, anderen zu sagen, was sie zu tun haben. Es macht ihr Spaß, Befehle zu geben und zu sehen, dass die anderen eilfertig ihren Worten gehorchen. Ihr Talent ist in den dunklen Tiefen des Accessoirlagers wirklich verschwendet.

Marguerites Akte

Die Arme um einen dicken Aktenordner geschlungen, betritt Delia mein Büro, lässt ihren Blick kurz durch den Raum schweifen und schließt dann die Tür. Sie setzt sich auf einen meiner Besucherstühle, rutscht damit nach vorne und wirft einen Stapel Magazine um, der ziemlich wacklig wie der schiefe Turm von Pisa in der Ecke gestanden hat. Delia entschuldigt sich wortreich und fällt auf die Knie, um das Durcheinander wieder in Ordnung zu bringen, obwohl ich sie bitte, alles einfach liegen zu lassen. Man kann sich in meinem Büro nicht bewegen, ohne etwas umzuschmeißen. Entgegen ihrer Beteuerungen hat die Putzkolonne nie die Zeitschriften weggeräumt, und die Mitarbeiter benutzen mein Büro weiterhin als Archiv – auf Allisons Drängen hin, wie ich vermute.

Als die Zeitschriften ordentlich gestapelt sind, versucht Delia es erneut, diesmal aber bewegt sie den Stuhl sehr behutsam. „Ich habe etwas entdeckt", sagt sie leise.

Delia presst den Ordner fest gegen ihre Brust. Sie wirkt wie ein gehetztes Tier. Ich antworte ihr ebenso leise, um sie nicht zu verschrecken. „Verstehe."

Sie nickt, holt tief Luft und sagt es einfach: „Jane hat Marguerite abschieben lassen."

Ich starre sie einige Sekunden lang an, nicht sicher, ob ich sie richtig verstanden habe. Jane hat Marguerite abschieben lassen? Ich dachte, ihre Macht beschränkt sich darauf, Redaktionsassistentinnen zum Heulen zu bringen und das Layout Sekunden, bevor es in Druck gehen soll, in der Luft zu zerreißen. „Wie bitte?"

„Jane hat Marguerite abschieben lassen." Sie lockert ihren Griff, legt den Ordner auf den Tisch und schiebt ihn in meine Richtung. „Vor acht Jahren."

Ich öffne die Akte und blättere sie langsam durch. Es gibt Fotos von Marguerite, als sie jung war, und Artikel, die sie für *Parvenu* und die *Australian Vogue* geschrieben hat. Es gibt Kopien von Zeitungsartikeln und gekritzelte Notizen über Telefongespräche, die Delia mit ehemaligen Mitarbeitern und Familienmitgliedern geführt hat. Diese Akte ist nicht zensiert. Es finden sich keine durch schwarze Balken unleserlich gemachten Worte. Entweder beginnt Delia langsam, mir zu vertrauen, oder sie hatte es viel zu eilig.

„Sie ist als Marge Miller in einem Vorort von Perth zur Welt gekommen", beginnt Delia.

Einen Moment lang bin ich unfähig, etwas zu sagen, meine Lippen bewegen sich lautlos. „Perth?"

„Das liegt in Australien", erklärt sie.

„Ich weiß, wo das liegt. Ich bin mir nur nicht sicher, ob ich richtig verstehe."

„Was ist daran nicht zu verstehen? Marguerite ist Australierin."

„Sie ist Australierin?"

Delia nickt. „Dort geboren und aufgewachsen."

„Sie ist keine Französin?"

„Nein. Sie wurde erst Französin als ...", Delia schaut in ihren Unterlagen nach, „... sie dreiundzwanzig wurde."

„Uff." Ich versuche, diese seltsame Tatsache zu verdauen, dass unsere hauseigene Audrey-Hepburn-Imitation nicht einmal aus Europa stammt.

„Sie ist mit fünfzehn nach Sydney gekommen. Hat dort später eine Weile in der Regenbogenpresse gearbeitet. Dann verschwand sie für ein Jahr, um mit einundzwanzig als Marguerite Tourneau in London wieder aufzutauchen. Sie wurde Redaktionsassistentin bei *Hello*. Nach zwei Jahren zog sie nach New York und wurde Redaktionsassistentin bei *Parvenu*, wo sie Jane kennen lernte und eine französische Identität annahm." Delia fasst die wichtigsten Erkenntnisse ihrer Unterlagen schnell zusammen. „Die Umstände sind noch immer ziemlich ungeklärt. Ich habe ehemalige Kollegen angerufen, die sich hoffentlich bald bei mir melden werden. Aber wir wissen bereits ein paar allgemeine Fakten: Marguerite bekam eine feste Redakteursstelle, woraufhin Jane ein paar Monate später die Zeitschrift verließ. Die nächsten paar Jahre gingen sie sich aus dem Weg, bis sie sich um den Posten als Chefredakteurin bei *Face* bewarben. Nach Aussage der damaligen Chefsekretärin war es ein Kopf-an-Kopf-Rennen, bis Marguerite abgeschoben wurde. Und Jane bekam den Job."

„Nein", rufe ich.

Delia lächelt. Das ist der Grund, warum sie über jeden von uns Akten angelegt hat – weil sie gelegentlich eine total unglaubliche Geschichte herausfindet. „Doch."

„Aber so benehmen Menschen sich nicht."

Sie zuckt mit den Schultern. Ihre Moralvorstellungen scheinen nicht so erschüttert zu sein wie meine. „Wie hat sie das gemacht?" frage ich.

Delia greift über den Tisch und blättert die Akte vor mir durch. Dann reicht sie mir ein kopiertes Dokument. „Lies mal den Namen des Beamten, der den Fall geleitet hat."

David Whiting – der Name sagt mir nichts.

Sie seufzt ungeduldig, als sie meinen verwirrten Gesichtsausdruck sieht. Vermutlich hält sie mich für eine ziemlich unwürdige Mitverschwörerin. „Hast du denn die Akte, die ich dir gegeben habe, überhaupt nicht angesehen? Whiting ist Janes Mädchenname. David Whiting ist ihr Bruder."

Ich schaue erneut auf das Dokument und erwarte

irgendwie, dass aus ihm Hörner und Schwanz sprießen. „Aber das ist so unmoralisch und skrupellos und einfach gemein."

Delia zuckt erneut die Achseln. „Das ist Jane. Oder vielleicht der ganze Whiting-Clan. Ihr Bruder scheint mir auch nicht von der anständigen Sorte zu sein. Er machte sich offenbar einen Spaß daraus, Leute aus dem Land werfen zu lassen. Für eine geringe Gebühr hat er sich sofort für eine Abschiebung stark gemacht. Vor ein paar Jahren wurde er einmal ertappt, aber die ganze Sache wurde vertuscht – er hat Freunde in wichtigen Positionen und all das. Jetzt arbeitet er im Außenministerium."

Ich werfe ihr einen scharfen Blick zu. Plötzlich bekomme ich Panik, dass ich vielleicht wegen Hochverrats angeklagt werden könnte. Ein Whiting im Außenministerium kann eine Menge Unheil anrichten.

„Keine Sorge", lacht sie. „Er ist nur ein besserer Lakai mit wenig Einfluss. Im Grunde sitzt er nur seine Zeit ab, bis er in Rente gehen kann."

Begierig lasse ich mich von ihr beruhigen. Ich bin wegen Jane zu verwirrt, um noch logisch zu denken. Sie ist also nicht einfach nur ein unerzogenes Kind, das Wutanfälle bekommt und ihrer Puppe den Kopf abreißt. „Es kann trotzdem nicht schaden, wenn wir von nun an vorsichtiger sind."

„Wo wir gerade davon sprechen, wie läuft's denn?"

Ich erzähle ihr von der Toilettenkonferenz. Ich übergehe Allisons Ausschluss und konzentriere mich stattdessen auf die Punkte, die gut laufen: Pressemitteilung, Liste der A-Promis, Briefe an die Werbekunden. Während ich die

Einzelheiten erläutere, muss ich mir langsam selbst eingestehen, dass der Plan wirklich reibungslos ins Laufen gekommen ist. Ich muss zugestehen, dass meine anfängliche Skepsis unbegründet war. Jane Carolyn-Ann McNeill zu stürzen ist nicht länger nur ein vager Traum und auch nicht länger ein egoistischer Wunsch. Nein, nun geht das Ganze eher Richtung Selbstjustiz.

31. Tag als Redakteurin

Soledad versucht, das Wort *urbanisch* zu verteidigen.

„Das ist das Gleiche wie *städtisch*." Ihre Stimme klingt weit entfernt und hallt, weil sie wieder drei Dinge gleichzeitig tut. Soledad gehört zu denen, die ohne Freisprechanlage nicht überleben würden. „Der Ausdruck ist witzig und mal was anderes. Er zieht Aufmerksamkeit auf sich. Was haben Sie bloß dagegen?"

Ich warte einen Moment bis der Hintergrundlärm nachlässt. Obwohl sie gerade mit mir am Telefon spricht, hält sie gleichzeitig ein Abteilungsmeeting ab. Fashionistas sitzen um ihren Tisch herum und rufen immer wieder neue Artikelideen dazwischen. „*Urbanisch* ist kein Wort. Man findet es in keinem Wörterbuch", erwidere ich. Das Wörterbuch habe ich nun zum vierten Mal erwähnt. Soledad und ich drehen uns seit zehn Minuten im Kreis, und es ist auch nicht gerade förderlich für das Gespräch, dass ihre komplette Abteilung ihr zustimmt. Dadurch fühlt sie sich nur noch mehr bestätigt.

„Aber es klingt so, wie es klingen soll – es klingt nach

Stadt", ruft Soledad unnachgiebig. Die komplette Modeabteilung stimmt ihr murmelnd zu.

Ich aber nicht. Für meinen Geschmack klingt *urbanisch* überhaupt nicht nach Stadt. Das klingt eher nach einem Ort in Osteuropa, in Polen oder so.

„Also gut", stimme ich schließlich zu. Ich will nicht noch mal von vorne anfangen. Ich will mir nicht mehr anhören, wie sie zum fünften Mal versucht, mir das Wörterbuch madig zu machen.

Als ich Soledad anrief, um über die Schlagzeile zu sprechen, hatte ich weder mit einer Diskussion noch mit Zuhörern gerechnet. Ich dachte, sie würde einfach nur schulterzuckend darüber hinweggehen. Doch ich habe die Situation völlig falsch eingeschätzt, was mir in letzter Zeit ziemlich regelmäßig passiert. Ein Großteil meines Jobs besteht inzwischen daraus, Machtkämpfe auszutragen. Leider bin ich nicht sonderlich gut darin. Ich weiß nie, wann ich mich lieber zurückziehen und wann ich auf meiner Meinung beharren soll. Ich kann auch nicht mehr darauf hoffen, dass Leute wie Dot sich zu meinen Gunsten einmischen.

„Können wir dann wenigstens meinen Namen komplett aus dem Artikel streichen?" frage ich. Ich weiß, dass es nicht sehr klug ist, diese Frage zu stellen, aber ich bin einfach zu genervt, um meine Worte noch sorgfältig zu wählen. Und ich hasse es, auf Freisprechanlage gestellt zu werden. Ich hasse diese einsekündige Verzögerung, durch die man das Gefühl hat, dass sie irgendwo weit weg in Ostafrika sitzt, in Moçambique beispielsweise, und nicht einfach ein paar Türen weiter.

Zwei Sekunden Pause entstehen – eine wegen der Freisprechanlage, eine wegen Soledads Verärgerung. Meine Frage zeigt einfach zu viel Leidenschaft. Sie zeigt, dass ich nicht nur Einwände gegen *urbanisch* habe, sondern das Wort regelrecht widerwärtig finde. „Wenn Sie es so wollen", sagt sie in frostigem Ton, während ihre Abteilung sich leise unterhält.

Einen kurzen Moment lang erwäge ich, zurückzurudern, um meine Karriere zu retten. Ich könnte sagen, dass ich es nicht wirklich so will, aber ich zwinge mich, es nicht zu tun. Der Schaden ist sowieso schon entstanden, also kann ich es auch dabei belassen. Ich hätte nie gedacht, dass ich wegen einer Schlagzeile wie „Unheimlich urbanische Studenten" jemals so ein Theater machen würde, aber das Leben steckt eben immer wieder voller Überraschungen. „Danke schön."

„Gibt es sonst noch was?" Sie ist gereizt und kurz angebunden und wird mit Sicherheit sofort nach dem Gespräch in Lydias Büro gehen, um sich über mich zu beschweren. Ich habe es ohne viel Mühe und in kürzester Zeit geschafft, als *schwierig* zu gelten.

„Nein, das ist alles." Ich lege auf, hole tief Luft und sage mir, dass ich einfach aufgeben sollte. Dass ich nicht länger gegen pseudowitzige Schlagzeilen und dumme Wortspiele und unsinnige Bildunterschriften kämpfen sollte. Zwar weiß ich im Moment nicht genau, was meine Seele mit diesem Entschluss zu tun haben könnte, aber ich spüre das faust'sche Ausmaß und wehre mich. Diese Sache mit der festen Redakteursstelle hat bereits dieses Märchen bestätigt: Seid vorsichtig, Kinder, was ihr euch wünscht, denn es könnte in Erfüllung gehen.

Es gibt schon Dinge, die ich an meiner neuen Position mag. Ich suche gerne selbst aus, worüber ich schreiben möchte, und es macht Spaß, die langweilige Arbeit an andere abzugeben. Ich genieße es, mit anderen Autoren zu sprechen und zu entscheiden, in welche Richtung die Artikel gehen sollten. Meine Art zu redigieren befindet sich noch immer in der Entwicklungsphase, aber ich habe ein Gefühl für die unterschiedlichsten Schreibstile der Autoren, die ich trotz meiner Änderungen erhalten will. Ich möchte nicht, dass alles so klingt, als ob ich es selbst geschrieben hätte.

Dieser Artikel über prominente Studenten war meine erste wichtige Aufgabe als Redakteurin, und ich glaube, dass ich das ziemlich gut hingekriegt habe. Die Geschichte hat verschiedene Schwerpunkte – prächtige Fotos von Schauspielerinnen im Schlafsaal, die hipsten Klamotten zum Studieren, schnelle Rezepte von einigen der besten Chefköche New Yorks, Yogaübungen zum Fitbleiben, ein oberflächlicher, aber gut gemeinter Artikel darüber, wie es ist, das bekannteste Gesicht im Bio-Kurs zu sein – und all das habe ich zu einer richtig runden Geschichte zusammengefasst. Das Ganze war gut. War zumindest so lange gut, bis Soledad angefangen hat, daran herumzudoktern und Worte wie *urbanisch* zu erfinden.

Trotz der unvermeidlichen Probleme fühle ich mich in meinem Lagerbüro wohler als in meinem schäbigen Abteil um die Ecke. Hier habe ich mehr Freiheiten, und ich finde es toll, nun viel dichter an der Quelle der Macht zu sitzen. Das hatte ich gar nicht erwartet. *Fashionista* ist im Grunde nur ein Comicheft. Nur ein Batman-Comic mit „rummms" und „bang" und „kawummm" unter den Bildern, aber es ist viel befriedigender, die Konturen zu zeichnen, als das Ganze ausmalen zu müssen.

Die Frühjahrskollektion

Das Thema von Pieter van Kessels Modenschau ist städtische Erneuerung.

„Städtische Erneuerung?" fragt Marguerite und zieht sich ihren Umhang fester um die Schulter. Nicht, weil ihr kalt ist – der Raum ist aufgeheizt und voller Menschen – sie möchte sich nicht schmutzig machen. „Das sieht eher nach städtischem Abfall aus."

Van Kessels Herbstschau findet auf der Baustelle für eine neue Bibliothek in der Lower East Side statt. Zwar sind die Baumaßnahmen noch nicht sonderlich weit fortgeschritten, trotzdem wundert es mich, dass van Kessel die Erlaubnis bekam, ein Zelt aufzubauen und die Presse einzuladen. Mich überkommt das unheimliche Gefühl, dass das nur in einer Katastrophe enden kann. „So schlimm ist es nicht", sage ich, als wir endlich unsere Plätze gefunden haben. Das hat ewig lang gedauert, weil wir in der ersten Reihe sitzen. Ich bin es nicht gewöhnt, so nah am Laufsteg einen Platz zu bekommen, weshalb ich durch alle Reihen gegangen bin.

Sie wischt mit ihrem Taschentuch eine dünne Staubschicht von ihrem Stuhl und setzt sich. „Das ist eine beeindruckende Veranstaltung."

Die Resonanz ist größer, als wir alle erwartet haben. Durch Mundpropaganda wurde van Kessels Schau offenbar zum heißesten Event des Modeherbstes. Marguerite entdeckt Einkäufer von *Barney's* und *Neiman Marcus* und grüßt sie. Ich bin begeistert. Ich bin begeistert, weil van Kessel diese Aufmerksamkeit verdient, weil ich den richtigen Instinkt hatte, weil ich hierüber einen weiteren Artikel schreiben kann.

Marguerite ist nicht gerade eine Unbekannte in der Modewelt. Viele kommen zu ihr, auch, weil sie in der ersten Reihe gesehen werden wollen, und sei es nur für ein oder zwei Minuten. Während Marguerite über van Kessels klassischen Stil der alten Welt spricht (sie hat meine Notizen gelesen), sitze ich stumm auf meinem Stuhl und starre auf meine im Schoß gefalteten Hände. Ich kenne niemanden hier. Es ist erst meine zweite Modenschau, und ich weiß nicht so recht, wie ich mich verhalten soll. Insofern scheint es mir am sichersten, wenn auch am unkommunikativsten zu sein, mich um meine eigenen Angelegenheiten zu kümmern.

„Bösartige, gemeine Hexe", flüstert eine Frau in mein Ohr.

Offenbar wirkt meine Haltung doch nicht so harmlos, wie ich dachte. Ich drehe mich mit aufgerissenen Augen zu ihr um. Die Frau, die neben mir sitzt, ist alt und sehr elegant mit ihrem kinnlangen weißen Haar, den altmodischen Seidenhosen und den Diamanten. Sie kommt mir irgendwie bekannt vor. „Wie bitte?" frage ich mit ziemlich schriller Stimme.

Die Frau scheint überrascht zu sein. Entweder hat sie nicht mich angesprochen, oder sie leidet unter dem Tourette-Syndrom und weiß es nicht. „Entschuldigen Sie, meine

Liebe. Ich habe nur so vor mich hingeredet. Achten Sie gar nicht auf mich."

„Tut mir Leid", sage ich jetzt mit völlig anderer Stimme.

„Aber nicht doch, meine Liebe. Sie haben sich absolut nichts zu Schulden kommen lassen." Sie lacht und fährt sich durchs Haar. „Ich sollte es besser wissen. Schließlich habe ich so was hier schon oft genug besucht."

„Ist schon in Ordnung", entgegne ich und lächle ein wenig linkisch, bevor ich meinen Blick wieder auf den Laufsteg richte. Die Frau neben mir ist offenbar eine Veteranin der Modekriege, und ich möchte nicht weiter in sie dringen.

„Ich habe Sie noch nie gesehen", sagt sie. „Sind Sie zum ersten Mal bei einer Modenschau?"

„Beinahe. Die einzige andere, die ich gesehen habe, war van Kessels erste im Juni."

Beeindruckt zieht sie eine gemalte Augenbraue in die Höhe. Nur absolute Insider und ich sind bei dieser Modenschau gewesen. „Ich wünschte, ich wäre dort gewesen, aber ich habe erst von van Kessel erfahren, als ich die Kritik in der *Times* gelesen habe. Ich bin normalerweise stolz darauf, immer auf dem neuesten Stand zu sein, aber heutzutage ist das schwieriger als früher."

„Ich bin da auch nur hin, weil die Mutter einer Freundin früher mit van Kessels Assistent zusammengearbeitet hat und noch eine Karte übrig hatte", fühle ich mich verpflichtet, zu sagen. Sie soll nicht glauben, dass es sich bei mir um ein Modegenie handelt. Ich bin kein Genie, ich habe manchmal einfach Glück. „Das war damals eine sehr aufregende Kollektion. Sie war so gut, dass ich danach in seine Firma gefahren bin und einen halben Tag mit ihm und seinem Team verbracht habe."

„Kluges Mädchen", sagt sie beifällig

Ich erröte, es ist schön, wenn man seinen Instinkt so bestätigt sieht. „Danke schön. Ich dachte, es wäre interessant, die Karriere eines heißen, neuen Talents zu verfolgen. Ich habe mir eine ganze Reihe von Artikeln vorgestellt, die van Kessels Aufstieg dokumentieren."

Sie nickt. Auch das hält sie für eine gute Idee. „Wann geht es los?"

„Wahrscheinlich gar nicht."

Sie sieht verblüfft aus.

„Ich schreibe für *Fashionista*."

Diese Erklärung ist ausreichend. „Ach so."

„Tja", sage ich traurig. „Ich habe versucht, die Idee an den Mann zu bringen, aber das ist einfach nicht unser Stil."

Sie tätschelt freundlich meine Hand. „Das ist eine Schande."

Ich zucke mit den Schultern. Es gab viele schändliche Dinge im Laufe meiner Karriere, und es bringt nichts, sich zu lange mit einem Thema aufzuhalten. „Ist schon in Ordnung. Wie Sie vorhin selbst gesagt haben, ich hätte es besser wissen müssen."

„Ich bin übrigens Ellis Masters." Sie streckt mir ihre Hand hin. „Wo sind nur meine Manieren geblieben? Ich hätte mich Ihnen schon längst vorstellen sollen."

Ellis Masters ist eine legendäre Gestalt in der Modebranche, eine von denen, die Karrieren macht oder beendet und sich nicht um das Schlachtfeld, das sie hinterlässt, kümmert. Wenn man von ihr spricht, dann immer mit einer Ehrfurcht, die normalerweise für Verstorbene reserviert ist, doch sie ist noch ganz schön lebendig. Sie ist dynamisch und freundlich und führt in der ersten Reihe einer Modenschau Selbstgespräche.

„Es ist mir eine Ehre, Sie kennen zu lernen", sage ich und widerstehe dem Drang, mich zu verneigen, was nicht wirklich angebracht gewesen wäre. Sie ist eine Modekönigin, aber nicht die Queen. „Ich heiße Vig Morgan."

„Freut mich, Sie kennen zu lernen, Vig." Sie durchsucht das Publikum mit den Blicken und schaut dann auf ihre diamantgeschmückte Uhr. „Ich wünschte, es würde endlich losgehen. Ich muss heute Abend noch zu drei weiteren Modenschauen gehen."

„Ich kann mir vorstellen, wie beschäftigt Sie sind, aber wenn Sie Donnerstagabend vielleicht einen freien Augenblick finden – *Fashionista* gibt für Gavin Marshall eine Party, und ich fände es toll, wenn Sie kommen würden. Er ist ein britischer Künstler, der ..."

„Ich kenne Gavin", sagt sie. „Es hat mich sehr überrascht, dass *Fashionista* überhaupt was damit zu tun hat. Umstrittene Kunst ist eigentlich nicht gerade deren Stil, wie Sie es ausdrücken."

Plötzlich habe ich das überwältigende Bedürfnis, ihr alles zu gestehen, aber ich reiße mich zusammen. „Wir versprechen uns davon eine Menge Öffentlichkeit."

„Ja, das kann ich mir vorstellen. Nun, ich werde es im Hinterkopf behalten", sagt sie, aber sie will nur höflich sein. Ellis Masters ist zu gut erzogen, um eine Einladung einfach abzulehnen.

Marguerites Verehrer zerstreuen sich, sie wendet sich mir wieder zu und jetzt erst bemerkt sie, neben wem ich sitze. „Ellis, Darling", flötet sie und springt auf, um die Grande Dame der Modewelt zu umarmen. „Wie wundervoll, dich wiederzusehen."

Ellis scheint diese Freude nicht zu teilen. Ungeduldig lässt sie die Umarmung über sich ergehen und macht sich so schnell wie möglich los. „Marge", sagt sie, ihre Stimme klingt nun gar nicht mehr warm und freundlich.

Marguerite bemerkt nichts, sie plaudert über alte Zeiten und Paris und Freunde, von denen sie lange nichts mehr gehört hat. Ellis Masters wirkt, als säße sie in der Falle, aber bevor ich mich einmischen kann (mit diesem „Ist das nicht Damien Hirst, der Ihnen zuwinkt?"), beendet sie das Gespräch einfach, indem sie anfängt, sich mit ihrem Nachbarn zu unterhalten. Er ist ein sehr bekannter Schauspieler, und obwohl er bestimmt keine Ahnung hat, mit wem er spricht, scheint ihm klar zu sein, dass es sich um eine einflussreiche Frau handeln muss.

„Sie ist so nett, ich habe sie seit Jahren nicht mehr gesehen", sagt Marguerite, als sie wieder neben mir Platz nimmt. „Tut mir Leid, dass ich Sie nicht vorgestellt habe, Vig. Sie ist manchmal etwas launisch, da kann man leider nichts machen."

„Woher kennen Sie sich?" frage ich, weil ich mich über die eisige Begrüßung von Seiten Ellis Masters wundere.

„Ich habe früher für ihre Zeitschrift *Parvenu* gearbeitet. Vor etwa 100 Jahren, als ich in der Branche angefangen habe. Mein Gott, damals war ich noch Assistenzredakteurin. Ich verdiente kaum Geld und trug Designeranzüge, an denen noch das Preisschild hing. Hinterher habe ich sie wieder zurückgebracht."

Marguerite möchte sich noch länger in Erinnerungen ergehen, aber dafür bleibt keine Zeit mehr. Musik erklingt. Zwar versucht sie ein paar Mal, sie zu überbrüllen, aber das Schlagzeug ist zu laut. Fast schon ohrenbetäubend, ich kann fast kein Wort verstehen. Das Zelt wird von der Musik überflutet. Ich lehne mich zurück und warte darauf, dass die Show beginnt, doch meine Gedanken sind woanders. Sie sind bei Ellis Masters und Marge und den Worten *bösartige, gemeine Hexe*.

Es ist keine Beziehung

Alex' Eltern sind über Nacht in der Stadt.

„Sie machen hier nur einen Zwischenstopp auf ihrem Weg nach London", erklärte er mir am Telefon. Das war der Grund, warum er mich nach der Modenschau nicht zum Essen treffen konnte. „Sie fliegen morgen ganz früh ab, deswegen werden sie wahrscheinlich spätestens um zehn Uhr zurück ins Hotel wollen. Ich könnte hinterher noch bei dir vorbeikommen."

Obwohl ich enttäuscht darüber war, dass er nicht auf die Idee kam, sie mir vorzustellen, nahm ich seinen Vorschlag an. Ich bin auch nicht wirklich überrascht, unsere Beziehung ist nicht so, dass ich meine Schwiegereltern in spe kennen lernen sollte. Wir treffen uns regelmäßig und haben viel Spaß miteinander, aber über bestimmte Sachen sprechen wir nicht. Ich frage ihn nicht nach der atemlosen

Blonden, die neben ihm wohnt, und er fragt nicht, ob ich mit jemandem zusammen bin.

Die Antwort ist natürlich nein. Die Antwort ist, dass ich dermaßen vernarrt in dieses charmante Ungeheuer bin, dass ich manchmal an nichts anderes mehr denken kann. Aber ich habe genug Erfahrung, um zu wissen, wann man auf Distanz bleiben sollte. Ich habe mich lange genug im Land der Singles bewegt, um zu wissen, wie man auf Nummer sicher gehen muss.

Um 22.17 Uhr steht er mit Vanilleeis und Schokoladensirup vor meiner Tür, und während er unsere Eisbecher zubereitet, fragt er nach der Modenschau. Er stellt Fragen über Pieter van Kessel und meine Artikel. Begeistert erzähle ich eine halbe Stunde lang, ohne dass er mich unterbricht. Er nickt nur ermutigend, so, wie man es sich von seinem Partner wünscht.

Nachdem er die Schüsseln und Löffel abgespült hat, sagt er, dass er nach Hause muss, um mit Quik spazieren zu gehen. Er sagt, dass er nicht bleiben kann, aber er bleibt, und als ich dann um drei aus dem Bett steige, muss ich über seine Beine krabbeln. Als ich wieder zurückkomme, starre ich ihn an. Im roten Schein des Digitalweckers kann ich das Muttermal auf seinem Rücken sehen. Es befindet sich direkt unter seinem Schulterblatt, ich streichle es sanft, meine Finger berühren einen Augenblick seine warme Haut, aber noch bevor ich die Hand zurückziehen kann, zieht er mich an sich. Er zieht mich an sich und presst seinen Körper gegen meinen.

Ich liege lange wach, mein Arm mit seinem verschlungen, und ich setze alles dran, die Realität nicht aus den

Augen zu verlieren. Ganz egal, wie es sich anfühlt, es ist keine Beziehung.

Städtische Erneuerung

Nach seiner ungeheuer erfolgreichen Modenschau hat sich Pieter van Kessel völlig zurückgezogen. Er hat mit jedem, der hinter die Bühne kam, um ihm für die brillante Kollektion zu gratulieren, höflich Konversation betrieben, und dann verschwand er in die Nacht. Niemand, außer seinem Assistenten Hans, hat ihn seitdem mehr gesehen, und der verrät nichts.

„Das wäre ein toller Coup", sagt die Anruferin, nachdem sie sich als Leila Chisholm von der *Times* vorgestellt hat. „Wir versuchen seit Stunden aus seinen Leuten irgendetwas rauszubekommen, aber der ganze Laden scheint total chaotisch zu sein. Es gibt ja nicht mal eine Presseabteilung. Und van Kessel selbst scheint seit der Show gar nicht mehr erreichbar zu sein."

Ich stelle mir den runtergekommenen Keller vor, den ich vor Monaten besucht habe. Nein, mich überrascht es nicht, dass es nicht mal eine Presseabteilung gibt. „Wer hat Ihnen denn von dem Interview erzählt?" frage ich. Ich habe die Tatsache noch immer nicht verdaut, dass die *New York Times* mir einen Artikel abkaufen will.

„Ellis Masters hat es erwähnt", erklärt sie. „Sie sagte, dass Sie vorhaben, eine ganze Serie über diesen jungen, heißen Designer zu schreiben."

„Ich spiele mit dem Gedanken." Ich tue so, als sei ich total gefasst und cool, dabei hämmert mein Herz wie verrückt.

„Wir würden es gerne machen."

„Wie bitte?" Sie sagt das nicht zum ersten Mal. Aber ich möchte diese Worte einfach noch mal hören.

„Wie würden es gerne machen", wiederholt sie folgsam. „Wir würden uns freuen, wenn Sie die Serie für uns schreiben."

„Verstehe", sage ich. Obwohl ich unterschrieben habe, dass *Ivy Publishing* das Recht an all meinen Ideen hat, mache ich mir darüber keine Sorgen. Jane wird sich nicht plötzlich für Pieter van Kessel interessieren. Er mag zwar eine Sensation in der Modewelt sein, aber bei *Fashionista* geht es nicht um Mode.

„Gut. Wir würden das Interview gerne am Freitag bringen", verkündet sie sachlich. „Sagen wir mal, dreitausend Worte. Wann glauben Sie, können wir es bekommen?"

Ich rechne schnell nach. Ich muss etwa ein Dutzend Seiten Notizen durchlesen und etwa zwei Stunden Tonmaterial abtippen. „Wie wäre es mit morgen?"

„Gleich morgens?"

Ich hatte eher an nachmittags gedacht, aber ich stimme trotzdem sofort zu. Der Stapel Arbeit auf meinem Tisch ist langweilig und unwichtig und nichts im Vergleich mit diesem Interview. Ich werde nichts davon anrühren, bevor mein Artikel über Pieter van Kessel nicht fertig ist. „Gegen elf?"

„Elf ist zwar ein wenig spät, aber es reicht gerade noch", gibt sie nach. „Wenn Sie mir Ihre Faxnummer geben, kann ich den Vertrag sofort faxen."

Mir wurden bisher so selten Faxe geschickt, dass ich die Faxnummer nicht auswendig weiß, und es dauert ein paar bange Minuten, bis ich in meiner Schublade einen Briefkopf mit der entsprechenden Information gefunden habe. Nachdem ich aufgelegt habe, bleibe ich vor meinem Tisch stehen und versuche zu entscheiden, was als Nächstes zu tun ist. Soll ich meine Eltern anrufen oder neben dem Faxgerät ausharren? Mich überkommt dieses paranoide Gefühl, dass mir eigentlich nie etwas Gutes passiert. Schnell renne ich zum Fax und warte. Keine Finger außer meinen sollen dieses Dokument berühren. Es dauert eine Viertelstunde. Der Ausdruck ist etwas blass, aber ich habe noch nie etwas Schöneres gesehen.

Bevor ich meine Eltern anrufe oder einen Freudentanz beginne, strecke ich meinen Kopf in Marguerites Büro und frage vorsichtshalber, ob sie glaube, dass *Fashionista* jemals an meinen van-Kessel-Artikeln interessiert sein könnte.

Sie schüttelt bedauernd den Kopf. „So, wie es momentan aussieht eher nicht. Wenn ich die Chefredakteurin wäre ..." Sie lässt den Satz unvollendet, aber ich will nicht weiter in sie dringen. Sie hat genau das gesagt, was ich hören wollte.

Deswegen kann ich meine Begeisterung nicht mehr länger zurückhalten, ich grinse sie breit und glücklich an. „Danke", rufe ich. Dann kehre ich in mein Büro zurück, schließe die Tür und tanze wild los. Dreitausend Wörter in der *New York Times*! Ich kann es kaum fassen. Das ist es, wovon ich immer geträumt habe. Das ist der Grund, warum ich überhaupt beim Journalismus gelandet bin.

Ich hole drei Mal tief Luft und beschließe, dass es höchste Zeit ist, loszulegen. Doch bevor ich mein Diktafon suche, setze ich noch ein kleines Dankesschreiben an Ellis Masters auf. Das ist nur eine Geste, eine unzureichende. Ich werde ihr niemals genug danken können.

Jane Carolyn-Ann Whiting McNeill

Zweiundfünfzig Stunden vor der Party fügt Jane ihren Mädchennamen zu ihrem bereits aufgeblähten Namen hinzu. Stickly verteilt die Notiz, die Jane für zu wichtig erachtet, als dass man sie dem normalen Versandweg überlassen könnte. Was bis zu vier Stunden dauern könnte. Sie will aber keine Sekunde verlieren. Der Zusatz ihres zweiten Namens hat nicht ganz nach ihren Wünschen funktioniert, sie war gezwungen, ein paar unglückliche Mitarbeiter in ihr Büro zu rufen, weil sie den unzeitgemäßen Namen „Jane McNeill" benutzt hatten. Eine Mitarbeiterin aus der Presseabteilung ist sogar gefeuert worden, weil im *Observer* der alte Name erwähnt worden war.

Stickly lässt die Notiz, die unter einen raffinierten Briefkopf getippt worden ist, mit einer Maske des Gleichmuts auf meinen Tisch fallen. Er versucht, tapfer zu sein. Er versucht, seine Unterlippe ruhig zu halten, aber seine Verzweiflung ist unübersehbar. So etwas tun Sticklys normalerweise nicht. Üblicherweise bringen sie die Bauern zu den Monarchen, nicht die Monarchen zu den Bauern.

„Miss McNeill möchte Sie um halb zwei sprechen", sagt er mit dieser stolzen Stimme, die ein ganzes Amphitheater ausfüllen könnte.

Ich schüttele den Kopf. Ich habe nicht vor, gerade jetzt mein Büro zu verlassen. Ich werde mich keinen einzigen Zentimeter bewegen, bevor ich nicht weiß, was Leila Chisholm von meinem Artikel hält. Ich erwarte das Schlimmste. Ich erwarte, dass sie ihn hasst. Ich erwarte, dass sie laut in mein Ohr kreischt und sagt, das sei der mieseste Schund, den sie jemals in ihrem ganzen Leben gelesen habe. Ich werde ihre Beschimpfungen über mich ergehen lassen. Ich werde sie, ohne einen Ton von mir zu geben, ertragen. Dann werde ich auflegen und zu weinen anfangen.

Der Artikel liegt vor mir auf dem Tisch, aber ich bringe es nicht über mich, noch einmal einen Blick darauf zu werfen. Ich habe ihn schon viel zu oft gelesen, um noch zu wissen, ob er gut ist oder nicht. Ich bin total erschöpft, weil ich zu wenig geschlafen habe, ich kann meinem eigenen Urteil nicht trauen.

„Halb zwei passt mir nicht", sage ich, den Blick vom Telefon abwendend. Ein Telefon, das angestarrt wird, klingelt sowieso nie.

„Es ist sehr wichtig."

Ich hebe eine Augenbraue. Es gibt eine Menge wichtiger Dinge, die zu tun sind, aber Anita Smithers Assistentin ist gründlich und genau, sie kümmert sich um alles. Es gibt nichts Wichtiges, das Jane zu tun hätte. „Tatsächlich?"

Er nickt. „Miss McNeill möchte mit Ihnen absprechen, ob sie besser vor dem blauen *Fashionista*-Transparent stehen sollte oder vor dem roten *Fashionista*-Transparent."

Jane spricht nie etwas ab. Sie gibt Erklärungen ab, stellt unfaire Fragen und hält dann einen Vortrag. „Was haben Sie gesagt?"

„Das blaue."

„Das blaue?"

„Ja, Madam trägt ein rotes Kleid und würde so riskieren, dass die beiden Rottöne sich beißen." Stickly spricht noch immer mit dieser beeindruckenden Stimme und steht sehr stolz da, obwohl das dem Thema überhaupt nicht angemessen ist.

Ich beglückwünsche ihn zu seiner exzellenten Beweisführung und bitte ihn, Jane auszurichten, dass ich auch für den blauen Hintergrund bin. Stickly will sich noch länger mit mir auseinander setzen – mein Desinteresse beleidigt ihn –, aber er hat keine Zeit. Er muss die Notizen schneller verteilen, als es durch das hausinterne Versandsystem möglich wäre. Also verschwindet er, und ich kehre zu meiner eigentlichen Aufgabe des Telefonanstarrens zurück. Als Leila Chisholm schließlich drei Stunden später anruft, bin ich tief eingeschlafen. Mein Kopf liegt in einem unbequemen Winkel auf dem Schreibtisch, auf meiner Wange sind Abdrücke von Büroklammern zu sehen. Das Klingeln ist nervtötend, wie ein Schwall kaltes Wasser mitten ins Gesicht, wobei ich immer noch nicht so recht wach bin, als ich abnehme. Meine Gedanken sind total durcheinander, und ich brauche eine ganze Minute, bis ich kapiere, dass sie den Artikel nicht hasst. Sie schreit mich auch nicht an, im Gegenteil, man könnte ihre Stimme sogar freundlich nennen.

„Er muss natürlich noch etwas bearbeitet werden", sagt sie, bevor sie eine Liste von Änderungen runterrattert, die ich in meinem momentanen Zustand nicht begreifen kann. Ich bin sowieso nicht an das rasante Arbeitstempo von Tageszeitungen gewöhnt. „Machen Sie sich keine Gedanken, falls Sie nicht alles mitbekommen haben. Ich werde Ihnen meine Notizen gleich faxen. An dieselbe Nummer?"

Nachdem das Fax eingetroffen ist, gehe ich in die Küche, um mir eine frische Tasse Kaffee zu holen. Leilas Anmerkungen sind konkret und ausführlich und erfordern eine geistige Regheit, die ich im Augenblick ohne künstliches Aufputschmittel nicht aufbringen kann. Während ich ihre Kommentare durchblättere, wird mir klar, dass das Wort „Bearbeitung" eine totale Untertreibung war, aber das stört mich nicht. Ich bin begeistert und motiviert und heiß darauf, die zweite Fassung zu schreiben.

Von der Bearbeitung abgesehen, scheint mir meine Zukunft leuchtend zu sein. Denn die Redakteurin von der *New York Times* hat gesagt, dass ich beim nächsten Mal bestimmt ein besseres Gefühl für ihren Stil hätte.

Drinks im W

Maya liebt Hotelhallen und -bars. Sie liebt ihre Eleganz und das Gefühl, weit weg von zu Hause zu sein. Hier sind die Menschen ganz mit ihrem Leben beschäftigt; woanders rennen sie davor davon.

„Ich habe Roger nie geliebt", sagt sie, nachdem der Barkeeper ihr einen Caipirinha gebracht hat. Den hat sie noch nie zuvor getrunken, aber sie sucht nach einem neuen Drink – Cosmoplitans stehen für die Trauer wegen Roger, den sie nie geliebt hat –, außerdem gefällt ihr die Vorstellung, dass aus Zuckerrohr Alkohol gemacht wird.

Ich nippe an meinem Mojito – auch ein neues Getränk

im Angesicht neuer Anfänge – und warte darauf, dass sie ihre Erklärung weiter ausführt. Zwar habe ich selbst einige Neuigkeiten zu bieten, aber die müssen noch warten. Gespräche über Beziehungen übertrumpfen grundsätzlich alles andere.

„Nicht, dass ich jemals wirklich glaubte, ihn zu lieben", fährt sie fort, nachdem der Caipirinha den Test bestanden hat. „Dieser Ring war das Problem, der hat mich total geschwächt. Als ich ihn in der Schublade gefunden habe, war das irgendwie überwältigend, und ich dachte, es sei Liebe. Jetzt glaube ich, dass es sich da nur um eine Sehnsucht nach etwas gehandelt hat, was es nicht wirklich gibt – die Cleavers zusammen um den Esstisch", gesteht sie ein wenig verlegen. Es ist nicht so leicht zuzugeben, dass man im Grunde nicht viel anders ist als die Freunde aus den Vororten, die in den Vororten bleiben wollen.

„Der Duft, wenn andere Leute grillen", sage ich.

„Hm?" Ihr Blick ist auf den Eingang gerichtet, als ob sie auf jemanden wartet. Wir sind in der Bar des *W Hotels* am Union Square. Um uns herum stehen schmale Tische und große Samtsofas, auf denen schöne Frauen mit engen Röcken sitzen.

„Es ist, wie wenn ich auf meiner Feuerleiter stehe und rieche, wie andere Leute grillen. Das ist das Gleiche", erkläre ich.

Sie nickt verständnisvoll. „Und manche Lieder."

„Das ist einfach so", behaupte ich.

Sie dreht sich zu mir und lächelt mich strahlend an. „Was nichts anderes bedeutet, als dass diese Geschichte mit Gavin nicht total zum Scheitern verurteilt ist."

Als sie das sagt, bin ich gerade dabei, Rum und Limonensaft runterzuschlucken. Ich beginne zu husten und zu spucken. „Was?"

„Gavin und ich sind in Kontakt geblieben." Sie sieht ein wenig verlegen aus.

„Warum hast du mir das nicht erzählt?"

„Was soll ich denn sagen? ‚Hey, Vig, Gavin und ich telefonieren jeden Abend und führen echt großartige Gespräche. Ich glaube, ich habe mich verliebt'", sagt sie spöttisch. „Das ist zu peinlich. Ich kann die Worte *echt großartige Gespräche* nicht mal aussprechen, ohne dass mir schlecht wird."

Darüber gehe ich hinweg, viel wichtiger finde ich was ganz anderes. „Du hast dich verliebt?"

Sie zuckt mit den Schultern und versucht, gleichgültig zu wirken. Eigentlich hat sie gar nicht so viel preisgeben wollen.

„Du magst ihn sehr?" frage ich, um meine vorherige Frage etwas abzuschwächen.

Ihr Blick fällt wieder auf den Eingang, und jetzt wird mir klar, dass sie jede Minute mit Gavin rechnet. Er ist gestern Nacht in New York angekommen und heute Morgen zuallererst in die Galerie gegangen, um den Aufbau zu überwachen.

Ich habe so was schon zu oft erlebt, um nicht zu wissen, wann ich mit dem Kopf gegen die Wand renne. „Ich habe einen Artikel an die *Times* verkauft."

Sie dreht sich zu mir herum und packt so heftig meine Hand, dass ich meinen Drink verschütte. „Du hast was?"

„Ich habe mein Interview mit Pieter van Kessel an die

New York Times verkauft. Und nicht nur das Interview", erkläre ich und trockne meinen Ärmel mit einer Serviette ab. „Ihnen hat meine Idee, eine Serie daraus zu machen, gefallen. Sie wollen das Ganze haben."

Maya ist ein paar Sekunden lang sprachlos, dann beginnt sie, mit der Hand auf die Theke zu hauen. „Guter Mann", ruft sie, als der Barkeeper sie endlich ansieht, „wir hätten gerne eine Flasche Ihres schlechtesten Champagners."

„Das ist nicht nötig. Ich ..."

„Wie bitte? Wir können doch nicht ohne Champagner feiern. Womit willst du sonst anstoßen?"

Ich will schon sagen, dass wir auch mit Mojitos und Caipirinhas anstoßen könnten, aber der Barkeeper öffnet bereits eine Flasche Moet.

„Davon abgesehen", fügt sie hinzu und reicht mir ein Glas, „möchte ich auch auf etwas anstoßen."

„Auf was?"

„Nein, du zuerst." Sie hebt ihr Glas. „Auf meine liebe Freundin Hedwig Morgan, Journalistin."

Das klingt seltsam und schön, und ich trinke das Glas in einem Zug leer. „Gut, und jetzt du."

„Ich habe ein neues Buch angefangen ..."

„Das ist toll. Worum geht es?"

„Um den Versuch, eine Magersüchtige zu vergiften, aber es ist kein Krimi, weil niemand stirbt."

Ich fülle unsere Gläser erneut und hebe meines für einen Toast. Ich bedeute ihr, ihres ebenfalls zu erheben, aber sie zögert. „Auf die Literatur!"

„Ich glaube nicht ..."

„Komm schon. Wenn ich deinen Trinkspruch ertragen konnte, dann kannst du das jetzt auch."

Maya weiß, dass sie sich gegen eine leicht betrunkene Vig gar nicht erst zu wehren braucht. „Na gut. Auf die Literatur."

Sie sagt das mit wenig Überzeugungskraft, aber ich lasse es ihr durchgehen. Wenigstens hat sie es überhaupt gesagt.

„Wie auch immer, ich habe die ersten Kapitel einem Agenten in New York gegeben, der mit Gavins Agentin in London befreundet ist. Sie hat es Gavin zuliebe gelesen, aber sie findet, dass es viel versprechend ist. Sie möchte das ganze Manuskript sehen, sobald ich fertig bin."

Da ich mich rigoros an ihre Richtlinie vom 15. August gehalten habe, ist mir das Wort *Agent* seit fast drei Monaten nicht mehr über die Lippen gekommen. Ich bin glücklich und erleichtert darüber, dass andere es nicht so genau damit genommen haben. „Das ist großartig."

„Es bedeutet nicht wirklich viel. Vielleicht wollte sie nur höflich sein, außerdem ist die Chance groß, dass sie den Rest des Buches nicht mag", sagt sie. „Das heißt alles noch gar nichts."

Ihr typischer Pessimismus ist ein ungebetener Gast auf unserer Party, deswegen schiebe ich ihn einfach zur Seite. „Auf *viel versprechend*."

Dieser Toast ist ein melancholischer Mix aus hoffnungsvoll und hoffnungslos (die Möglichkeit des Erfolges, der unausweichliche Absturz), und das gefällt Maya. Sie hebt begeistert ihr Glas.

Als Gavin auftaucht, fühlen wir uns unbesiegbar. Wir

sind unbesiegbar und albern und überzeugt davon, dass alles möglich ist. Wir sind wie Godzilla, und diese ganzen winzigen Hindernisse auf unserem Weg sind nichts anderes als die Dächer kleiner japanischer Dörfer.

Maya wirft ihre Arme um Gavin und gibt ihm einen feuchten, enthusiastischen Kuss, den er mit einem verlegenen Lächeln empfängt. Er wirft mir über ihre Schulter einen Blick zu und zwinkert. Nachdem sie sich im Grunde fast nur durch Telefongespräche näher gekommen sind, lasse ich sie ein paar Minuten alleine. Ich gehe auf die Toilette und bewundere ihre Ausstattung. Ich finde es ein wenig schade, dass Alex nicht hier ist. Als ich ihn anrief, um ihm die guten Neuigkeiten zu erzählen, hatte ich ihn eigentlich einladen wollen. Ich wollte mit ihm anstoßen, aber irgendetwas hat mich davon abgehalten. Gemeinsam wahnsinnig wichtige Momente zu feiern riecht zu sehr nach Beziehungskiste.

Als ich zurückkomme, unterschreibt Maya gerade den Kreditkartenbeleg. Daraufhin quetschen wir uns in ein Taxi und fahren in Mayas Lieblingsrestaurant, wo wir Crepes mit Pilzen und Olivencrostini und Crème Brulée verspeisen. Irgendjemand bestellt eine Flasche Wein, und ich willige eifrig ein, obwohl mir klar ist, dass ich eigentlich viel zu erschöpft bin, um weiter zu trinken. Da er nun mal die früheren Trinksprüche verpasst hat, erhebt Gavin nun immer wieder sein Glas und bringt die süßesten und komischsten Toasts aus, bis der betrunkenen Maya Tränen in die Augen treten.

Der Abend endet dann mit dem üblichen Handgemenge, wer die Rechnung bezahlen darf, und ich gewinne, weil meine Reflexe noch am wenigsten vom Alkohol beeinträchtigt sind. Die Luft draußen ist kühl und frisch, und bevor ich mir ein Taxi winke, bestehe ich noch darauf, die beiden zu Mayas Wohnung zu begleiten. Die Zukunft wartet um die Ecke.

Omen

Für Christine ist das Badezimmer ein wichtiger Lagerraum, die Wände der Dusche sind mit weißen Plastikkörben übersät, die mit den Saugnäpfen. Dort bewahrt sie ihr Duschgel, Shampoo und die Peeling-Creme auf.

„Alle sind runtergefallen", ruft sie, als sie mein Büro betritt und die Tür hinter sich zuwirft. „Ich habe diese Plastikkörbe seit zwei Jahren hängen, und sie sind nicht ein einziges Mal auch nur verrutscht, und jetzt sind alle sechs auf einmal runtergefallen, sogar der kleine in der Ecke mit meinem Luffa-Handschuh drin."

Ich räume den Besucherstuhl für sie frei, aber Christine zieht es vor, zu stehen. Sie möchte lieber auf- und abgehen und dabei den Zeitschriftenstapeln ausweichen.

„Und dann, als ich heute Morgen die Tür geöffnet habe, war die Fußmatte weg." Sie schaut mich an, mit aufgerissenen blauen Augen, und wartet auf meine Reaktion.

„Weg?"

„Weg."

„Jemand hat deine Fußmatte gestohlen?" frage ich, irgendwie beunruhigt. Niemand klaut Fußmatten. Das ist eine Übertretung der gesellschaftlichen Regeln.

„Und das ist noch nicht alles. Stell dir mal vor – als ich

heute Morgen aufgewacht bin, war ein Eichhörnchen in meinem Bett. Es saß auf meiner Bettdecke und starrte mich mit seinen kleinen roten Augen an." Sie erschauert bei der Erinnerung.

Ich weiß nicht, was ich sagen soll. Diese morgendlichen Missgeschicke erscheinen mir unwichtig, aber so nachdrücklich, wie sie spricht, scheint sie das alles für echte Katastrophen zu halten. Um die erwartungsvolle Stille auszufüllen, murmele ich etwas in der Richtung, dass sie künftig immer dran denken sollte, das Fenster zu schließen, bevor sie ins Bett geht.

„Du verstehst das nicht", sagt sie mit tonloser Stimme. Es ist erst 10.23 Uhr, doch ich habe sie bereits enttäuscht. „Das sind alles Zeichen."

„Zeichen?"

„Zeichen."

„Das Eichhörnchen in deinem Bett ist ein Zeichen? Wofür soll das denn ein Zeichen sein?"

Sie verdreht die Augen. „Das ist doch klar wie Kloßbrühe. Es ist ein Zeichen dafür, dass etwas ganz Schreckliches geschehen wird. Was für Beweise brauchst du denn noch?" fragt sie mit verächtlicher Stimme. „Eine Heuschreckenplage?"

Die Antwort auf diese Frage ist Ja. Ja, ich brauche eine Heuschreckenplage. „Es wird nichts Schlimmes passieren." Ich versuche, das Thema mit der nötigen Ernsthaftigkeit zu behandeln, die Christine erwartet, aber es fällt mir nicht leicht, ein Grinsen zu unterdrücken.

„Man kann Jesus nicht in ein hübsch geschnittenes Seidenkleid von Givenchy stecken", sagt sie, „und sich dann wundern, wenn etwas Biblisches geschieht. Man muss im Angesicht des Herrn *demütig* sein."

Ich weiß nicht viel über die Bibel und Demut und das Angesicht Gottes, aber ich bin sehr wohl in der Lage, Panik zu erkennen, wenn ich sie sehe. „Es wird nichts Schlimmes geschehen", sage ich noch mal besänftigend, als sich die Tür öffnet.

Sarah kommt herein. Sie lächelt übers ganze Gesicht, und auch wenn sie kurz überrascht davon ist, Christine hier zu sehen, erholt sie sich schnell wieder. „Sie demonstrieren."

„Wie bitte?"

„Sie demonstrieren vor dem Gebäude." Sie kann ihre Begeisterung kaum verbergen. Schließlich handelt es sich hierbei um ein erstes Zeichen dafür, dass unser Plan funktioniert. „Wir sind umringt von wütenden Christen, die Tafeln mit Bibelzitaten hochhalten. Die Polizei versucht gerade, die Demonstration zu zerschlagen, weil sie nicht angemeldet ist." Sie lacht. „Polizei – könnt ihr das glauben? Das ist noch besser, als ich jemals erwartet hätte."

Christine wirft Sarah einen bösen Blick zu. Für sie ist das kein Grund zum Jubeln. „Wir sollten die Veranstaltung absagen, bevor die Heuschrecken kommen."

Sarah hebt eine Augenbraue. „Was für Heuschrecken?"

„Du solltest mit Jane darüber sprechen", werfe ich ein. „Es ist schließlich ihre Party."

Aber Christine möchte nicht mit Jane sprechen. Sie hat Angst vor ihr. „Könntest du das nicht übernehmen?"

Die Vorstellung ist so absurd, dass ich fast lachen muss. „Ich?"

„Jane hört auf dich", sagt sie nachdrücklich, ihre Hände bewegen sich hektisch.

Da ist sie schon wieder – diese uralte Annahme, dass Jane mich respektiert. „Ich werde Jane nicht bitten, die Party abzusagen. Dafür gibt es keinen Grund."

„Aber ich habe dir doch von dem Eichhörnchen und allem erzählt. Das sind Omen." Sie unterbricht sich einen Moment, als ob sie ihren nächsten Schritt überlegen müsste. „Und dann ist da ja auch noch Allison."

Ich erstarre bei der Erwähnung des Menschen, der unseren ganzen Plan zu Fall bringen könnte. „Allison?"

Christine blickt sich im Zimmer um und flüstert: „Ich glaube, sie ist besessen."

Sarah beginnt zu kichern. Ich finde das zwar auch lustig, unterdrücke mein Lachen aber. Christine meint das total ernst. „Sie ist besessen?" frage ich.

„Sie ist außer sich, wie im Fieber, sie murmelt ständig irgendwelches Zeug vor sich hin. Ich habe versucht zu verstehen, was sie sagt, aber ich kann es nicht. Es ist kein Englisch."

Obwohl ich ziemlich sicher bin, dass Allison nicht besessen ist, merke ich, dass es überhaupt keine Möglichkeit gibt, Christine zu überzeugen. Deswegen versuche ich, sie mit Versprechungen zu beschwichtigen. „Ich sag dir was – wenn Allison um sechzehn Uhr immer noch so außer sich ist und vor sich hinmurmelt, werde ich mich darum kümmern."

Sechzehn Uhr wäre viel zu spät, um die Party noch platzen zu lassen, aber das fällt Christine nicht auf. Sie seufzt erleichtert. „Danke, Vig."

Ich zucke mit den Schultern, als wolle ich sagen, keine Ursache, und sie hat ja auch keine Ursache. Selbst wenn ich mit Jane sprechen wollte, würde es mir gar nicht gelingen. Sie ist ganz tief in die Welt der Schönheitssalons abgetaucht und wird erst wieder auftauchen, wenn sie gezupft, enthaart und frisiert ist.

Nachdem Christine gegangen ist, pressen Sarah und ich unsere Köpfe gegen die Fensterscheibe und beobachten, wie die Polizei versucht, die Demonstration aufzulösen. Und so stehen wir, als Delia hereinkommt.

„Ganz schön cool, nicht?" sagt sie und blickt über unsere Schultern.

Sarah quietscht vor Vergnügen. „Ich muss viel näher ran. Will jemand mit?"

Delia und ich lehnen ab und schauen ihr hinterher, wie sie aus dem Büro in den Flur rennt.

„Nun", sage ich, „es sieht aus, als ob alles nach Plan verläuft."

Sie nickt und setzt sich. „So ist es, allerdings gibt es da ein ganz kleines Problem."

Trotz meiner Ungläubigkeit beginnt mein Herz zu hämmern, eine Sekunde lang befürchte ich, dass sie mir von einem Schwarm Heuschrecken berichten wird, der die Fifth Avenue heraufzieht. „Ein kleines Problem?"

„Erinnerst du dich an Australien?"

„Australien?"

„Du weißt schon, der Kontinent, auf den Jane Marguerite hat ausweisen lassen?"

„Ja, natürlich. Australien."

„Nun, wie sich herausstellt, war das eine Art Vergeltungsmaßnahme", erklärt Delia und schiebt mir ein gelbes Notizbuch hin.

Ich öffne es und versuche, darin zu lesen, aber ich kann es nicht. Es handelt sich lediglich um eine Anhäufung breiter Schwünge. Absolut unleserlich. „Was ist das?"

„Meine Stenonotizen. Ich habe gerade mit Lucy Binders, der ehemaligen Sekretärin des Chefredakteurs von *Parvenu* telefoniert. Eine sehr nette Frau. Sie arbeitet jetzt für eine Autoversicherung."

Obwohl mich wahnsinnig interessieren würde, wie sie Ellis Masters' Sekretärin nach zwölf Jahren ausfindig gemacht hat, zähme ich meine Neugier. Delias investigative Fähigkeiten stehen hier nicht zur Debatte. „Und was hat Lucy Binders gesagt?"

„Dass Marguerite eine intrigante Hexe ist, dass sie allen Jungredakteuren das Leben zur Hölle gemacht hat, nachdem sie mit dem Redaktionsleiter geschlafen hat und zur Redakteurin ernannt wurde. Ganz schlimm hätte es Jane getroffen. Sie bekam nur noch die schlimmsten Aufgaben, Abgabetermine wurden willkürlich geändert, so dass all ihre Artikel zu spät kamen, und außerdem hat Marguerite ihre Manuskripte umgeschrieben, um Jane als unfähig dastehen zu lassen. Fünf Monate später wurde Jane gefeuert." Sie blättert eine Seite um und liest weiter. „Ich habe mit einigen Redakteuren bei der australischen *Vogue* gesprochen, aber niemand will etwas sagen. Marguerites Aufstieg dort war unglaublich. Sie ist schon nach sechzehn Monaten zur Chefredakteurin befördert worden. Man sollte ja glauben, dass wenigstens *irgendjemand* etwas dazu sagen würde, aber die sind alle total einsilbig. Wie auch immer, wenigstens hat sie das Alter von Redakteuren nie interessiert", endet Delia, nachdem sie den Altersdurchschnitt der Mitarbeiter analysiert hat.

Am liebsten wäre ich in eine an Christine erinnernde Panik ausgebrochen. Am liebsten hätte ich die ganze Sache abgebrochen, aber ich kann nun nichts mehr tun. Religiöse Gruppen demonstrieren vor dem Gebäude, und nichts, was ich sagen könnte, würde sie dazu bringen, nach Hause zu gehen. „Na gut. Mach weiter. Vielleicht finden wir noch etwas über Marguerite heraus, was wir später benutzen können, wenn wir ein Problem bekommen", sage ich, selbst erstaunt darüber, wie geschäftstüchtig ich reagiere. Die Verschwörung gegen Jane war eigentlich als einmalige Geschichte gedacht gewesen und nicht als mein neuer Arbeitsstil.

„Exakt das habe ich mir auch gedacht, Chefin", sagt sie mit einem strahlenden, zustimmenden Lächeln. Delia freut sich über meine neue Rücksichtslosigkeit. Ihrer Meinung nach bin ich im Begriff, auf die dunkle Seite zu wechseln. Ihrer Meinung nach bin ich im Begriff, skrupellos und eiskalt zu werden und demnächst ebenfalls Akten über meine Kollegen anzulegen.

Ich weiß selbst nicht genau, was mein Verhalten bedeutet, hoffe aber nur, dass sie sich irrt.

Judas

Als ich in der Galerie ankomme, baut Gavin gerade seine Ausstellung „Vergoldung der Lilie" ab. Er packt seine Jesusstatuen zusammen, als handle es sich um Murmeln, die er einfach in die Tasche stecken könne.

„Was soll das?" frage ich, als ich sehe, wie er in einer Ecke einem Jesus im klassischen Chanelkostüm die transparente Strumpfhose auszieht. Davon abgesehen, läuft alles glatt – der Partyservice baut das Büffet auf, der Tontechniker checkt die Mikrofone, die Demonstranten versammeln sich und buhen allen Fashionistas zu, die vorbeikommen. Nur Gavin arbeitet gegen das allgemeine Ziel.

Ich weiß, dass Gavin mich gehört hat – seine Schultern sind ganz steif geworden –, aber er schaut weder auf noch antwortet er. Er knüllt nur die Strumpfhose zusammen und wirft sie in einen braunen Pappkarton. Das Schweigen und die Stripteaseshow sind zwei ziemlich schlechte Anzeichen, aber noch verfalle ich nicht in Panik. Ich versuche, Fassung zu bewahren, und gehe zu Gavin hinüber, um mehr zu erfahren. „Hey, stimmt was nicht?"

Gavin dreht sich um und starrt mich an. Sein Blick ist heiß und wütend, seine Lippen sind zu einer dünnen, harten Linie zusammengepresst. Das ist nicht der unbeschwerte Gavin, der betrunken Toasts ausspricht und fettige Crepes isst und mir morgens um drei einen Kuss auf die Stirn gibt. Das ist ein Angst einjagender Gavin mit versteinertem Gesicht.

Beschwichtigend lege ich eine Hand auf seinen Arm. Er versucht, sie abzuschütteln. Doch ich lasse nicht los, habe plötzlich Angst, dass etwas Schreckliches passiert sein könnte. „Sag mir, was hier los ist."

Er holt tief Luft und antwortet dann mit mehr Verachtung, als ich jemals zuvor gehört habe. „Jesus' neuer Geburtstagsanzug."

„Oh", entgegne ich, nehme meine Hand weg und gehe einen Schritt zurück. Ich weiß nun schon seit mehr als drei Monaten, dass dieser Augenblick unvermeidlich ist, aber irgendwie habe ich es in dem ganzen Wirbel um meine *New York Times*-Artikel wohl verdrängt. Ich hätte ihn gestern Abend wegen der Dezemberausgabe von *Fashionista* vorwarnen müssen. Ich hätte ihm alles gestehen sollen, als er noch ganz benebelt vom Wein war und über die plattesten Witze lachen konnte.

Gavin knurrt. Er zieht tatsächlich die Oberlippe wie ein tollwütiger Hund nach oben und knurrt mich an. „Oh?"

Seine Verärgerung ist absolut gerechtfertigt, und ich weiß nicht, was ich sagen soll. Wir starren uns einen Augenblick lang einfach nur an – er mit der hochgezogenen Lippe, ich mit banger Unsicherheit – und hören zu, wie die Lautsprecher pfeifen und der Tontechniker „Test, eins, zwei, drei" ruft.

„Ich wollte es dir sagen – ich wollte es dir *wirklich* sagen –, aber ich wusste nicht, wie."

Er betrachtet mich zornig, und seine Verachtung wird geradezu greifbar. „Christus: Trendsetter oder Retter?"

Ich zucke zusammen, als sei ich geschlagen worden. Die Schlagzeilen der Dezemberausgabe fand ich die ganze Zeit schon geschmacklos und ein wenig peinlich, aber irgendwie klingt es zehn Mal schlimmer, wenn sie von dem unfair behandelten Künstler zitiert werden. „Tut mir Leid, dass das passiert ist. Ich weiß noch nicht mal genau, *wie* das geschehen konnte", sage ich und werfe einen Blick auf ein Vorausexemplar der Zeitschrift, die aufgeschlagen auf dem Boden liegt. Man kann Fußabdrücke auf dem Bauch eines Models im Bikini erkennen. „In der einen Minute waren wir noch willens, einen geschmackvollen Einblick in deine Kunst zu bieten, und dann plötzlich redeten alle über diese Jesus-Artikel." Ich versuche, meine Stimme ruhig klingen zu lassen, aber es fehlt nicht viel, und ich falle auf die Knie und bitte ihn um Vergebung. Und das nicht nur, weil ich Jane stürzen will. Schließlich steht eine weitere bösartige Chefredakteurin in den Startlöchern. *Fashionista* hat der New Yorker Kunstszene eine riesige Party versprochen. Wir können nicht plötzlich alles absagen, ohne dass es total peinlich wäre und eine Menge Köpfe rollen würden. Meiner auf jeden Fall. Plötzlich erscheint mir Christines geklaute Fußmatte doch nicht mehr so harmlos.

Gavin rattert gerade ein weiteres Dezember-Bonmot herunter, als Maya hereinkommt. Sie trägt ein bodenlanges schwarzes Kleid und eine glitzernde Tiara.

„Hallo, Darling", sagt sie und gibt Gavin einen herzhaften Kuss auf den Mund, bevor sie sich umblickt und ein Dutzend glänzende Jesusstatuen sieht. Sie stutzt einen Moment, überrascht von der Schönheit des Anblicks. Das kann ich ihr kaum verdenken. Unter „Vergoldung der Lilie" habe ich mir auch was anderes vorgestellt. Hier stehen keine kitschigen, übertrieben gekleideten Statuen, sondern herrliche Skulpturen mit wundervollen Details. Sie deutet auf eine – Jesus in Givenchy. „Ich will ja nicht überkritisch sein, aber macht dieses Kleid Jesus nicht ein wenig dick?" fragt sie strahlend.

Gavin reagiert nicht auf ihren Witz. Seine Enttäuschung über Maya ist echt, er starrt sie mit Hundeaugen und zitternden Lippen an. Maya bekommt keinen Gavin mit versteinertem Gesicht zu sehen. Sie bekommt einen traurigen Gavin am Rande der Tränen zu sehen. „Lust im Lendenschurz: Lassen Sie einen antiken Modetrend wieder aufleben", zitiert er.

Maya kennt die Dezemberausgabe von *Fashionista* nicht, weshalb sie ihn verständnislos anstarrt. Aber obwohl sie nicht weiß, wovon er spricht, merkt sie doch genau, dass etwas nicht stimmt. Der Partyservice und der Tontechniker und die Demonstranten vor der Tür mögen vielleicht den Eindruck haben, dass alles in Ordnung ist, aber Maya weiß es besser. Die Atmosphäre ist angespannt und gereizt. Mit einem Blick bittet sie mich um Erklärung.

„Er ist über die Jesus-Artikel verärgert, die die Zeitschrift anlässlich seiner Ausstellung geschrieben hat", sage ich.

Maya zwinkert. „Ach so."

„Versuch gar nicht erst, es zu leugnen", ruft Gavin und reißt das Jackett von der Statue. Es handelt sich um ein Haute-Couture-Kleidungsstück mit zarten Nähten, aber er zerrt daran, als ob es ein alter Malerkittel wäre.

„Zu leugnen?" wiederholt Maya. Ihr fassungsloser Blick beweist, dass sie keine Ahnung hat, was sie leugnen sollte. Die ganze Jesus-Geschichte ist ihr nicht so nahe, nicht annähernd so wichtig wie uns.

Aber Gavin versteht das nicht. Er knüllt das Jackett zusammen und wirft es in den Karton. „Du wusstest, dass man mich blamieren würde, und hast kein Wort gesagt.

Selbst letzte Nacht, als wir ..." Er bricht ab, als ob die Erinnerung an die vergangene Nacht zu schmerzhaft wäre. „Und du hast trotzdem nicht ein verdammtes Wort gesagt."

Während er damit beschäftigt ist, Maya böse anzustarren, gehe ich hinter ihn, ziehe das Jackett aus dem Karton und streiche sanft die Falten glatt. Auch wenn aus der Ausstellung nichts wird, kann ich eine Jacke trotzdem nicht einfach so liegen lassen. Ich arbeite zu viele Jahre für *Fashionista*, um ungerührt mit anzusehen, wie Chanel dermaßen schlecht behandelt wird.

„Maya kann nichts dafür", rufe ich. Seine Selbstgerechtigkeit macht mich ungeduldig. „Hör auf, alles an ihr auszulassen. Du kannst mir Vorwürfe machen. Auf mich sauer sein."

Er lacht spöttisch. „Keine Angst, ich bin sauer auf dich. Fordere es lieber nicht heraus."

Aber ich will es herausfordern. Wo er nun einmal in ganzen Sätzen mit mir spricht und nicht in rätselhaften Schlagzeilen, will ich auf jeden Fall, dass er weitermacht. Er muss seine Wut unbedingt rauslassen. Und ich bin das geeignete Ziel seiner Wut. Ich bin das *richtige* Ziel. „Hör mal, es tut mir sehr, *sehr* Leid, dass ich das alles nicht verhindern konnte, aber wir haben jetzt keine Zeit. Nicht jetzt. Sobald der Abend rum ist, werde ich tun, was du willst, um es wieder gutzumachen. Ich schwöre es, alles, was du willst. Aber wir müssen diese Party unbedingt geben." Ich schaue schnell auf meine Uhr. Es ist schon 19.12 Uhr. In achtundvierzig Minuten werden schillernde Gäste durch diese Tür kommen, und Chanel-Jesus ist nur halb angezogen. „Bitte, *bitte*, tu das nicht", rufe ich, Panik kriecht langsam in meine Stimme. Ein hysterischer Anfall ist nicht mehr weit.

Gavin tut mein Flehen mit einem desinteressierten Schulterzucken ab. Er hebt die Dezemberausgabe auf und wedelt damit unter meiner Nase herum. Auf seiner Stirn ist eine blaue Ader dick angeschwollen. „Ihr habt mich zu einer Lachnummer gemacht mit diesem ... diesem ...", er beginnt zu stottern, während er nach den richtigen Worten sucht, „... lüsternen Schwachsinn. Ihr habt alles, was ich geschaffen habe, lächerlich gemacht. Ihr habt aus der ‚Vergoldung der Lilie' einen gut durchdachten Gag gemacht." Er wirft die Zeitschrift gegen die Wand, wo sie einmal kurz aufflattert und dann auf den Boden fällt. „Hast du eine Vorstellung, wie hart ich daran gearbeitet habe, respektiert zu werden? Hast du auch nur die geringste Ahnung, wie schwer es für einen Typ aus adligen Kreisen und mit einem Tudor-Schloss ist, als Künstler ernst genommen zu werden? Himmelherrgott, wir haben sogar einen viktorianischen Pool im Garten. Die Kritiker lieben es, arme reiche Jungs, die sich in Kunst versuchen, am Spieß zu braten. Nun, ich *versuche mich* verdammt noch mal nicht. Ich bin kein gottverdammter Prinz Charles mit seinen Wasserfarbenbildern. Für mich ist das wichtig. Es ist das, was ich tue. Und ihr habt verdammt nochmal kein Recht, mir alles kaputt zu machen."

Ich blicke Gavin an. Die blaue Ader pulsiert, und sein Atem kommt in kurzen, heftigen Stößen. Seine Wut ist echt, aber ich bin mir nicht sicher, was er wirklich im Schilde führt. Die Party einfach abzusagen wäre eine große, bedeutungsvolle Geste – ich werde bestraft, den *Fashio-*

nista-Redakteuren wird gezeigt, dass sie seine Arbeit so nicht behandeln können, sein Ego wird befriedigt – trotzdem könnte alles nur Theater sein. Aber ich will nichts riskieren. Man sollte einen Bluff von zornigen Künstlern, die deine Zukunft in der Hand haben, nicht unbedingt aufdecken. „Du kannst das machen", sage ich ruhig. Ich habe beschlossen, klein beizugeben. Denn diesen Kampf kann ich nicht mit logischen Argumenten gewinnen. „Du kannst den Partygästen die Tür vor der Nase zuknallen und fröhlich deiner Wege gehen. Deiner Karriere wird das nichts anhaben, vielleicht wird sie sogar noch steiler bergauf gehen – ein *enfant terrible* zu sein, hat noch nie geschadet –, aber mich wirst du damit ruinieren."

Er wischt sich über die Augen und schweigt ziemlich lange. Maya beobachtet das Ganze mit verschränkten Armen. Sie würde gerne helfen, aber es gibt nichts, was sie tun könnte. *Fashionista* ist nicht ihr Ding. Sie ist nur eine unschuldige Zuschauerin, eine tiaratragende Limousine an einer roten Ampel, die das Pech hat, von Rennwagen überholt zu werden. „Verdammt, Vig", ruft Gavin. Er klingt müde.

„Ich weiß, dass das nicht fair ist", sage ich und nutze meinen Vorteil weiter aus. Schließlich kann ich Mitleid erkennen, wenn es direkt vor mir steht, mit matten Augen. „Ich weiß, dass du keinen Grund hast, mir einen Gefallen zu tun, aber denk mal drüber nach. *Fashionista* kann dir nichts anhaben. Es ist doch nur eine dumme Zeitschrift mit schönen Fotos, die die Leute gerne anschauen. Das ist alles. Wir sind nur da, um die Leute zu beschäftigen, während sie beim Friseur warten oder in der U-Bahn sitzen. Es ist nichts Beständiges. Wir werden in zweihundert Jahren nicht mehr da sein, im Gegensatz zu deinen Statuen, die dann vermutlich den Eingang zum Vatikan schmücken werden. Aber du kannst *uns* was anhaben. Du kannst *uns* bestrafen. Bitte tu das nicht."

Gavin gibt nach. Vielleicht wäre es ihm gelungen, meiner Bitte zu widerstehen, wenn wir letzte Nacht nicht zusammen auf meinen Erfolg getrunken oder er mir nicht einen Kuss auf die Stirn gegeben hätte. Aber er hat. Und er widersteht nicht.

„Na gut, die Ausstellung soll stattfinden."

Maya jubelt und wirft sich in seine Arme. „Gott sei Dank ist das geklärt. Und könnte jetzt vielleicht mal jemand was zu meiner Tiara sagen? Ich habe sie bei der Arbeit getragen, und kein Mensch hat was dazu gesagt. Ich bin schon fast der Meinung, dass sie unsichtbar ist."

Gavin lacht und versichert ihr schnell, dass sie – und die Tiara – perfekt aussieht. Dann lässt er sie versprechen, dass sie ihn das nächste Mal warnt, wenn ihre Freundin ihn zum Narren halten will. Ich fühle mich ein wenig verletzt durch die Wortwahl – das war überhaupt nicht meine Absicht gewesen –, aber ich schweige und freue mich über den Ausgang der Geschichte.

Nachdem wir nun knapp an einem Desaster vorbeigeschlittert sind, inspiziere ich schnell die Galerie, um sicher zu stellen, dass *Fashionista* nicht aus Versehen noch andere Beteiligte beleidigt hat. Ich strecke sogar meinen Kopf nach draußen, um mir die Demonstration anzusehen, die ganz hübsch vorankommt. Es wurde ein Podium errichtet, die Demonstranten üben gerade ihre Protestgesänge. Gott schütze sie.

Ich gehe zur Theke, um mir einen Drink zu bestellen. Ich weiß, dass ich nicht schon vor der offiziellen Eröffnung der Party Alkohol trinken sollte, aber ich kann nicht widerstehen. Die jüngsten Ereignisse rechtfertigen etwas Stärkeres als Tonic Water. Sie rechtfertigen Wermut und Gin und eine gefüllte Olive.

Nachdem ich mich beim Barkeeper bedankt habe, schlendere ich zu Gavin hinüber, um zu fragen, ob er beim Ankleiden des Chanel-Jesus Hilfe braucht.

„Nein, ich habe alles unter Kontrolle", sagt er und schlingt einen Schal um Jesus' Kopf. Er verknotet ihn unter dem Kinn und zieht ihm eine große, verspiegelte Sonnenbrille an. Plötzlich sieht Jesus Christus wie Jane McNeill bei einer Dinnereinladung aus.

Nachdem für mich nichts zu tun ist, gehe ich zur Bühne, die für die vierköpfige Band aufgebaut worden ist, und setze mich an den Rand. Der Raum sieht festlich aus mit weißen Tischtüchern und Kerzen, er ist erfüllt von gespannten Erwartungen. Irgendetwas wird hier geschehen. Der Geruch nach Hors d'oeuvres – kleine Quiches und winzige Krebskuchen – bestätigt es: Wir werden ein Fest feiern.

Ich seufze schwer, nippe noch einmal an meinem Martini und warte auf das nächste Desaster.

Calgary

Krystal Karpfinger möchte ein Open-Air-Einkaufszentrum in New Jersey eröffnen.

„An einem dieser Orte, die stark nach dem vorstädtischen New Jersey riechen, wie zum Beispiel *King of Prussia*. Wir werden Kopfsteinpflaster verlegen und Soho exakt nachbauen. Die südliche Prince Street: Face Stockholm, Mimi Ferzt Gallery, Olives, Reinstein/Ross, Harriet Love, Pleats Please und so weiter. Die nördliche Prince Street: Replay, the Met Shop, Club Monaco, Myoptics, Camper und so weiter. Mit der richtigen Straßenbeleuchtung werden die Kunden den Unterschied nicht mal bemerken. Und sie müssen sich nicht über den wahnsinnigen Verkehr im Holland-Tunnel ärgern. Es hat für alle nur Vorteile, von welcher Seite man es auch betrachtet", erläutert sie. Es handelt sich nicht wirklich um ein Gespräch, sondern um den ersten Teil ihrer One-Woman-Show.

Ich lache zwar nicht, aber ich lächle höflich und schaue mich um, in der Hoffnung, dass mich jemand vor der Frau des Galeristen rettet. Maya steht nur ein paar Meter weg und spricht mit einem Künstler ganz in Schwarz, aber sie hilft mir nicht. Sie ist so vertieft in ihr Gespräch, dass es ihr völlig egal ist, ob ich am Leben oder tot bin.

Gavin, der auch nur ein paar Schritte von mir entfernt ist, hat auch keine Lust, mir einen Rettungsreifen zuzuwerfen. Er ist da und spielt den leutseligen Gastgeber, freut sich gleichzeitig aber über meine unangenehme Situation. Krystal Karpfinger auf der Jesus-Feier ist fast schlimmer als überhaupt keine Jesus-Feier.

Die Frau des Galeriebesitzers kommt nun zum zweiten Teil ihrer Show – wie man einen Vorstädter aus einhundert Meter Entfernung erkennt –, und ich packe die vorbeigehende Bedienung am Arm. Die ist darüber so erschrocken, dass sie versucht mich zu verscheuchen wie eine Fliege, aber ich lasse nicht los.

„Entschuldigung, sagten Sie soeben, dass die Band sich weigert zu spielen, bevor nicht jemand die grünen Smarties aus der Nachspeise gepickt hat?" Bevor die Bedienung das Gegenteil behaupten oder mich wahnsinnig nennen kann, wende ich mich an Krystal. „Ich muss gehen. Ein Notfall. Sie wissen ja, wie das mit diesen launischen Künstlern ist. In der einen Sekunde sind sie ganz normale menschliche Wesen und in der nächsten hilflose Babys in Windeln. Das verstehen Sie doch, nicht wahr?"

Ihrem Gesichtsausdruck nach versteht sie kein Wort, doch ich nehme schnell den kürzesten Weg zur anderen Seite des Raumes. Dort hole ich mir was zu trinken und mit Hummer gefüllte Pastete und stelle mich schweigend in eine Ecke neben Jesus in einem blauen Kleid von *Badgely Mishka*. Ich beobachte die Leute, als Jane mir auf die Schulter tippt. Der Raum ist zwar überfüllt, aber Jane hat kein Problem, mich zu finden, als ob sie ein auf mich eingestelltes Zielsuchgerät habe. „Vig, Sie sollen sich doch um die Presse kümmern", schreit sie ärgerlich über den Lärm hinweg. Eine Frau rempelt Jane an, die ihren Wein über mein silbernes Seidenkleid verschüttet. Jane entschuldigt sich nicht. Sie ist viel zu böse auf mich, als dass sie sich Gedanken über meine Reinigungskosten machen könnte. Ich sollte nicht einfach so herumstehen, während es an allen

Ecken und Enden brennt. Dabei brennt hier nur ihre Wut: Denn die Fotografen machen Bilder von Gavin vor dem *Karpfinger*-Schild. Das findet sie absolut indiskutabel.

Jane schießt davon, räumt sich ihren Weg mit den Ellenbogen frei, und ich bewege mich langsam auf den Pressebereich zu. Ich muss mich an Prominenten und Kunstkritikern vorbeischlängeln. Die vielen Menschen sind hier, um die Meinungsfreiheit zu unterstützen. Sie lassen sich dabei fotografieren, wie sie sich durch die wütende Menge von Demonstranten quetschen. Zwar handelt es sich hier nicht um das China am Ende des vorigen Jahrhunderts, und die Demonstranten sind auch keine Boxer, doch trotzdem kommt es einem so vor, als ob die Galerie im Belagerungszustand wäre. Die Demonstranten vor dem Gebäude singen und schleudern uns Beleidigungen entgegen, was wir zu ignorieren versuchen wie eine Picknickgesellschaft den herannahenden Sturm.

Gavin steht in der Mitte vor dem Schild mit dem Galerienamen, so dass man egal aus welchem Blickwinkel entweder K-A-R oder I-N-G-E-R lesen kann. Unser riesiges Transparent mit *Fashionista* drauf hängt völlig unbeachtet an der Wand daneben. Gavin sollte eigentlich zwischen den beiden stehen, aber er ist aufsässig und überhaupt nicht willens, sein Versprechen einzuhalten. Er verzieht die Lippen zu einem Lächeln, als er mich sieht. Dieser selbstgefällige Bastard.

Jane ist direkt hinter mir, die Hand auf meinem Rücken. „Los schon. Regeln Sie das", sagt sie, als handele es sich um ein leicht zu lösendes Problem wie eine kaputte Glühbirne oder ein ungerader Saum. „Machen Sie schon."

Ich schaue mich um, in der Hoffnung, Kate oder Sarah oder meinetwegen sogar Allison zu sehen. Schließlich war das ihr Plan. Dann sollten sie sich auch um solche Probleme kümmern. Doch nun ist es mein Problem. Ich bedenke meine Alternativen und stelle fest, dass ich nur eines tun kann: Ich muss mich selbst lächerlich machen. Ich hole tief Luft, gehe hinter Gavin, verliere das Gleichgewicht und klammere mich haltsuchend an dem Schild fest. Wir beide stürzen zu Boden – das Schild mit mehr Anmut als ich – und Anita Smithers springt sofort ein und schiebt Gavin zur Seite in die gewünschte Position. Sie will nicht, dass ihrem Klienten von einer linkischen Redakteurin die Show gestohlen wird.

Nachdem also der Gerechtigkeit Genüge getan wurde, eilt Jane an Gavins Seite, um die Aufmerksamkeit auf sich zu lenken. Sie ist nicht nur ein Schwamm, sie ist ein Blutegel, und immer saugt sie etwas auf, was einem anderen gehört. Sie lächelt strahlend, während sie mit den Reportern und deren Kameras flirtet, doch ihr Kunstverstand ist entsetzlich – sie bezeichnet Rodin als den großartigsten lebenden Maler – und ich sehe, wie Gavin zurückweicht.

Janes giert so inbrünstig und schamlos und zwanghaft nach dem Rampenlicht, dass sie nicht bemerkt, wenn sie Grenzen überschreitet. Sie wird dort auf der behelfsmäßigen Bühne stehen, bis das Aufräumkommando sie runterträgt. Ich gehöre nicht zum Aufräumkommando und glaube nicht, dass ich Jane hochheben könnte, doch trotzdem nähere ich mich ihr entschlossen. Wir haben von Gavin schon genug abverlangt, und ich will, dass er zumindest diesen Moment alleine hat.

„... und wenn ich ihn mit einem Künstler des zwanzigsten Jahrhunderts vergleichen sollte, würde ich sagen Seurat. Beide haben die gleiche Klarheit in ihren Linien", erklärt Jane und greift damit wieder auf typische *Fashionista*-Klischees zurück, auch wenn „Ein Sonntagnachmittag auf der Insel Grand Jatte" kein Sofa oder schmal geschnittenes Kleid von Calvin Klein ist.

Obwohl sie sich darüber ärgert, dass ich im Licht stehe, beuge ich mich zu Jane und flüstere ihr ins Ohr, dass die Demonstranten auf eine Rede von ihr warten. Solch eine Rede war niemals Teil unseres Plans, doch die Idee scheint ihr zu gefallen. Draußen stehen fünf Mal mehr Menschen als hier, und sie stellt sich offenbar gerade die Märsche in den sechziger Jahren vor, an denen sie nie teilgenommen hat – Martin Luther King Jr. auf den Stufen des Lincoln Memorial. Nun hat sie einen Traum.

Nachdem ich einen Warum-hat-das-so-lange-gedauert-Blick von Gavin aufgefangen habe, folge ich Jane durch die Menge. Der Protest vor der Tür ist laut, aber geordnet, Hunderte von Leuten haben sich hinter den blauen Polizeibarrikaden versammelt. Ein kleiner, gepflegter Mann in einem unaufdringlichen braunen Anzug führt die Demonstration an, die Straßenlampen scheinen auf seinen Glatzkopf, was ihm eine Art Heiligenschein verleiht, während er mit einem Megafon in der Hand auf dem Podest steht. „Respektiert Jesus, respektiert unseren Glauben, respektiert uns."

Er macht eine Pause, um Luft zu holen, was Jane als ihr Stichwort betrachtet. Sie klettert die fünf Stufen auf das Podium hinauf, nimmt dem schockierten Mann das Megafon aus der Hand und begrüßt die Menge. „Hallo", sagt sie, ihre Stimme schallt die Kopfsteinpflasterstraße hinunter. „Mein Name ist Jane Carolyn-Ann Whiting McNeill." Sie erwartet, dass man ihren Namen kennt – das erwartet sie schließlich von jedem –, und als die Meute wild losschreit, geht sie davon aus, erkannt worden zu sein. „Mein Name ist Jane Carolyn-Ann Whiting McNeill", verkündet sie nochmal, weil es ihr gefällt, wie der Klang ihres Namens von den Gebäuden widerhallt. „Und ich bin Christin."

Die Demonstranten brüllen begeistert. Irrtümlich nehmen sie an, dass es sich bei Jane um eine der ihren handelt. Sie glauben, dass der Heilige Geist sie bewegt hat, sich zu Wort zu melden. „Ich möchte über Kunst sprechen, *wahre* Kunst", ruft sie und rezitiert die Rede, die sie vorhin gehalten hat, um Gavin Marshall vorzustellen. „Kunst lässt uns weinen. Kunst lässt uns lachen. Kunst lässt uns nachdenken. Kunst lässt unsere Herzen bluten. Kunst lässt uns an etwas glauben, das größer und besser ist als wir selbst." Der Applaus und die Schreie werden lauter, und Jane saugt den Beifall einen Moment lang auf, bevor sie mit einer Handbewegung um Ruhe bittet. Jane kann mit Menschenmengen gut umgehen, sie weiß, wie man mit ihnen spielt. „Wahre Kunst ist göttlich. Wahre Kunst ist rein. Bei wahrer Kunst geht es nicht darum, zu schockieren und in möglichst kurzer Zeit möglichst viele Menschen zu beleidigen. Wahre Kunst braucht keine Tricks. Tricks brauchen nur Leute, die nicht wissen, was wahre Kunst ist. Ich bin Jane Carolyn-Ann Whiting McNeill, und ich bin Christin", sagt sie und macht eine Pause, weil sie beim letzten Mal festgestellt hat, dass eine Pause hier gut funktioniert.

Der Jubel ist geradezu ohrenbetäubend, und Jane holt tief Luft, um ihre Rede besonders nachdrücklich abzuschließen, aber bevor sie das tun kann – der Vortrag endet: und hierbei handelt es sich um christliche Kunst, sie ist andächtig und ehrlich und gottesfürchtig und aufschlussreich und instinktiv und eine Ermahnung an uns alle, dass man nicht vorschnell urteilen sollte. Die „Vergoldung der Lilie" ist Kunst, *wahre* Kunst – wird sie von der Menge umringt. Man hebt sie vom Podium. Man setzt sie auf die Schultern. Sie wird herumgetragen wie eine Madonnenstatue, die Menge brüllt und kreischt vor Begeisterung. Jane nimmt es gelassen hin, mit einem stillen Lächeln und einem anmutigen Winken. Sie war schon immer der Meinung, dass sie eines Tages so behandelt werden sollte wie Cleopatra oder Elizabeth Taylor.

Ich beobachte das Geschehen zugleich hilflos und ehrfürchtig, und das Letzte, was ich von Jane zu sehen bekomme, ist, wie sie auf christlichen Schultern die enge Straße in Richtung der Canal Street mit den hell leuchtenden Straßenlampen getragen wird.

Wiederauferstehung

Jane ist der Hit. Sie ist der Mediensuperstar, ihr Name ist in aller Munde. Ihr Bild ist überall zu sehen, seit ich heute Morgen um 8 Uhr die Fernsehnachrichten eingeschaltet habe, werde ich von Jane-Klonen angestarrt, die bei *Good Morning America*, *The Today Show* und *CBS This Morning* Interviews geben.

Irgendwann in den letzten zwölf Stunden ist aus ihr ein Symbol für Meinungsfreiheit geworden, eine Soldatin, die direkt an der Front für die Freiheit kämpft. Ich zappe geradezu zwanghaft zwischen den drei Sendern hin und her, auf allen dreien ist sie auf ihre unverwechselbare Art präsent. Sie erzählt, wie sie die Demonstranten überzeugt hat, ihren Horizont erweitert und ihr Bewusstsein erhöht hat. Es gibt überhaupt keinen Beweis für diese Behauptungen, aber das stört sie nicht weiter. Sie ist wie Napoleon, der aus Alexandria von angeblichen Siegen berichtet.

Ich wechsle den Kanal, um ihr zu entkommen, aber man kann Jane nicht entkommen. Sie ist überall, NY1, CNN, MSNBC, Fox News Channel. Obwohl ihr Outfit jedes Mal wechselt (schwarze Seide für NY1, doppelreihiges dunkelblaues Jackett für Fox) bleiben ihre Aussagen gleich, sie behauptet unaufhörlich, den großen Kunststreit geschlichtet zu haben. Ihre Antworten sind rhetorisch ausgefeilt und machen ihren Standpunkt ganz klar, und als sie willkürlich zu interpretieren beginnt („*Fashionista* und *Die Vergoldung der Lilie* erforschen die Möglichkeiten der Geschlechterrollen: Was ist ein Kleid? Was bedeutet es, ein Kleid zu tragen?"), werde ich langsam misstrauisch. Ich schaue sie mir genauer an. Obwohl keine Fäden zu sehen sind, weiß ich genau, dass jemand im Hintergrund daran zieht.

Die Dezemberausgaben werden förmlich aus den Regalen gerissen. Um halb neun gibt es in allen sieben Hudson-Kiosken in der Penn Station kein *Fashionista*-Exemplar mehr. Ähnlich sieht es in der Grand Central Station aus, nur der Kiosk im Untergeschoss, den man immer übersieht, hat noch drei Ausgaben hinter einem Stapel *Glamour* versteckt.

Werbekunden rufen an. Zwar haben sie auch nach Janes Auftritten an diesem Morgen noch immer Bedenken, doch bisher hat es bei ihnen noch keine Telefonanrufe von wütenden Christen gegeben. Und sich auf diese indirekte Art für die Verfassung einzusetzen, kann ihrem Firmennamen auch nicht schaden.

Der Geschäftsführer von *Ivy Publishing* ist entzückt über die Berichterstattung in den Medien. Er kann sich nicht daran erinnern, wann eine seiner Zeitschriften derart viel Aufmerksamkeit auf sich gezogen hat. Als Dankeschön will er heute Abend mit Jane essen gehen, außerdem hat er sie fürs nächste Wochenende in seine Skihütte in Vermont eingeladen. Er wird ihr einen riesigen Weihnachtsbonus geben und besteht darauf, dass sie sich von ihrem Lieblingsdesigner ihr Büro neu einrichten lässt.

Janes Position ist sicherer denn je. Jetzt hat sie den Ruf einer Mediengöttin, und auch, wenn das nicht lange andauern wird, werden die Nachwirkungen bleiben. Jane Carolyn-Ann Whiting McNeill ist jetzt ganz fest mit *Fashionista* verbunden. Den Schauplatz ihres größten Triumphes wird sie nicht so schnell verlassen.

Mein letzter Arbeitstag

Als ich ins Büro komme, wartet Allison bereits auf mich. Sie lehnt an der Wand vor meiner Tür und liest ruhig die *Times*. Als ich näher komme, hebt sie gleichgültig den

Kopf. Ich hole den Schlüssel hervor und öffne die Tür. Obwohl ich sie nicht darum gebeten habe, folgt sie mir ins Zimmer.

„Du bist gefeuert", verkündet sie kurzerhand mit einem breiten Grinsen.

Ich stelle meine Tasche hin und nehme den Telefonhörer ab, um meine Nachrichten abzuhören.

„Hast du mich gehört?" fragt sie und beugt sich über meinen Schreibtisch.

„Ich bin gefeuert", wiederhole ich. Ich habe zehn neue Nachrichten, doch bevor ich sie abspielen kann, legt Allison ihre Hand aufs Telefon und unterbricht die Verbindung.

Sie ist jetzt ziemlich sauer auf mich. Sie hat sich eine heftige Reaktion erhofft, mit meiner trägen Apathie kann sie überhaupt nicht umgehen. „Macht dir das gar nichts aus?"

„Du hast nicht die Macht, mich zu feuern", sage ich und rufe erneut meine Voice Mail an. Ich habe nicht so oft zehn Nachrichten und gehe davon aus, dass sich alle um Jane drehen.

„Nein, aber die Personalabteilung." Sie wirft die Zeitung mit einer Drehung aus dem Handgelenk auf meinen Tisch. Sie ist auf der Seite geöffnet, auf der mein Artikel über Pieter van Kessel steht. Ich werfe ihr einen verständnislosen Blick zu. „Du hast das während deiner Arbeitszeit für *Fashionista* recherchiert und geschrieben. Damit hast du ganz klar gegen Paragraph 43, Absatz B deines Vertrages verstoßen", ruft sie triumphierend. „Vielleicht solltest du gleich anfangen, zusammenzupacken. Die Personalabteilung nimmt so was sehr ernst, und ich habe in drei Minuten einen Termin bei Stacy Shoemaucher. Spätestens zur Mittagszeit wirst du nicht mehr hier sein."

Ich klemme den Hörer zwischen Ohr und Schulter und blicke sie mit vagem Interesse an. „Ist das alles?"

„Möchtest du nicht wissen, warum ich das tue?" fragt sie, fast ein wenig traurig. Allison will ein richtiges Drama mit Feuerwerk und allem drum und dran, etwas, was sie ihren Zuhörern am anderen Ende der Telefonleitung schildern kann.

Ich habe nicht vor, ihr das zu bieten. Ich zucke nur mit den Schultern.

Sie reißt mir den Hörer aus der Hand und kreischt: „Du hast mir meine Beförderung weggenommen! Marguerite hat gesagt, dass sie mich zur Redakteurin machen wolle, aber nun wird das wohl nicht mehr geschehen, was? Nichts ist so gelaufen, wie wir es uns vorgestellt haben. Jane ist verdammt noch mal eine Heldin geworden, niemand wird sie rauswerfen, und das ist allein dein Fehler, du blöde Kuh. Marguerite sagte, dass ich Redakteurin werden würde und nicht du. Sie hat mit *mir* über ihren Plan gesprochen. Mit mir, der am härtesten arbeitenden Frau bei *Fashionista*. Ich habe es verdient. Nicht du. Verdammt noch mal nicht du!"

Sie rennt aus meinem Büro, laut über Marguerite und ihre verpatzte Beförderung schimpfend. Ich versuche noch immer, die Stücke zusammenzufügen, als Delia an meine Tür klopft.

„Hey du", sagt sie. „Wir sind alle ein wenig überrascht darüber, dass Jane wieder mal so sicher auf den Füßen gelandet ist, aber deswegen kannst du doch nicht den ganzen Tag in diesem Schockzustand bleiben."

Ich lächle sie an. „Nein, das ist es nicht, obwohl mich diese Geschichte noch immer umhaut. Aber eigentlich geht es um Allison. Ich habe gerade etwas rausgefunden. Erinnerst du dich an ihren Plan?"

Delia macht es sich auf meinem Besucherstuhl bequem und nickt. „Ihr brillanter Plan, der damit geendet hat, dass Jane Carolyn-Ann Whiting McNeill besser dasteht denn je. Ja, ich kann mich vage dran erinnern."

„Es war Marguerites Plan."

Sie neigt den Kopf zur Seite und fragt verständnislos: „Marguerites Plan?"

„Marguerites Plan. Sie steckt hinter alldem. Wenn man Allisons verrückten Behauptungen glauben kann – und ich glaube, das kann man –, dann hat Marguerite ihr eine Redakteursstelle versprochen, wenn sie ihr hilft. Das erklärt eine Menge", sage ich, als mir wieder einfällt, wie überrascht ich über diesen gut durchdachten Plan war. Ich hätte von Anfang an merken müssen, dass da etwas nicht stimmt. Dass jemand wie Allison, die ausschließlich mit sich selbst beschäftigt ist, den umstrittenen britischen Künstler Gavin Marshall kennt, hätte bei mir sofort sämtliche Alarmglocken schrillen lassen müssen.

„Das gefällt mir", sagt Delia, nachdem sie einen Moment darüber nachgedacht hat. Respekt liegt in ihrer Stimme. „Hetze eine Untergebene auf. Lass es so aussehen, als ob die Verschwörung von der Basis kommt – wie unglaublich mies. Das muss ich mir merken."

Der Gedanke, dass Delia ihre investigativen Fähigkeiten

mit Marguerites manipulierender Gabe vereinen könnte, erschreckt mich. Die reinste Horrorvorstellung. Da klingelt das Telefon. Ich werfe einen kurzen Blick aufs Display. Auch wenn ich die Nummer nicht kenne, ist mir ganz klar, dass es sich um die Personalabteilung handeln muss. Allison hat keine Zeit verloren.

„Ich werde jetzt gefeuert", sage ich unbeeindruckt zu Delia. In den letzten vierundzwanzig Stunden hat mein Leben eine merkwürdig irreale oder surreale Qualität angenommen, und mir kommen sonst so wichtige Dinge mit einem Mal so unwichtig vor. Es macht mir nichts aus, meine Redakteursstelle bei *Fashionista* für einen Dreitausend-Wort-Artikel in der *New York Times* einzutauschen. Es ist ein fairer Tausch.

Mein Treffen mit Stacy Shoemaucher ist kurz und professionell, wir sprechen nur über die Geheimhaltungsklausel in meinem Vertrag und wie lange ich brauche, meine Sachen zu packen. Dann reicht sie mir einen braunen Pappkarton und bittet mich, auf jeden Fall eine halbe Stunde schneller zu sein.

Durch Janes Superstar-Status hat sich auch die Situation von Stickly immens verbessert. Er sitzt vor Janes Büro, aufrecht und stolz wie ein Wachmann vor dem Buckingham Palace. Da er keine Geduld für ungeschulte Mitstreiter hat, hat er Jackie durch Mrs. Beverly ersetzt, die herumrennt und Telefonanrufe und Nachrichten für Jane entgegennimmt.

„Hallo, kann ich mit Jane sprechen?" frage ich ihn. Ich bin direkt aus der Personalabteilung hierher gekommen – den Pappkarton halte ich noch immer umklammert – ohne genau zu wissen, warum. „Es dauert nur eine Minute."

Stickly schaut mich über seine Patriziernase an, offenbar ruft er sich meine Verfehlungen ins Gedächtnis, wie zum Beispiel das Meeting mit Jane, das er arrangiert hat und an dem ich aus Zeitmangel nicht teilnehmen konnte. „Madam empfängt momentan keine Besucher. Bitte lassen Sie Ihre Karte hier, dann werde ich einen Termin vereinbaren, sobald sie Zeit hat. Wie wäre es zum Beispiel mit Anfang nächster Woche?" Sticklys Benehmen ist hochmütig, von seiner einstigen Niedergeschlagenheit ist nichts mehr zu spüren. Schließlich arbeitet er jetzt wieder für eine Monarchin.

Ich sage, dass Anfang nächster Woche in Ordnung sei, und drehe mich um, wobei ich den Kugelschreiberständer mit meinem Pappkarton umstoße. Während Stickly den Stiften nachjagt, betrete ich Janes Büro. Sie sitzt mit einem Notizblock auf dem Schoß da und betrachtet sich selbst auf drei Fernsehschirmen.

Als sie mich sieht, hält sie eines der Videos an. „Hier, Vig, sehen Sie sich das an. Sehen Sie mal, wie ich meinen Kopf in einem 60-Grad-Winkel halte." Sie macht sich eine Notiz. „Daran muss ich noch arbeiten. Stickly sagt, dass die Kopfhaltung großen Einfluss darauf hat, wie die Leute einen wahrnehmen."

„Ich wollte Ihnen nur sagen, dass ich gehe", entgegne ich.

Sie erstarrt mit der Fernbedienung in der Hand. „Wohin gehen Sie?" fragt sie scharf.

„Nirgendwohin. Ich bin gefeuert."

Jane ist erleichtert. Sie hätte es nicht akzeptieren können, wenn ich einen besseren Job gefunden hätte, aber dass ich einfach rausgeworfen wurde, lässt sie völlig kalt. „Dann ist ja gut", sagt sie, bevor sie sich wieder abwendet und auf Play drückt.

Das ist typisch Jane, und doch bin ich immer wieder überrascht. Ich habe irgendetwas für fünf Jahre Dienst erwartet. Nicht, dass sie wegen der Kündigung entrüstet wäre, keine Bitten, doch zu bleiben, aber irgendetwas Kleines und Ernstgemeintes und von Herzen Kommendes wie Danke oder viel Glück.

Aber Jane ist eine Hülle. Eine Hülle mit nichts als Luft drin, die manchmal in der Lage ist, ihren Kopf im richtigen Winkel zu halten.

Gerade als ich ihr Büro verlasse, drängt Marguerite Stickly mit Gewalt zur Seite und stürzt an mir vorbei. Wut strömt aus jeder Pore ihres Körpers, sie geht auf Jane zu und gibt ihr eine schallende Ohrfeige. Jane ist einen Moment lang erschrocken, doch dann springt sie auf, attackiert Marguerite kreischend und reißt sie mit sich zu Boden. Während sie sich keifend die Haare ausreißen, schließe ich die Tür. Ich schließe die Tür und lasse sie zurück, kämpfend wie Katzen unter den wohlwollenden Blicken von zahllosen Prominenten.

EPILOG

Als ob wir ein richtiges Pärchen wären, lade ich Alex in die Bar des Paramount Hotels ein, um mit Maya und Gavin was zu trinken. Und er kommt. Als ob er mein Freund wäre, kommt er, obwohl er eine Vorlesung hat, obwohl er einen Auftrag erledigen muss, und obwohl er für die Prüfung über Stadtplanung büffeln muss.

„Okay, ich hab noch einen", ruft Gavin und lacht dabei so laut, dass er fast von seinem Stuhl fällt. „Neue Sohlen: Die besten Schuhe, um ein Kreuz zu tragen."

„Hervorragend", sagt Maya und erhebt ihr Glas. „Auf neue Sohlen!"

Wir haben den ganzen Morgen lang auf neue Jesus-Artikel-Ideen getrunken, was uns eine Menge neugierige Blicke von anderen Gästen eingebracht hat. Nur ein einziger Gast hat das Ganze kapiert – ein gesetzter britischer Tourist, der Gavin schüchtern um ein Autogramm bat. Gut gelaunt setzte Gavin seine Unterschrift unter die Schlagzeile über Jesus' neuen Geburtstagsanzug. Der Erfolg seiner Ausstellung und die Tatsache, dass unser Plan schiefgegangen ist, hat ihn milde gestimmt. Außerdem hat er gestern jedes einzelne Ausstellungsstück verkauft.

Maya stellt ihren Drink ab und nimmt eine Speisekarte in die Hand. Es ist Zeit fürs Mittagessen.

„Lass uns die Käseplatte nehmen", schlage ich vor und lehne mich in meinem Stuhl zurück. Obwohl der Alkohol mich gelockert hat, ist das nicht der einzige Grund dafür, dass ich mich irgendwie beweglicher fühle. Nicht mehr angestellt zu sein hat eine unerwartete Auswirkung auf meine

Muskeln, und zum ersten Mal seit Jahren bin ich richtig entspannt. So ist es also, wenn die Zukunft mit einem Mal ganz klar vor einem liegt. So ist es also, wenn das, was man tut – auf gute Ideen für Jesus-Artikel trinken, nach Hause fahren und seine Eltern besuchen, dann frisch und erholt nach New York zurückkehren –, einfach nichts mehr mit Jane und *Fashionista* zu tun hat. Wenn ich nach einer Woche Bierlyville zurückkomme, werde ich mir einen anderen Job suchen – einen besseren Job, einen weniger glamourösen Job, einen Job, der nichts mit Promis oder ihren Tauchsiedern zu tun hat.

„Vig, du musst zurückkommen", ruft Delia, die plötzlich und unerklärlicherweise neben mir steht.

„Woher wusstest du, wo ich bin?" frage ich misstrauisch. Ich will nicht, dass Delia noch weitere Einzelheiten zu meiner Akte hinzufügt. Schließlich sind wir jetzt keine Kollegen mehr.

„Alex hat mir eine Nachricht hinterlassen."

Ich blicke Alex an, der mit den Schultern zuckt. „Reine Gewohnheit", sagt er.

„Ich will nicht zurückkommen", erkläre ich und leere meinen Gin Tonic in einem Zug. Maya und Gavin sehen mich beifällig an und bestellen mir einen neuen Drink.

„Du musst zurückkommen", sagt sie noch mal. „Holden war da und hat nach dir gesucht."

„Wie bitte?" frage ich, starr vor Schreck.

Alex ist gleichermaßen überrascht. „Er war tatsächlich auf unserem Stockwerk?"

„Er hat gefragt, wo du bist."

„Wer ist Holden?" fragt Gavin. Zwar kennt er inzwischen die komplette *Fashionista*-Geschichte von Anfang bis Ende, doch den Namen Holden hat er nie gehört.

„Das ist das schüchterne Genie im Hintergrund von *Fashionista* und einigen anderen Hochglanzzeitschriften", erkläre ich. „Es ist mindestens genauso schwer, einen Termin bei ihm zu bekommen, wie eine Audienz beim Papst. Ich frage mich, warum er mich sprechen will."

„Ja, das würde ich auch zu gerne wissen", meint Delia. „Wenn du nicht zurückkommst, werden wir es nie erfahren."

Ihre Logik ist bestechend, also rutsche ich vom Barhocker, um mich mit Jack Holden zu treffen, obwohl drei Gin Tonic durch meine Adern und meinen Kopf schwimmen. Delia bringt mich zu seinem Büro und wartet, während eine schmallippige Sekretärin mich bei ihm anmeldet. Sie ist der Meinung, dass ich überhaupt nicht in ihr Zimmer gehöre, und sie kann ihr Entsetzen kaum verbergen, als Holden sie bittet, mich sofort hereinzuführen.

Jack Holdens Büro ist hell und unordentlich, nicht so protzig, wie man es von so einer hoch dotierten Führungskraft erwarten würde. „Ah, Miss Morgan", ruft er und erhebt sich, um mir die Hand zu schütteln. „Es ist gar nicht leicht, Sie ausfindig zu machen. Sie sollten näher an ihrem Schreibtisch bleiben."

„Ich bin gefeuert worden", erkläre ich, aber Holden hört mir gar nicht zu. Er hat die Höflichkeitsfloskeln bereits hinter sich gelassen.

„Wir wollen eine neue Zeitschrift herausbringen", verkündet er, „ein wenig in der Art wie *Fashionista*, nur dass wir deutlich weniger auf Stars setzen. Ich möchte, dass Sie mit im Team sind, ja, es sogar anführen."

Ich bin total verblüfft. Ich bin verblüfft und sprachlos und starre ihn an wie einen Patienten aus der Irrenanstalt.

„Ich habe den Artikel gelesen, den Sie für die *Times* geschrieben haben. Großartige Arbeit. Genau so was möchte ich in unserer neuen Zeitschrift lesen."

„Danke", sage ich, und versuche, ein unkontrolliertes Kichern zu unterdrücken. Drei Gin Tonic schwimmen noch immer durch meine Adern und meinen Kopf. „Entschuldigen Sie, Sir. Sagten Sie wirklich, ich solle das neue Team *anführen?*"

Er sieht mich kaum an. Meine Fassungslosigkeit scheint wenig Eindruck auf ihn zu machen. „Ja. Hier sind ein paar Notizen, die ich gerade überflogen habe, und Mrs. Carson draußen kann Ihnen dann alle weiteren Unterlagen geben."

Ich nehme die Blätter zögernd entgegen. „Wieso ich?"

„Unsere eigentliche Kandidatin ist gerade nach einem sehr unerfreulichen Vorfall aus dem Gebäude entfernt worden. Sie sind die nächste logische Wahl. Ihr Artikel in der *Times* ist hervorragend und genau das, was ich suche. Also, was sagen Sie?"

Ich werfe einen Blick auf die Notizen, um ein Gefühl dafür zu bekommen, wie die neue Zeitschrift aussehen soll. Es handelt sich um Ideen für Artikel. Zunächst kommen mir die Themen nur ein wenig bekannt vor, doch dann dringt die Wahrheit in mein alkoholvernebeltes Hirn: Das sind meine Ideen. Es sind die, die ich damals Marguerite für *Fashionista* gegeben habe.

Ich versuche, diese Erkenntnis schnell zu verdauen, ich bin viel zu schockiert und betrunken, um wütend zu werden. Außerdem bin ich völlig auf eine einzige Frage fixiert: Was soll ich antworten?

Ich weiß nicht, was ich antworten soll. Ich bin keine Chefredakteurin. Ich bin nur eine Jungredakteurin, die aus taktischen Gründen zur Redakteurin gemacht worden ist. Ich habe keine Ahnung davon, wie man eine Zeitschrift leitet. Ich kenne mich nicht mit Vierfarbdrucken aus, weiß nicht, wie man Leuten sagt, was sie tun sollen, oder wie man ein Produkt platziert.

Andererseits sind das nur die Dächer kleiner japanischer Dörfer. Es sind die Dächer kleiner japanischer Dörfer, und ich bin Godzilla.

– ENDE –

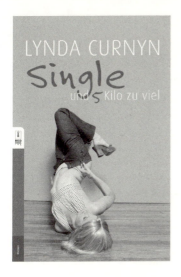

LYNDA CURNYN

Single und 5 Kilo zu viel

Emma Carter, Single wider Willen, hat eine coole Leidenschaft: sie liebt Eiscreme. Schmelzen dank dem smarten Diäteisverkäufer Griffin Rivers nicht nur Emmas Pfunde, sondern auch ihr Herz dahin?

Band-Nr. 55022
7,95 € (D)
ISBN 3-89941-119-6

ERICA ORLOFF

Tequila Sunrise

Cassie Hayes braucht nicht viel im Leben: keine Zigaretten, keine Haustiere, keine Männer. Allenfalls Kaffee, und den literweise. Gelingt es Michael Pearton, noch eine andere Leidenschaft in ihr zu entfachen?

Band-Nr. 55019
7,95 € (D)
ISBN 3-89941-078-5

KAREN TEMPLETON

Männer und der ganz normale Wahnsinn

Ginger hat einen Bräutigam, der sich nicht traut, und auch sonst eine ganze Menge Pech.
Kann Nick ihr aus dem Schlamassel helfen?

Band-Nr. 55018
7,95 € (D)
ISBN 3-89941-077-7